Treffpunkt Scala

Günter Engler

Treffpunkt Scala

Musikalischer Reiseführer durch Italien

Mit 98 Abbildungen

Philipp Reclam jun. Stuttgart

Für Ursula,
ohne die kein einziges meiner Bücher fertig geworden wäre

Die Deutsche Bibliothek – CIP-Einheitsaufnahme

Engler, Günter:
Treffpunkt Scala : musikalischer Reiseführer durch Italien / Günter Engler. – Stuttgart : Reclam, 1993
ISBN 3-15-010384-3

Einbandgestaltung: Werner Rüb, Ludwigsburg
Satz: Wilhelm Röck, Weinsberg
Druck und buchbinderische Verarbeitung: Franz Spiegel Buch GmbH, Ulm
Printed in Germany 1993

ISBN 3-15-010384-3

Inhalt

Ouvertüre

Wie jedermann weiß, füllt die Literatur über Italien ganze Bibliotheken. Zumal in den letzten Jahrzehnten unseres Jahrhunderts, als das Reisen vom Privileg der wenigen zum Standardvergnügen der vielen wurde, ist das Land der Sehnsucht, wie es gern genannt wird, bis in alle Winkel ausgeleuchtet worden, in prächtigen Bildbänden wie in handlichen Führern, im anspruchsvollen Essay wie im nüchternen Kursbuchstil, Sehenswürdigkeiten inbegriffen, von König Laurins Rosengarten übers Kolosseum bis zum Ätna. Was also gäbe es noch zu sagen?

Obwohl der Autor selbst in dieser Hinsicht nicht ganz unschuldig ist, hat es ihn immer gewurmt, daß in den vielen klugen Texten über der Nordländer liebstes Reiseziel dessen überreiches Kulturerbe ausschließlich in bildender Kunst zu bestehen scheint. Bauten, Bilder und Skulpturen aus zweitausend Jahren Geschichte werden getreulich registriert, bis zur letzten Altartafel. Ganz zu Recht übrigens, und zudem mit dem Vorzug, daß man, was geschrieben steht, sehen, zuweilen gar ablichten und getrost nach Hause tragen kann. Diesen Vorzug genießt die Kunst, von der hier die Rede sein wird, nicht: die Musik. Ist denn Italien nicht ebenso ein Land der Musik? Hat es nicht jahrhundertelang den Weg dieser Kunst mitbestimmt, Innovationen geschürt, Meister für den Olymp Polyhymnias geliefert?

Kurz und gut, hier soll ein wenig nachgeholt werden, was musikliebende Italienfreunde bislang zu vermissen hatten. Beileibe keine Geschichte der italienischen Tonkunst, die gibt es ohnehin, und sie wäre einem potentiellen Reisenden wenig hilfreich. Wir wollen in einem Itinerario musicale von Nord nach Süd, vom Alpenrand bis Sizilien, die Orte streifen, die in irgendeiner Weise für die italienische und die europäische Musik von Bedeutung waren, wo ein Großer geboren wurde, wo er lebte, Triumphe feierte oder »abgeschossen« wurde (wie es Verdi nannte), wo sich zutrug, was auf diesem Felde noch in der Gegenwart lebendig ist.

Dies letztere ist zugleich auch die Grenze, die das Buch sich setzen mußte, um nicht im Anekdotischen zu ertrinken. Die ganze Fülle von Komponisten und Interpreten, die ihren Zeitgenossen als groß galten und wenig später schon in die zweite und dritte Riege versetzt wurden – wozu es manchmal nur etlicher Jahre und/oder eines Wandels des stilistischen Klimas bedarf –, hatte hier keine Chance. Aus dem gleichen Grunde wird denn auch mit der unmittelbaren Gegenwart sehr vorsichtig umgegangen. Als Richtschnur dessen, was als »noch lebendig« anzusehen sei, wurden etwa die Musikprogramme von Rundfunk und Fernsehen sowie die seriöse Schallplattenproduktion herangezogen: ein Maßstab, der ebensosehr Qualitätskriterien wie dem Zeitgeschmack verpflichtet ist. Wo von dieser Regel abgewichen wird, handelt es sich um jene Augenblicke der Musikgeschichte, da Weichen für Jahrhunderte gestellt wurden. Vor allem bei diesen Gelegenheiten wird der geneigte, und erst recht der ungeneigte Leser gezwungen sein, seine ganze Phantasie zu Hilfe zu nehmen, weil greifbare Zeugnisse am »Tatort« nicht oder nicht mehr existieren. Der Autor hofft, ihn dafür in anderen Fällen mit signifikanten oder auch kuriosen Details zu entschädigen.

Was den Verlauf unseres Itinerars angeht, so erkennt man auf den ersten Blick, daß die Landkarte der besuchten Orte ein eindeutiges Ungleichgewicht aufweist. Die weitaus meisten Plätze, denen wir in unserm Zusammenhang Bedeutung zumessen, liegen auf der nördlichen Hälfte der Halbinsel. Italiens Süden scheint hingegen nur wenig, ja kaum repräsentiert. Gibt es im Mezzogiorno tatsächlich ein so markantes Leck an schöpferischen Geistern? Das wäre ein arges Mißverständnis. Was sich hier widerspiegelt, ist die politisch-soziale Situation Italiens in der Geschichte, deren Folgen heute immer stärker zutage treten. Den vielen – großen wie kleinen – Musikzentren von Mantua bis Rom stand (und steht) im Mezzogiorno einzig Neapel und erst später auch Palermo gegenüber, als Ausbildungsstätte wie als Betätigungsfeld. Was an Begabungen in Kampanien und Apulien, in Kalabrien und Sizilien heranwuchs, hier und nur hier konnte es reifen.

In längst vergangenen Zeiten empfahl man ein Buch im Vorwort dem freundlichen Interesse des Lesers. Dieses einmal vorausgesetzt, verspricht ihm der Autor, daß er auf der nächsten Südlandfahrt auch schon Bekanntes mit andern Augen sehen wird.

Bergamo

Die Stadt hat sich inzwischen weit in die Ebene vor den Hügeln hineingefressen, mit gleichförmigen Neubauvierteln und dichten Fabrikarealen, Stahl und Zement, eine »Arbeiterstadt« wie so viele im industrialisierten Norden, als Nummer fünf in der Produktion ein potenter Faktor von Italiens Wirtschaft. Kunst und Geschichte scheinen ganz verbannt auf die Altstadtkuppe, jenes historische Zentrum über dem Häusermeer, das, unberührt vom Getriebe der Gegenwart, ein zu Stein gewordenes Kapitel Mittelalter konserviert – früh erworbener, ein wenig geborgter Ruhm aus großer Architektur und der Erinnerung an einen großen Feldherrn. Der Mann, dem die Stadt ihren zweiten, in unseren Tagen frisch erstehenden Ruf verdankt, sitzt, in weißen Marmor geschlagen, unten dicht neben dem Gewühl um den weiten Matteotti-Platz, an dem zentralen Straßenzug, den ältere Bürger immer noch den »Sentiero«, den Saumpfad nennen, vor sich die trauernde Muse mit der Leier, neben sich das Theater, das seinen Namen trägt. Wir sprechen von Bergamo und von Donizetti.

611 Werke hat er geschrieben, dieser Gaetano Domenico Maria Donizetti, in einem Leben von kaum fünfzig Jahren. Darunter sind Messen und Märsche, Lieder und Quartette, Klavier-

Bergamo. Blick aus der Via Donizetti auf die Basilika S. Maria Maggiore stücke und Madrigale, Offertorien und Konzerte. Und, natürlich, seine 71 Opern, die den Weltruhm begründeten. Das meiste davon ist vergessen, und zu Recht vergessen: flinkes, elegantes Handwerk eines Meisters, dem, wie man so sagt, die Erfindung mühelos aus der Feder floß. Auch die Bühnenwerke scheinen häufig auf raschen Erfolg getrimmt, den jeweiligen Sängern zurechtgestutzt, wie's der Brauch war im Opernreich des 19. Jahrhunderts, da man, unersättlich, sich an Uraufführungen delektierte und schnell vergaß. Doch unterm Modeschmuck waren auch echte Perlen, Meisterwerke, die den Namen verdienen und überlebt haben: *Der Liebestrank* (1832), *Lucia von Lammermoor* (1835), *Don Pasquale* (1842). Und nach einem halben Jahrhundert der Verachtung für alles das, was italienische Oper ist (oder wenigstens sein kann), entdeckt die Gegenwart, aus dem übermächtigen Schatten des Wagnerschen Musikdramas heraustretend, erneut die Qualitäten einer Gattung, die auch aus traditionellen Formen, aus Kantabilität und scheinbar simpler Harmonik Funken zu schlagen weiß – und entdeckt damit weitere Werke Donizettis. Die Reihe der Wiederaufführungen, der Schallplattenaufnahmen, zuweilen nach hundert Jahren der Vergessenheit, reißt nicht ab: *Anna Boleyn*, *Lucrezia Borgia*, *Die Regimentstochter*, *Maria Stuart*, *Linda von Chamounix*, *Roberto Devereux*.

Hier also ist er geboren, einer der erfolgreichsten Komponisten seines Halbjahrhunderts, am 29. November 1797 in jenem Armeleuteviertel dicht unterhalb der Porta Sant'Alessandro, der mächtigen Toranlage im Mauerring um die Oberstadt, die zu ihrer Zeit als die stärkste Festung der Lombardei galt – damals, als Bergamo ein Vorposten von Venedigs Festlandsbesitz war. Das einfache Haus, Nr. 14 in der Straße Borgo Canale, verrät, daß der in aller Welt Gefeierte unter ärmlichen Verhältnissen aufwuchs. Der Vater war ein kleiner Handwerker. Sechs Kinder hat ihm Mamma Domenica geboren, der Älteste, Giuseppe, brachte es auf abenteuerlichen Wegen zum Organisator der Hofmusik beim Türkensultan Mahmud II. in Konstantinopel. Donizetti hat das Zuhause seiner Kinderjahre später beschrieben: ein paar Stufen hinab im Souterrain zwei kleine, finstere Zimmer, hinten ein winziges Gärtlein. Greifbare Erinnerungen sind dort nicht zu finden. Man muß sie weiter oben in der Altstadt suchen. Da gibt es in der krummen Via Arena, wenige Schritte von Bergamos architektonischen Schätzen entfernt, einen alten, strengen Palazzo aus dem 15. Jahrhundert. Hier haben Freunde und Fans zum 100. Geburtstag des Maestro zusammengetragen, was von einem unsteten Komponistenleben noch übrig war. Das Museo Donizettiano zeigt Noten und Briefe, Dokumente und Bilder aus der Zeit des Ruhms, rührende Kleinigkeiten wie das beinerne Schabmesser, das ihm der Vater schenkte, und den erinnerungsschweren Flügel, auf dem so viele Werke entstanden waren und den er nach dem Tode seiner jungen Frau Virginia deren Bruder vermachte mit der beschwörenden Auflage, ihn »für kein Geld der Welt je zu verkaufen, denn er war – ihrer«. Und da ist auch die Originalpartitur der *Linda*, jener Oper, die ihm nach der Uraufführung am Kärntnerthortheater zu Wien den Titel eines k. u. k. Hofkomponisten eingetragen hatte, eine Ehrung, mit der ein Vierteljahrhundert zuvor die Monarchie auch Mozart ausgezeichnet hatte und auf die Donizetti – inzwischen schon vielfach dekoriert – deshalb besonders stolz war.

Verwehte Spuren? Doch nicht so ganz. Denn immer noch klingt Musik im Haus, werden Läufe und Triller geübt, vielleicht gar die rasenden Koloraturen der Lucia. Es ist das Konservatorium, nun nach dem Mann benannt, dessen schmale Hinterlassenschaft das Museum füllt. Simon Mayr, der Bergamasker aus Bayern, selbst ein gefragter Opernkomponist, hat es 1805 gegründet und zu einem der ersten Musikinstitute Italiens entwickelt – er hat dafür sogar die Leitung der Hofkapelle Napoleons mit 20 000 Franc Jahressalär ausgeschlagen. Dieser Mayr, geboren 1763 in Mendorf unweit Ingolstadt, war alles andere als eine Lokalgröße. Hochbegabter Autodidakt, dann in Venedig ausgebildet, hatte er am Teatro della Fenice debütiert, und bald wurden seine Opern hier wie in Mailand, Genua, Neapel, aber auch in Paris, Wien, Berlin und München gespielt. 1802 war er zum Kapellmeister an Santa Maria Maggiore in Bergamo berufen worden, und dort ist er bis zu seinem Tode (1845) geblieben. Seine Kompositionen, die für die Bühne wie das umfangreiche geistliche Werk, sind vergessen; aber Rossini hat ihn hoch geschätzt – und der verstand doch wohl etwas von Musik. Der bayerische Einwanderer hat nämlich, mit Haydn und Mozart im Hinterkopf, der Orchestersprache in der Oper eine damals noch ganz ungewöhnliche Beredsamkeit zugeteilt, so wenig originell auch seine melodischen Einfälle waren. Er hat, wie später Verdi, die Stiftung eines Altersheims für Musiker organisiert und eben jene »Scuole caritatevoli di musica« ins Leben gerufen, ein Internat für musikbegabte Kinder armer Leute, zu dessen ersten zwölf Zöglingen der kleine Donizetti gehörte. In den Dokumenten dieser Lehrzeit ist, neben dem Hinweis auf die besondere Begabung des Knaben, mehrfach von einem »Defekt« der Stimme die Rede, der ihn aber offenbar nicht gehindert hat, bei Kirchenkonzerten und in einer Art Schuloper seines Lehrers tragende Soloparts zu übernehmen.

Bergamo hatte damals schon eine lange, freilich ganz an die Kirche gebundene musikalische Tradition. Die schöne romanische Basilika Santa Maria Maggiore gegenüber dem stämmigen Rathaus unterhielt seit dem 14. Jahrhundert eine »Kapelle« aus Sängern und Musikern, um 1540 wird sie als »den berühmtesten in Europa gleichgeachtet« erwähnt. Unter den Leitern finden sich große Namen der frühen Musikgeschichte wie Franchino Gafurio und Tarquinio Merula. Solcher Ruf hatte auch seine Schattenseiten. Der weltlichen Musik, und besonders der Oper, die im 17. Jahrhundert in Italien ein Lauffeuer entfachte, ließ er lange keine Chance, und dies, obwohl das Land um Bergamo als musikfreudig bekannt ist – die »Bergamasca«, jenes seit dem Barock beliebte buffoneske Tanzlied, das so viele Komponisten von Frescobaldi und Bach bis zu Debussy ausgebeutet haben, stammt hierher. Erst 1797, in Donizettis Geburtsjahr, hat man, gegen den Widerstand der Kirche, im Palazzo Vecchio, dem gotischen Gemeindehaus aus dem 13. Jahrhundert, ein erstes hölzernes Operntheater eingebaut, das jedoch nur zehn Jahre bestand.

Als es eröffnet wurde, war gerade nebenan im Dörfchen Romano der Mann geboren, der später als »König der Tenöre«, als

»Nachtigall Europas« die Hauptstädte des alten Kontinents in Verzückung versetzen sollte: Giovanni Battista Rubini. In Bergamo ausgebildet, schon als Zwanzigjähriger von dem legendären Impresario Domenico Barbaja nach Neapel verpflichtet, feierte er am Pariser Théâtre Italien, in London, Berlin, St. Petersburg unerhörte Triumphe – und verdiente immense Summen. Er soll ein mittelmäßiger Darsteller gewesen sein, doch Stimme und Ausdruck, so heißt es, habe alles um ihn vergessen lassen. Bellini und Donizetti haben Rollen für ihn geschrieben, nur Wagner, der ihn 1840 in Paris als Don Ottavio hörte, fand die allgemeine Begeisterung reichlich übertrieben. Als der Sänger 1845 von der Bühne abtrat, ließ er sich bei Bergamo ein Schloß bauen und kaufte einen Herzogstitel: Duca Rubini.

Das große Opernhaus unten an der Piazza mit der Heldenarchitektur, 1808 auf Initiative von Mayr begonnen, drei breite Logenreihen, zwei Galerien, fast zweitausend Plätze, hat beider Anfänge noch erlebt, bevor sie als Größen ersten Ranges in die weite Opernwelt entschwanden. Unter Italiens Provinzbühnen nimmt es seit 1937, als es programmatisch in »Theater der Novitäten« umgetauft wurde, eine besondere Stellung ein. Mehr als fünfzig Uraufführungen kamen hier heraus, dazu eine lange Reihe von Wiederentdeckungen vergessener Werke, darunter, versteht sich, vor allem der Donizettis. Sein Publikum gilt als ungemein anspruchsvoll, nächst dem von Parma sei es, sagen Sänger wie Dirigenten, das kritischste der Halbinsel. Und dies, obwohl man sich nur selten die teuren Zugvögel der internationalen Opernszene leisten konnte. War das auch ein Grund dafür, daß Donizetti seine ersten Erfolge anderswo suchte? In der Frühzeit, da er noch in Bergamo lebte, sind es Venedig und Mantua, Rom, Neapel und die Mailänder Scala. Unter den Opern dieser frühen Jahre findet sich übrigens auch ein *Falegname di Livonia* (»Der Zimmermann aus Livland«), uraufgeführt 1819 im alten Teatro San Samuele zu Venedig – es ist derselbe Zar Peter I., der durch Lortzings zwanzig Jahre jüngere Spieloper *Zar und Zimmermann* dauerndes Bühnenleben gewann. Die Mailänder *Gazetta privilegiata* schrieb damals, das sei »Musik, die immer brillant, wenn auch nicht immer neu ist« ... Und mit den ersten Siegen über das unersättliche Publikum begann die Zeit der Reisen.

Denn auch dies war ein Brauch der Zeit: Der Komponist reist seinen Werken nach, um sie selbst einzustudieren, für die Fähigkeiten des jeweiligen Ensembles zurechtzustutzen und oft auch zu dirigieren. Sechs Jahre Musikdirektor am Königlichen Theater zu Neapel, weitere acht (auf Empfehlung ROSSINIS) am Théâtre Italien zu Paris, dazu lukrative Abstecher in die Hauptstädte Europas – eine einzige Welle des Erfolges. Und was für eine Zeit! ROSSINI schwieg oder begnügte sich mit Kompositionen für die feine Küche. Doch die Musikbühne war überreich an Talenten. BELLINIS *Norma*, MEYERBEERS *Robert der Teufel*, MARSCHNERS *Hans Heiling*, LORTZINGS *Wildschütz*, GLINKAS *Leben für den Zaren*, BERLIOZ' *Benvenuto Cellini*, VERDIS *Nabucco*, sie alle sind in jenen Jahren entstanden. Und WAGNER, wieder einmal am Ende seiner Bemühungen um Anerkennung, arrangiert 1840, mittellos in Paris, gegen ein übliches Honorar den Klavierauszug von Donizettis *Regimentstochter* – derselbe Wagner, der drei Jahre darauf mit dem *Fliegenden Holländer* sein erstes großes Musikdrama vollenden sollte.

Von alledem hat des Maestro Geburtsstadt erst zögernd Kenntnis genommen, obwohl die Verbindungen nie abgerissen sind, bis hin zu jenem letzten Lebensjahr, das der schon Umnachtete als Gast der Gräfin Rosa Basoni in einem stilvollen Palazzo der Oberstadt, in der heutigen Via Donizetti, verbrachte. Nicht daß man den berühmten Sohn zu Hause nicht geschätzt hätte – im Gegenteil. Doch die Zuneigung geriet recht einseitig. Hier muß leider am Standbild des als stets liebenswürdig geschilderten, jedes Gegenüber für sich einnehmenden Helden gekratzt werden. So sehr sich Lehrer, Freunde, Studiengefährten von einst bemühten, den früh Gefeierten wenigstens für kurze Zeit zurückzuholen, immer ist er ausgewichen. War es die Erinnerung an harte Jugendjahre im Borgo? Fürchtete er, nun ein schwerreicher Mann, als dankbarer Sohn der Stadt zur Ader gelassen zu werden? Trieb ihn der Ehrgeiz, keinen Tag beim Zimmern des eigenen Ruhmes zu versäumen? Das alles trifft zusammen, denn der strahlende Sieger zahlloser Premieren war ein Zerrissener. Der zuweilen grandiose Egoismus des Künstlers, den man sogar dem ewigen Bankrotteur Richard Wagner verzeiht, hat bei DONIZETTI Züge von Geiz, Mißgunst, Kleinlichkeit. Wie er seine nächsten Verwandten, durchweg arme Teufel, mit Almosen und Ausreden abspeist, erscheint angesichts seiner finanziellen Erfolge unbegreiflich. Daß er seine junge Frau Virginia, die stille Advokatentochter aus Rom, heiß geliebt und unter ihrem frühen Tode sehr gelitten hat, steht außer Frage – doch ebenso, daß er sie noch in den Wochen der letzten Krankheit ständig betrog. Ein Dasein in Extremen: Hier die Arbeitswut des Komponisten, der acht, neun, zehn Stunden über seinen Noten hockte, dort ein unersättlicher Lebenshunger, der ihn voranpeitschte, als wüßte er, daß seine Zeit begrenzt war. Als man ihn schließlich fast mit Gewalt aus dem Sanatorium bei Paris, wo ihn dubiose Freunde unter Verschluß hielten, nach Bergamo entführte, waren die Würfel längst gefallen.

Wer Bergamo besucht, der denkt freilich weniger an Oper als an die Bilder der Accademia Carrara in der Via Noca, eine der besten Privatsammlungen des Landes, oder an die prächtige Grabkapelle, die Meister Amadeo dem Feldherrn, Millionär und Rauhbein Colleoni erbaut hat, eben dem, dessen mächtiges Bronzestandbild von Verrocchio auf dem Platz vor der Dominikanerkirche in Venedig ein Fixpunkt der Kunstgeschichte und ein Pflichtobjekt der Touristen ist. Ihre kunstvoll dekorierte, ein wenig verspielte Fassade aus vielfarbigem Stein kontrastiert so merkwürdig wie wirkungsvoll mit dem einheitlichen Graubraun, das den Grundton des ganzen Ensembles auf der Kuppe bestimmt. Schmale Häuser an gewundenen Gassen, stabil wie Burgen, dazwischen Kirchen, Konvent und die zierliche Loggia der Akademie – ein geschlossenes Bild ferner Vergangenheit von eigener Faszination, in dem Autowerkstatt und Hotelfahrstuhl wie Motive aus einer anderen Welt erscheinen. Mittendrin, den Dom nebenan weit in den Schatten stellend, die Marien-Basilika mit den hier weißen, dort rosaroten Marmorlöwen am Fuß der Portaldächlein.

Bergamo. Colleoni-Kapelle

Wieder sind wir bei Donizetti. Denn neben dem ersten Pfeiler rechts liegt er begraben, an der Seite seines Lehrers und Mentors Simon Mayr. Das Grabmal von Vincenzo Vela ist ein wenig steif geraten, Klassizismus von der akademischen Sorte. Und gerade der war doch seine Sache nie. Leichtfüßige Melodien, flinker, gekonnter Satz – eine Sinfonia vom 19. November 1816 (die allerdings keine Symphonie, sondern ein einsätziges Orchesterstück ist) trägt den Vermerk: »Komponiert in ein und einer Viertelstunde«. Aber auch romantischer Schwung, Sinn für dramatische Wirkungen und für den bestechenden Glanz der Stimme. Und hier muß der liebenswürdige Meister gegen ein Klischee in Schutz genommen werden: gegen das des bedenkenlosen Vielschreibers.

Gaetano Donizetti.
Gemälde von Giuseppe Rillosi

Gewiß, er hat unglaublich rasch produziert – Heine bemerkte gallig, seine Fruchtbarkeit werde nur von einem Kaninchen übertroffen. Sein französischer Librettist Vaëz berichtet, er habe, während jener ihm den neuen Text vorlas, bereits Einfälle notiert. *Der Liebestrank* ist nachweislich in vierzehn Tagen entstanden, *Rita* in einer Woche. Doch dahinter stand, und nicht zuletzt, der Zwang eines Systems, das den Komponisten ständig neue Werke abverlangte, wollten sie im »Geschäft« bleiben. Verdi hat in der Rückschau diese Zeit seine Galeerenjahre genannt. Und: Donizetti war ein Arbeitstier. Er selbst bezeugt, daß er täglich von 7 bis 16 Uhr über den Notenblättern saß, Libretti bearbeitete oder übersetzte. Untätigkeit war ihm verhaßt – ein Mann, der, seit er erwachsen war, sich kaum einen freien Tag erlaubte. Daß in diesem Furor der Produktion auch eine der Wurzeln seines späteren Zusammenbruchs zu sehen ist, liegt auf der Hand. Schon 1842, sechs Jahre vor dem Ende, hatte er sich angekündigt: im beginnenden Verfall der Physis, vor allem aber in den Briefen mit den abgebrochenen Sätzen, dem Durcheinander französischer und italienischer Worte, von Dialekt und Küchenlatein – obwohl noch *Don Pasquale* und *Caterina Cornaro* ausstanden.

Donizetti war auch nicht der Mann, der darauf losschrieb, ohne rechts und links zu blicken, wie seine Produktion suggerieren könnte. Man muß sich klarmachen, wie dicht die südlichen Meister im 19. Jahrhundert miteinander verzahnt sind: Als der Bergamasker sein Studium bei Padre Mattei in Bologna beginnt, schert Rossini gerade aus dessen Schülerkreis aus – und muß sich nach den ersten Opern sagen lassen, er habe seine Schule »entehrt«. Fünfzehn Jahre danach sind Rossini, Donizetti und Bellini gleichzeitig in Paris, und der mißtrauische Bellini wittert prompt eine Verschwörung, weil seine *Puritaner* unmittelbar gegen Donizettis *Marin Faliero* antreten müssen. Der wiederum läßt sich sofort nach dem Sensationserfolg von Verdis *Nabucco* die Noten zum Studium nach Wien schicken und bietet wenig später dem Jüngeren an, bei einer Inszenierung im Kärntnerthor-Theater mitzuhelfen. In einem Brief an die Gräfin Appiani schreibt er damals, Verdi sei der Mann, der »mich ablöst«.

Donizetti wußte also genau, wo er stilistisch stand. Für heutige Ohren freilich ist der Zauber seiner besten Werke nicht leicht zu definieren. Schumann nannte den *Don Pasquale* Puppentheatermusik, für Wagner war das berühmte Sextett am Ende des zweiten *Lucia*-Aktes, das für den Erfolg des Stückes fast so entscheidend ist wie die Wahnsinnsarie, eine Banalität: zwei typisch »nordische« Urteile, entsprungen dem so ganz anderen Begriff von Romantik, ja ein Mißverständnis. Donizetti hat schon zwanzig Jahre vor Verdi der schwerterklirrenden Haupt- und Staatsaktion so vieler pseudohistorischer Opern seiner Zeit abgesagt: »Ich will Gefühle auf der Bühne und keine Schlachten«, heißt es in einem der 800 erhaltenen

Briefe. Daß das »Una furtiva lagrima« (»Eine verborgene Träne«) des Nemorino im *Liebestrank* zur Glanznummer aller lyrischen Tenöre bis heute wurde, liegt eben nicht nur an der überaus geschickten Stimmführung, die dem Sänger allen Schmelz auszuspielen erlaubt. Es ist zugleich der perfekte, unmittelbar eingängige Ausdruck von Person und Situation. Und in den irrwitzigen Koloraturen der Lucia, apart von der Soloflöte sekundiert, schwingt eben nicht nur die ganze Kunst des selbstgefälligen Ziergesanges aus hundert Jahren Kehlfertigkeit mit, hier noch einmal auf die Spitze des technisch Möglichen getrieben, sondern zugleich und vorab die Skala der Empfindungen einer von Grund auf verstörten Seele: Oper als Spiegel von Wirklichkeit.

Mantua

Das Land ist platt wie ein Bügelbrett. Der Mincio, vom Gardasee herkommend, bildet im vielgewundenen Lauf drei natürliche Seen, die die alte Herzogsstadt von Norden und Osten einschließen. Wie auf einem Tablett steigt ihre Silhouette aus der Ebene auf, Türme, Kuppeln, Festungswerke, ein paar bescheidene Hochhäuser: Mantua, die Stadt der Gonzaga.

Das Fürstengeschlecht, das seine mittelalterliche Residenz in anderthalb Jahrhunderten zu einer der glänzendsten Hofhaltungen der Renaissance verwandelte (und dabei gewaltige Schulden hinterließ), das sich erstrangige Künstler wie Antonio Pisanello, Andrea Mantegna, Giulio Romano leistete, Gobelins von Raffael entwerfen ließ, hatte, durchaus zeitgemäß, auch musikalische Ambitionen. Isabella d'Este, verheiratet mit dem Markgrafen Francesco II. Gonzaga, Brieffreundin von Leonardo da Vinci, Ariost und Tasso, spielte selbst das Organetto, die tragbare Hausorgel, und rief Musiker aus Frankreich, Italien und den Niederlanden an den Hof. Ihr Sohn gründete die erste Hofkapelle, sein Nachfolger musizierte und komponierte, erfand eine eigene mantuanische Liturgie, für die Palestrina im fernen Rom Messen schrieb – er wäre Hofkapellmeister geworden, hätte er nicht zu hohe Forderungen gestellt (siehe auch das Kapitel »Rom«).

Mantua. Palazzo Ducale

Das alles ist so interessant wie fern, Musikgeschichte, wie sie im Buche steht, wir befinden uns im 16. Jahrhundert. Und es würde unsere Suche nach den Quellen kaum motivieren, hier Station zu machen, hätte nicht im Dezember 1590 der Gonzaga Vincenzo I., inzwischen zum Herzog aufgestiegen, einen jungen Mann als »suonatore di viuola« nach Mantua engagiert, der alsbald vom Geiger zum Sänger und schließlich zum Chef aller Hofmusik avancierte (was auch die Kirchenmusik in der gerade erst inmitten des Herzogspalastes errichteten Basilica Santa Barbara einschloß). Der Sohn eines »Wundarztes«, sprich: Chirurgen, aus Cremona, am 15. Mai 1567 als Claudio Zuan (Giovanni) Antonio MONTEVERDI in der Kirche Santi Nazzaro e Celso seiner Heimatstadt getauft, hatte acht Jahre beim dortigen Domkapellmeister Ingegneri studiert und auch schon einige kleinere Kompositionen veröffentlicht, der Dienst am Mantuaner Hof war seine erste »Stelle«. Wenig später wird man viel von ihm hören (siehe auch das Kapitel »Venedig«).

Der Herzogspalast am Nordrand der Altstadt gehört zu den Pflichtbesuchen jedes Touristen. Die rotbraune Backsteinfassade mit den tiefen Arkaden im Erdgeschoß, den gotischen Zweipaßfenstern unter der Traufe und den Schwalbenschwanzzinnen obenauf läßt kaum ahnen, was sich dahinter verbirgt. Vor der weiten Piazza SORDELLO – schon wieder ein Musiker, der erste italienische Minnesänger, geboren in einem nahen Dörfchen – wirkt sie eher trutzig denn pompös. Dabei ist die Bezeichnung »Palast« in Wahrheit eine faustdicke Untertreibung. Was da zwischen 1390 und 1565 errichtet wurde, ist ein Komplex untereinander verbundener Bauten von der Größe eines Stadtviertels, an die fünfhundert Säle, Zimmer, Loggien, Korridore, fünfzehn Innenhöfe und Gärten, als letzter Bauteil mittendrin die Hofkirche. Bis der Führer mit seiner Herde vom Eingang bei den Arkaden am künstlerischen Gipfelpunkt der Besichtigungstour anlangt, den prachtvollen Fresken Andrea Mantegnas im sogenannten Hochzeitszimmer, sind mehrere Kilometer bewältigt.

Auf dem langen Marsch durchquert man auch die ausgedehnte

Mantua. Palazzo Ducale.
Hochzeitszimmer mit Fresken von Andrea Mantegna

Galerie, die nach ihrer Wandausstattung der Spiegelsaal heißt. Decke wie Gewölbezwickel zieren Fresken mit allegorischen Szenen, gemalt in jener trickreichen Kunst des späten Manierismus, die den Anschein zu erwecken verstand, als folgten die Augen der dargestellten Heroen und die Köpfe ihrer Pferde dem wandelnden Besucher. Hier wurde bei den Gonzaga Musik gemacht. Jeden Freitagabend rief Herzog Vincenzo seine zwölf Sänger und sieben Violinisten zu einem Konzert vor den Damen und Herren des Hofes zusammen. Bald drängte sich auch die Crème der Bürger zu diesen Konzerten, »der Herzog wird am Eingang Wachen aufstellen müssen«, schrieb der junge Geiger übermütig an den Vater. Bei besonderen Anlässen traten auch die vier Sängerinnen auf, unter ihnen Claudia Cattaneo, Monteverdis spätere Frau. In den Programmen wimmelte es von dem, was wir heute Uraufführungen nennen: neueste Musik, die Tinte kaum trocken auf dem Notenblatt. Die beliebteste Form war immer noch das Madrigal, vier- bis sechsstimmiges polyphones Geflecht, dessen einzelne Linien sowohl gesungen als auch gespielt werden konnten. Und der junge Claudio hat reichlich dazu beigesteuert. Freilich nicht ohne schon hier wider den Stachel des Zeitgeistes zu löcken. Seine Kompositionen folgen ungewohnt präzis dem Wortsinn der Texte, riskieren dafür ungewöhnliche Sprünge und scharfe Dissonanzen, zeigen erstmals jene ausdrucksgeladene Geste, die später seine Opern berühmt machen wird. Das hat ihm unter Kollegen wie Hofleuten nicht nur Beifall eingetragen. Daß er bei der Besetzung des Chefpostens zunächst übergangen wird, rührt wohl daher – da tanzte einer aus der Reihe.

Man muß sich die Szene vorstellen, obwohl es der kahle längliche Raum nicht eben leicht macht: auf der einen Seite die Sänger und Violinisten, unter ihnen der Mann mit dem Chitarrone, der anderthalb Meter langen Riesenlaute mit den vielen Baßsaiten, stehend hinter ihren Pulten; ihnen gegenüber die Hofgesellschaft, die Damen in den kostbaren Gewändern der Spätrenaissance, die Herren im kurzen, oft bunten Wams mit dem gefältelten Spitzenkra-

Claudio Monteverdi

gen; Dutzende von Kerzen überall, deren Licht sich in den Spiegelwänden verhundertfacht, Bedienstete mit Getränken hin- und herhuschend – so steif wie in einem modernen Konzertsaal ging das damals nicht zu. Diese Musik war eine Art geistreicher Unterhaltung, ohne die romantische Aura göttlicher Inspiration. Ob wohl viele der Zuhörer gespürt haben, daß sie dem Beginn eines neuen Zeitalters der Kunst beiwohnten?

Der Führer treibt uns weiter, vorbei an dem kürzlich unter dikkem Putz entdeckten Aufriß eines Freskos von Pisanello und durch einen langen Gang, die offene Arkadenseite gibt den Blick auf einen Innenhof frei. Wieder ist Phantasie gefragt: Der Hof diente nicht nur Turnieren und allerlei vergnüglicher Artistik, er war der Schauplatz jener musikalischen Bühnenspiele, die man bald allgemein Opern nennen wird. Das vornehme Publikum saß unter den Bögen, die den Platz an drei Seiten umfassen, gewissermaßen im ersten Rang. Und wieder ist MONTEVERDI der Vorreiter. Seine *Favola d'Orfeo* von 1607 war noch für die fünfzig Jahre zuvor von einem Gonzaga gegründete Accademia dei Invaghiti gespielt worden, die »Akademie der (in die Weisheit) Verliebten«, ein typisches Griechendrama für gelehrte Humanisten mit ausladenden Rezitationen nach Art der Florentiner Versuche, die Antike neu zu beleben. Die Titelrolle sang damals übrigens einer der ersten Kastraten, ein gewisser Giovanni Gualberto Magli, ein Florentiner Schüler von Giulio Caccini. Als im Mai und Juni des folgenden Jahres anläßlich einer Prinzenhochzeit für die internationale Gästeschar zwischen diesen Arkaden ein richtiges Opernfestival stattfand, da feierte Monteverdi gleich zwei Siege: mit dem *Tanz der Spröden*, einer Ballettoper, getanzt und gesungen – Carl Orff hat sie für unsere Zeit wiederentdeckt –, und mit der *Arianna*.

Das Werk ist, wie so vieles von ihm, verlorengegangen. Doch man weiß aus zeitgenössischen Berichten, daß es die Hörer buchstäblich zu Tränen gerührt hat. Das einzige erhaltene Stückchen Musik, die Klage der Ariadne, läßt es wenigstens ahnen: Das ist die ausdrucksgesättigte, hochdramatische, perfekt die innere Situation spiegelnde melodische Linie, wie sie zusammen mit dem nun erstmals eigenständig sprechenden Orchester die späteren

Autograph Monteverdis:
Die »Sinfonia da Guerra« aus seiner Oper »Die Heimkehr des Odysseus«

Meisterwerke der Venezianer Zeit auszeichnet, *Heimkehr des Odysseus* und *Krönung der Poppea*. Wenigstens sie sind in den letzten Jahren zum festen Bestand anspruchsvoller Bühnen aufgerückt.

Mit dem Tode Vincenzo Gonzagas und der unerklärt plötzlichen Entlassung MONTEVERDIS endet Mantuas Rolle als innovatives Zentrum. Natürlich wurde Musik weiter in den Palazzi adeliger Dilettanten gepflegt, und schließlich erhielt auch die Oper ein eigenes Heim. Wenige Schritte abseits der Piazza Sordello, hinter dem schweren gotischen Ziegelbau des Broletto, einstmals Sitz des Stadthauptmanns, liegt der Akademiepalast. Piermarini, der Erbauer der Mailänder Scala, hat ihn in streng klassizistischen Formen entworfen, und Antonio Galli-Bibiena, einer aus der berühmten Familie der Theaterarchitekten und Bühnengestalter, hat ein Theaterchen hineingebaut. Merkwürdigerweise wird es – die »Accademia Virgiliana« (nach dem nahebei geborenen römischen Dichter Vergil) gab sich wissenschaftlich – immer noch Teatro Scientifico genannt.

Galli-Bibiena hat hier ein Meisterstück geliefert. Er sollte eigentlich einen Vortragssaal für die gelahrten Nobelbürger bauen. So setzte er vor den glockenförmigen Raum statt einer »richtigen« Bühne ein breites Podest, nach hinten durch zwei leichtfüßige Logenreihen abgeschlossen. Davor ein Parkett von kaum 250 Plätzen, darüber drei gleiche Logenränge, elfenbeinweißer Stuck und rotes Gestühl, ein Schmuckstück im Geiste des ausgehenden Rokoko, man riecht förmlich die Puderperücken. Bei der Einweihung (1769) wurden die noch getragen, und auch der junge Mann, nein, der Knabe trug eine, der ein paar Wochen später auf der Durchreise hier gastierte und von der feinen Gesellschaft ob seines stupenden Cembalospiels bejubelt wurde: Wolfgang Amadeus MOZART, mit dem Vater auf erster Italienfahrt, zehn Tage vor seinem vierzehnten Geburtstag. Spät, erst 1822 bekam die Oper eine »richtige« Bleibe, das Teatro Sociale, eröffnet mit einem Werk des Neapolitaner Bellini-Freundes Saverio Mercadante.

Wo soviel Vergangenheit sich häuft, da fehlt auch Anekdoti-

Mantua.
Teatro Scientifico im Palazzo dell'Accademia Virgiliana

sches nicht. Verläßt man Mantua vom Herzogspalast nach Norden, über die enge Durchfahrt, die einst das Stadttor San Giorgio verschloß, steht linkerhand ein altes, wohlrestauriertes Gemäuer, Zinnen über der Toreinfahrt, ein kurzer Stummel von Turm daneben. Dies sei, so wird augenzwinkernd berichtet, das Haus des Sparafucile gewesen, jenes Berufskillers aus der Renaissance, dem VERDI im *Rigoletto* eine kurze, aber wirkungsvolle Baßrolle geschrieben hat. Es geht dabei ja um eine Schandtat des Herzogs von Mantua, dieses Verführers mit dem hohen H, das heute keiner leichtfüßiger zu schmettern weiß als Luciano Pavarotti. Ich gebe zu, die Sache mit der Örtlichkeit ist mehr als windig, und vielleicht können die jungen Leute, die sommers in der jetzigen Jugendherberge übernachten, mit dem Namen des Räubers gar nichts anfangen. Für uns Opernfans mag es nicht ohne angenehmen Schauder abgehen, an dem Ort zu stehen, wo Gilda so wunderbar lyrisch ihr Leben aushauchte.

Venedig

Daß die Märchenstadt in der Lagune mit Kunstwerken aller Art vollgestopft ist wie kaum eine zweite, das weiß mindestens seit den Hilferufen zur Rettung Venedigs alle Welt. Wer immer sie besucht, steuert den Markusplatz an, den »schönsten Salon Europas« – und steht damit, meist ohne es zu wissen, vor einem der ältesten Musikzentren unseres Kontinents.

Wir sprechen von der Basilica San Marco. Unterm Prunk der Altäre, dem Goldglanz der Mosaiken an Kuppeln und Bögen hat der Besucher Mühe, die Orgel im Presbyterium zu erspähen, die ihrerseits einige der frühesten jener feierlichen Bilder aus farbigen Steinchen, Blattgold und Glasfluß fast verdeckt. Das inzwischen mehrfach modernisierte Werk stammt immerhin von 1766. Doch schon die schlichtere Vorgängerin der heutigen Kirche, 832 zum ersten, 1035 nach einem Brand zum zweiten Male geweiht, besaß mindestens zwei dieser Instrumente, und es war ein Padre von San Marco, der die erste Orgel in Deutschland, im Aachener Dom installierte. Musikpflege gehörte also von Anfang an zu den Aufgaben der Basilica, die, nicht anders als der Dogenpalast nebenan, zugleich den jungen und rasch reich werdenden Stadtstaat repräsentierte. Man hielt sich früh einen kleinen Chor von Berufssängern, später auch Instrumentalisten, vorab Bläser, die auch

Venedig. Blick auf S. Maria della Salute

zu Staatsempfängen und öffentlichen Aufzügen ausgeliehen wurden – Bilder davon sind noch in den Sammlungen des Stadtmuseums Correr über dem Napoleonsbogen am Markusplatz zu sehen.

In der Kirche war ihr Platz auf den kleinen Tribünen beiderseits des Hochaltars, deren Geländer Sansovino mit bronzenen Reliefs aus der Markuslegende bestückt hat, und auf zwei hölzernen Altanen darüber, die jüngst entfernt wurden. Es war der ideale Raum für jene Kunst der »getrennten Chöre«, die Ende der Renaissance ihre Wirkungen aus dem Gegeneinander entfernter Musiziergruppen bezog und in den Werken zweier Venezianer, Onkel und Neffe Gabrieli, gipfelte. Gelegentlich wird sie noch heute zu besonderen Kirchenfesten wiedererweckt – der Raumklang unter den mächtigen Bögen ist bestechend. Ein Großer unserer Tage hat ihn sich noch einmal zunutze gemacht: Die Uraufführung von Igor Strawinskys *Canticum zu Ehren des heiligen Marcus*, Summe aller Satz- und Ausdruckskünste, am 13. September 1956 war ein Jahrhundertereignis. Das Foto, das den alten Zauberer bei der Generalprobe zeigt, allein in der weiten Halle, von Lichtbündeln umflirrt, ging um die halbe Welt. Nun ruht er auf der Friedhofsinsel San Michele unter der schwarzen Marmorplatte, die Giacomo Manzù entworfen hat, in jenem leicht verwilderten Geviert abseits der Prunkmonumente venezianischen Familienstolzes, das den Nichtkatholiken, den Fremden und den Außenseitern zugeteilt ist.

Zurück zur Basilica. Die beiden Gabrieli sind nur zwei aus der langen, seit etwa 1400 lückenlosen Liste der »maestri di cappella« von San Marco, die viele große Namen der frühen Musikgeschichte aufzählt, wie Adrian Willaert, Claudio Merulo, Gioseffo Zarlino. Sie waren zugleich Organisten, Komponisten und »Dirigenten«, schrieben für den Gottesdienst wie für weltliche Auftritte, Messen wie Tafelmusik, Madrigale oder Einlagen für die Schäferspiele im Hof des Dogenpalastes. Das alles hat heute fast nur noch historisches Interesse – fast. Denn kurz nach 1600, als der neue »monodische«, melodiebetonte Stil des Barock die alte Vielstimmigkeit abzulösen begann, ragt ein Künstler hervor, dessen

Igor Strawinsky im Markusdom während einer Probe zur Uraufführung seines »Canticum sacrum«

Werke wir eben erst als äußerst lebendig wiederentdeckten. Doch sein Ruhm, der alte wie der neue, hat wenig mit der Basilica zu tun, obwohl er viele Jahre ihr Musikchef war: Claudio Monteverdi, gebürtiger Cremonenser. Am 19. August 1613 war er von den Prokuratoren der Republik aus einer langen Liste höchst namhafter Zeitgenossen gewählt worden, dreißig Jahre lang hat er in der sogenannten Canonica gewohnt, dem großen, schmucklosen Bau im Innenhof des Erzbischöflichen Palais, der den Angestellten der Basilica zugewiesen war. Seine Opern gelten mit Recht als erster Höhepunkt der damals ganz jungen Kunst des Musiktheaters. Was er mit *Ariadne*, mit der *Heimkehr des Odysseus* und der Buffa-Vorläuferin *Die Krönung der Poppea* an dramatischem Atem, an melodischem und instrumentalem Ausdruck in die zunächst eher langatmige Abfolge von Sologesängen zur meist mythologischen Handlung einbringt, das ist lange Zeit nicht übertroffen worden. In Santa Maria dei Frari, der riesigen gotischen Franziskanerkirche auf der anderen Seite des Canal Grande, liegt er begraben, in der Mailänder Kapelle, der dritten links hinterm Hochaltar – nur die Siegel der lombardischen Bruderschaft im Fußboden zeigen es an.

Oper also. Das ging wie ein Lauffeuer durch Venedig. Waren die ersten Produkte der neuen Gattung noch rein höfische Unternehmungen gewesen, Festaufführungen zu Prinzenhochzeiten oder zum Empfang eines Souveräns, hier an der Lagune wurden sie sogleich kommerzialisiert und »demokratisiert«. Zwischen 1637 und 1670 entstanden mehr als ein Dutzend Bühnen, und jedermann konnte (so er Geld hatte) eine Loge mieten oder eine Eintrittskarte erstehen. Von der ganzen Herrlichkeit ist freilich kaum etwas geblieben. Wandert man die Calle Larga XXII. Marzo vom Marcusplatz her entlang, dann schwenkt linkerhand eine schmale Gasse zum Kanal ein, die Calle del Teatro, und zwischen Palazzi und Pensionen steht das verbarrikadierte Gemäuer, das einmal das Teatro San Moisè war – 1640 mit Monteverdis *Ariadne* eröffnet. Ein anderes lehnte sich an die Kirche San Cassiano kurz hinterm Fischmarkt an, es ist ebenso verschwunden wie das gegenüber der Dominikanerkirche Santi Giovanni e Paolo am Platz mit dem Colleoni-Denkmal. Auch die heutigen Bühnenhäuser sind auf den Trümmern ihrer Vorläufer aus jenem 17. Jahrhundert errichtet: das Malibran-Theater hinter der Hauptpost wie das kürzlich prachtvoll restaurierte »Goldoni« an der Rückseite des Doppelpalastes am Großen Kanal, der als Rathaus dient. Als Teatro San Luca, von der schwerreichen Familie Vendramin erbaut, gehörte es zu den ältesten, und GOLDONI selbst, der Schöpfer der Charakterkomödie und fleißige Opernlibrettist, hat dort manche seiner Uraufführungen erlebt. Auch das zum Kino umgewandelte »Rossini« nur einen Katzensprung weiter an der Lucas-Kirche gehört dazu. Sie alle waren noch das ganze 18. Jahrhundert über so erfolgreich, daß nicht

Venedig. Markusdom, Innenraum

nur die ersten Meister der Apenninhalbinsel, sondern auch renommierte Ausländer vom Boom der opernnärrischen Adelsrepublik profitierten. Venedig war damals die opernreichste Stadt der Erde. Zwischen 1700 und 1800 sind mehr als 1200 verschiedene »Inszenierungen« nachgewiesen. Der junge Händel hat im Theater San Giovanni Crisostomo, das der Dogenfamilie Grimani gehörte, dem jetzigen »Malibran«, zur Eröffnung der Wintersaison 1709 seine *Agrippina* uraufführen lassen, und die begüterten Venezianer schrien »Viva il Sassone!« (»der Sachse«, d. h. der Deutsche). Sein wenig jüngerer Kollege Johann Adolf Hasse aus dem norddeutschen Bergedorf bei Hamburg, Autor von 56 Opern, war mit einer als Sängerin gefeierten Lagunenschönheit verheiratet, und das erinnert uns an eine andere Seite des venezianischen Opernrummels: die Primadonnen.

Sie – und nicht etwa der Komponist, der bescheiden im Orchester saß – waren die eigentliche Attraktion des jungen Musiktheaters, wie es sich zuerst an der Lagune als »Oper für alle« etabliert hatte. Ihre Macht reichte weit, sie konnten den Autoren gegenüber nicht nur Wünsche äußern, die praktisch Befehle waren, sie konnten auch mit den vorgegebenen Noten fast nach Belieben umgehen – man erwartete das geradezu von ihnen. Manche Sinnlosigkeit der Barockoper, doch auch manches herrliche Stück Musik geht auf ihr Konto. Jene Faustina Bordoni, die der junge Hasse 1730 heiratete, war ein Musterexemplar der Gattung. In Venedig geboren, trat sie sechzehnjährig dort erstmals auf, sang in Florenz, Rom, Wien und war kurze Zeit einer der beiden Stars von Händels Londoner Truppe, bis der berühmte, handgreiflich auf der Bühne ausgetragene Streit mit der zweiten Primadonna, Francesca Cuzzoni, den Kontrakt beendete. Die Rückkehr nach Venedig scheint ein Triumphzug gewesen zu sein. Später hat das Paar mehr als zwei Jahrzehnte lang den Hof Augusts des Starken in Dresden geziert, bis es, von der Musikgeschichte überholt, im Alter an die Lagune zurückkehrte.

Man hat, das sei hinzugefügt, über das Primadonnen-Unwesen und das ihrer männlichen (oder unmännlichen) Gegenspieler, der

Kastraten, viele böse Worte gefunden, sicherlich mit Recht. Doch nicht zu vergessen: Der Belcanto, der Schön- und Ziergesang, war damals nicht nur Kehlfertigkeit, d. h. Artistik, sondern zugleich Ausdruck der Zeit. Die Diven und Halbgötter der Musikszene waren in einem Maße ausgebildet, das uns heute staunen macht. Wir kennen zufällig den Stundenplan eines ansonsten vergessenen Komponisten des 17. Jahrhunderts, Domenico Mazzocchi, für seine Schüler: »Erstens morgens 1 Std. Übungen schwieriger Opernpassagen, 1 Std. für Triller usw., 1 Std. für Geläufigkeit, 1 Std. Literarische Übungen, 1 Std. Vokalisen-Effekte vor dem Spiegel, um die Körperhaltung mit dem musikalischen Stil in Einklang zu bringen; zweitens nachmittags 1/2 Std. Theorie, 1/2 Std. Kontrapunkt, 1/2 Std. Literatur.« Daß das Ergebnis solchen Trainings sich später oft gegen die Absichten des Komponisten wandte, steht auf einem anderen Blatt.

Primadonnen, Kastraten, Komponisten – zur Oper gehörte auch, obzwar am unteren Ende der Rangliste angesiedelt, der Librettist. Und in einer Stadt, die fast zwei Jahrhunderte hindurch Dutzende neuer Werke zu hören wünschte, war er ein gesuchter Mann. Es gab »Berufsdichter« und schreibende Dilettanten, Verseschmiede, Handwerker des Wortes die meisten. Zusammen mit den Opern hat man auch sie vergessen. Mit zwei Ausnahmen.

Wer über die Rialtobrücke nach San Marco wandert, der trifft sogleich auf einen länglichen Platz, den Campo San Bartolomeo. Dort steht auf hohem Sockel zwischen blinkenden Schaufenstern und Cafehausstühlen ein bronzener Mann in der Tracht des 18. Jahrhunderts. Schmunzelnd scheint er das bunte Treiben zu betrachten wie einst im Leben: Carlo Goldoni. Die Theatergeschichte rühmt ihn als den Begründer der Charakterkomödie, der aus den starren Typen des Stegreifspiels richtige Menschen machte. Doch hat er auch der Oper gedient, mit fast drei Dutzend Libretti, von denen einige wie *Il Filosofo di Campagna*, komponiert von dem Venezianer Baldassare Galuppi, seinerzeit über die Bühnen ganz Europas gingen. Der Zögling eines geistlichen Instituts, Advokat, Theaterdichter und Verwaltungsjurist in Chioggia, dem

Klein-Venedig am Südende der Lagune, hatte bei Wanderbühnen in seiner Jugend das Handwerk gut gelernt. Freilich, die Reimereien und strengen Formgerüste der Opera Buffa waren so recht seine Sache nicht, die Libretti erreichen kaum je den Rang seiner Prosastücke. Dafür haben einige von diesen auf der Musikbühne ein zweites Leben erhalten: in den heiteren Werken eines weiteren Ve-

Venedig. Teatro La Fenice, Gondeleingang. Stich aus dem 19. Jahrhundert

nezianers (eines halben nur, der Vater war ein Deutscher aus Bayern): Ermanno Wolf-Ferrari.

Von der anderen Ausnahme weiß man, was die Lagune betrifft, nicht allzuviel. Der Mann, der sich später Lorenzo da Ponte nannte, war als Emanuele Conegliano im Ghetto von Ceneda (im nördlichen Veneto) geboren und, getauft, in Venedig aufgewachsen. In der kirchlichen Hierarchie bis zum Abate aufgestiegen, eine Generation jünger als Goldoni, lebte er dort als Literat und wurde ein Freund Casanovas. Er muß ihm auch im Temperament ähnlich gewesen sein, der Lebenslauf vermerkt diverse amouröse und andere Abenteuer, bald wurde er wegen Ehebruch und Verführung zu fünfzehn Jahren Verbannung verurteilt. Da ging er nach Wien, brachte es rasch zum Hofdichter und schrieb, zwischen Stücken, Huldigungen und Pamphleten, für Mozart die Texte zu *Figaro*, *Don Giovanni* und *Così fan tutte*. Originale Erfindung war gewiß nicht seine Stärke, fast alle Bücher sind Bearbeitungen vorhandener Schauspiele, außer *Così fan tutte*, das auf eine wahre Begebenheit zurückgehen soll. Doch sein musikdramatischer Spürsinn erhebt sie weit über die Durchschnittsproduktion der Zeitgenossen. *Die Hochzeit des Figaro* ist auch als Libretto ein Meisterwerk. 1838 ist der Vielgewandte fast neunzigjährig in New York gestorben.

Das alles ist nun vergessene Vergangenheit. Doch sie hat Traditionen geschaffen, die für viele Italiener noch heute der Inbegriff von Musik sind. Und auch Venedig hat sie fortgeführt: im jüngsten (1792) und nun einzigen seiner Opernhäuser, dem (eigentlich der, denn der Phönix ist dortzulande weiblich) »Fenice«. Als es, in kürzester Frist erbaut, vom Feuer zerstört und wiedererbaut wurde, war die Markusrepublik gerade fünf Jahre unter Napoleons Drohungen dahingeschieden. Die Rialto-Millionäre focht das offenbar wenig an, die Giustiniani, Mocenigo und Gritti organisierten eine feudale Gruppe, die den Bau finanzierte. Der äußere Anblick des Hauses am Campo San Fantin, gegenüber Sansovinos Kuppelkirche des Heiligen, ist nicht eben imponierend. Man versteht die Venezianer, die aus der Portalinschrift SOCIETAS flugs ein bissiges

Akrostichon machten: »Sine Ordine Cum Irregularitate Erexit Theatrum Antonius Selva« – »Ohne Ordnung, unregelmäßig, hat Antonio Selva das Theater erbaut«. Architekturkritik auf lateinisch. Doch für die Enttäuschung entschädigt dann die große Sala, der Zuschauerraum, einer der schönsten in aller Welt: klassische Birnenform mit blendender Akustik, fünf Logenreihen in Purpur und Gold und Elfenbein, aus den Medaillons unterm ersten Rang blicken die unsterblichen Meister. Hier ist Operngeschichte gemacht worden, nicht viel weniger als in der berühmteren Mailänder Scala. Rossini ist mit drei Uraufführungen vertreten, Bellini und Donizetti mit je zweien, von kleineren Geistern des »romantischen Realismus« wie Simon Mayr, Mercadante, Pacini gar nicht zu reden. Verdi hat für das Fenice *Ernani*, *Attila*, *Rigoletto* und *Simone Boccanegra* geschrieben, hat mit dem späteren Welterfolg *Traviata*, die damals im Gelächter über die rundliche, urgesunde Darstellerin der schwindsüchtigen Kurtisane unterging, eines seiner schlimmsten Debakel erlebt.

Auch unsere Gegenwart kam und kommt nicht zu kurz: Neben den Opern italienischer Komponisten wie Gianfrancesco Malipiero, Luigi Dallapiccola, Luigi Nono, Luciano Berio wurden hier Strawinskys *The Rake's Progress*, Brittens *The Turn of the Screw* und Prokofjews *Feuriger Engel* aus der Taufe gehoben. Ähnlich exotisch muß in diesem Belcanto-Tempel vor hundert Jahren die erste italienische Aufführung von Wagners *Ring* gewirkt haben. Das war ein Vierteljahr nach des Meisters Tode in der Lagunenstadt, die er unter allen italienischen Städten am meisten liebte. Es war nicht sein erster Aufenthalt gewesen. Schon 1858 hatte er sich im mittleren der drei Giustiniani-Palais am Großen Kanal, gegenüber der Kirche San Samuele, einquartiert, wo der zweite »Tristan«-Akt entstand – derselbe, den sein angeblich so naiver Antipode Verdi dreißig Jahre später »eine der erhabensten Schöpfungen des menschlichen Geistes« nennen wird. Den Winter 1882/83 über wohnte Wagner mit Cosima und den Kindern im pompösen Palazzo Vendramin-Calergi am Kanal, dort, wo der enge Rio San Marcuola abzweigt. Da ist er am 13. Februar gestorben

Venedig. Palazzo Vendramin-Calergi, Sterbeort Richard Wagners. Stich

– ein Marmorbild mit der hymnischen Inschrift d'Annunzios in der Umfassungsmauer erinnert daran. Noch in der Weihnachtswoche hatte er im oberen Foyer des »Fenice« seine Jugendsinfonia in C mit dem Schülerorchester des Konservatoriums dirigiert.

Sinfonia – das Stichwort lenkt sogleich in eine andere Richtung. Denn entgegen Verdis Wort, die Italiener sollten die Instrumentalmusik lieber den Nordländern überlassen, hat gerade das barocke Venedig viel zu ihrer Verbreitung beigetragen. Angefangen hatte es, merkwürdig genug, in den großen »Ospedali«, die, von Orden geführt, zugleich Hospital, Waisenhaus und Altersheim waren. Schon um die Mitte des 17. Jahrhunderts führten sie den Musikunterricht als Teil der Kindererziehung ein. Fünfzig Jahre später waren sie schon richtige Konservatorien, beriefen erste Künstler für die Ausbildung, lieferten den Nachwuchs für Kirchen und Opernhäuser und veranstalteten selbst Konzerte, die ihnen viel Zulauf und viel Geld brachten. Eines davon steht an der Zattere genannten Uferstraße im Süden, gegenüber dem breiten Giudecca-Kanal, die Brücke davor trägt noch den alten Namen der »Incurabili«, der Unheilbaren, denen es sich ursprünglich widmete. In dem unansehnlichen Bau, der heute wieder ähnlichen Zwecken dient, haben der schon erwähnte Hasse und der Neapolitaner Opernmeister Niccolò Jommelli als Lehrer gewirkt, unter den Vorstehern war Baldassare Galuppi aus dem nahen Burano, zugleich Erster Kapellmeister an San Marco und als Autor spritziger Buffo-Opern um 1760 eine europäische Berühmtheit.

Nicht weit vom Dogenpalast, die Riva degli Schiavoni entlang, liest man an der Ecke der elegant geschwungenen Pietà-Kirche eine verwitterte Tafel, die alle Himmelsstrafen demjenigen androht, der ohne Not Kinder aussetzt – es wurde offenbar reichlich davon Gebrauch gemacht. Die kaum meterbreite Gasse leitet, Hausnummer 3701, zu dem einst renommiertesten dieser musikalischen Waisenhäuser, dem Ospedale della Pietà, einer Gründung von 1346, das ursprünglich an der Stelle der erst 1760 geweihten Kirche stand. Hier war von 1703 an Antonio Vivaldi zuerst Geigenlehrer, dann »Maestro de Choro«, Musikchef, fast vierzig Jahre lang. Mit vielen Unterbrechungen zwar, denn den »roten Priester«, wie er ob seiner Haarfarbe genannt wurde, hinderten die kirchlichen Weihen nicht, zwischendurch als Virtuose wie Manager wie Regisseur seiner zahlreichen Opern ganz Italien und halb Europa zu bereisen. Sein Orchester, eine reine Jungmädchen-Truppe, war »in«, es galt unter Kennern als das beste des Kontinents, besser sogar als das der Pariser Oper. Den vornehmen Ausländern, die im 18. Jahrhundert scharenweise nach Venedig kamen, riet man, sonntags statt in die Kirche zu seinen Konzerten ins Ospedale zu gehen.

Antonio Vivaldi. Karikatur von Leone Ghezzi (1723)

Dieser Vivaldi ist eine merkwürdige Figur, wie sie nur damals und nur dort gedeihen konnte. Der Vater, aus Brescia zugezogen, gelernter Friseur und Gelegenheitsmusiker, galt als angesehener Geiger. Sohn Antonio, kränkliches Siebenmonatskind und erst nachträglich in der Kirche San Giovanni in Bragora unweit des Ospedale getauft, erhielt schon als Fünfzehnjähriger die Tonsur, zehn Jahre darauf die Priesterweihe. Daß er sich daneben zu einem erstklassigen Violinisten entwickelte und auch öffentlich auftrat, braucht nicht zu verwundern – beides ließ sich damals, und zumal in Venedig, leicht vereinen. Den Beruf des Priesters hat Vivaldi nur kurze Zeit wirklich ausgeübt, als Entschuldigung – oder Vorwand? – diente ihm die angeborene Angina pectoris. Tatsächlich bedurfte er, besonders auf den zahlreichen Reisen, der Hilfe. So brachte er von einem Opernurlaub in Mantua die Sopranistin Anna Giraud und ihre Schwester mit, die ihn dann vierzehn Jahre hindurch begleitet haben. Was ihm wiederum allerlei Gerüchte und kirchliche Vorwürfe eintrug. Zu seinem Bilde gehört schließlich auch eine beträchtliche Geschäftstüchtigkeit, als Opernunternehmer wie als Verkäufer tintenfrischer Manuskripte an durchreisende Ausländer. Als Geiger war er zweifellos eine Sensation. Sein Lagenspiel wirkte absolut verblüffend – wir wissen es nicht nur aus dem Bericht des jungen Herrn von Uffenbach, nachmals Bürgermeister seiner Heimatstadt Frankfurt und einer der vielen Bildungsreisenden des Jahrhunderts.

Doch es wäre falsch, den erfindungsreichen Mann mit der großen Nase vorab als Interpreten zu sehen. Der Komponist Vivaldi hat, das ist nach früheren Fehlurteilen heute gesichert, zur Musikentwicklung des Hochbarock Entscheidendes beigetragen. Kein Zufall, daß seine Concerti noch nach 250 Jahren zum festen Bestand unserer Kammerorchester gehören – ein so langes Leben ist in der Kunst nur wenigem vergönnt. Gewiß, vieles in Vivaldis Riesenwerk ist flüchtige, flinke Durchschnittsarbeit, eine Oper trägt den Vermerk »geschrieben in fünf Tagen«. 48 Opern (unter den Textbearbeitern ist auch der junge Goldoni), 456 Konzerte, 100 Arien! Aber Vivaldi hat nicht nur die vergleichsweise steife Orchestersprache der Zeit um ungekannte Nuancen bereichert und den Instrumenten die Ausdrucksfülle der menschlichen Stimme abgewonnen; vor allem hat er in dem dreisätzigen, kontrastreich angelegten Concerto mit einem oder mehreren, oft virtuosen Soloinstrumenten die entscheidende Musizierform seines Jahrhunderts geprägt und, unter anderem, in seinen Streicher-Sinfonien die Muster für Bachs Brandenburgische Konzerte geliefert. Als er 1741 sechzigjährig in Wien starb, in ähnlich bescheidenen Verhältnissen wie später Mozart, war er in Europa hochberühmt, in seiner Heimat fast vergessen. Ein Jahr zuvor taucht sein Name zum letztenmal im Rechnungsbuch des Ospedale auf, ein weiteres Jahr früher notiert der Lyoner Senatspräsident de Brosses, ein anderer musikalischer Italienpilger: »Zu meinem großen Erstaunen habe ich gefunden, daß er hierzulande nicht so geschätzt wird, wie er es verdient«.

Viele von Vivaldis 825 Kompositionen sind in den beiden grauen Palazzi an der Calle della Pietà geschrieben und ausprobiert worden, deren abblätternde Schmuckfront auf den Rio dei Greci zeigt. Man bewahrte auch lange Zeit eine Sammlung alter Instrumente, die heute in einem Saal der Musikhochschule zu sehen ist. Damit öffnet sich ein letztes Kapitel venezianischer Musikgeschichte. Schon um das Ende der Republik (1797) hatten die Ospedali aus Geldmangel den Musikbetrieb völlig eingestellt. Die Oper beherrschte das Feld. Bis ein reicher Privatmann 1877 eine neue Musikschule gründete, benannt nach einem heute vergessenen Barockmeister, Benedetto Marcello, einem adeligen Dilettanten, eigentlich Jurist und hoher Staatsbeamter, der aber mit seinen Psalmen-Vertonungen in Europa flüchtigen Ruhm erwarb. Man residierte zunächst am Campo San Maurizio hinter der Präfektur, dann in den Redoutesälen des »Fenice«, schließlich, nach Aufwertung zum Konservatorium, im Palazzo Pisani. Das mächtige Gebäude nahe der Akademie-Brücke am Campo Morosini, auf dem, man höre, 1802 der letzte (unblutige) Stierkampf stattfand, verrät schon an der Vorhalle den Bauherrn: Neptun als bronzener Türklopfer, daneben die kunstvolle dreiarmige Hecklaterne einer Staatsgaleere – Pisani war »Generale da Mar«, Admiral der Serenissima. Die beiden Innenhöfe mit den drei eleganten Arkadenreihen übereinander suchen ihresgleichen in der Stadt. Unter den Schätzen des Hauses, Manuskripten und Instrumenten, finden sich auch das Notenpult und der Taktstock, die Richard Wagner bei seinem letzten Konzert im Foyer des »Fenice« benutzt hat.

Hier ist Venedigs musikalische Gegenwart zu Hause, an Namen von Rang geknüpft. Unter den Leitern der Hochschule waren in

Luigi Nono, Anfang der achtziger Jahre

unserem Jahrhundert ERMANNO WOLF-FERRARI, der Goldonis Komödien mit leichtfüßigen Melodien auf die Opernbühne brachte, der noch immer die Spielpläne ziert, und GIAN FRANCESCO MALIPIERO, der grantige kleine große Mann eines spezifisch venezianischen Musizierens, bizarr und altmeisterlich zugleich. Er hat nicht nur in zahlreichen Werken für Bühne und Podium vergessene heimische Spielformen im Geiste unserer Zeit wiederbelebt, er hat auch seine Vorgänger des 17. und 18. Jahrhunderts in mustergültigen Editionen neu erschlossen. Von seinen Schülern der letzten Jahrzehnte erreichten zwei weltweite Anerkennung: BRUNO MADERNA und LUIGI NONO, Venezianer beide. Dem früh verstorbenen Maderna gelang es, streng moderne, zwölftönige wie serielle

Satzweise mit mittelmeerischer Sanglichkeit zu versöhnen; als Dirigent hat er vielen jungen Kollegen, häufig während der sommerlichen Musikbiennale im »Fenice« und im Freilichttheater auf der San-Giorgio-Insel, den Weg zum Publikum gebahnt. Nono, Schwiegersohn Schönbergs, Freund und Schüler Madernas, auch er kürzlich gestorben, durchwirkte die dogmatische Radikalität der Älteren oft überzeugend mit dem Atem eines politisch gefärbten Humanismus und suchte im elektronischen Studio an vorderster Front nach neuen Ausdrucksbereichen. Hat Monteverdi etwas anderes getan?

Pomposa

Töne, Klänge, Musik »aufheben« – wie macht man das? Kein Problem mit Schallplatte und Tonband. Doch deren Zeitalter ist kaum mehr als hundert Jahre jung, seit fast gleichzeitig (1887) Edisons Phonograph mit der Wachswalze und Emil Berliners Grammophon mit der Zinkplatte vorgestellt wurden. Und davor? Nicht nur Haydn hatte schon für mechanische Musikinstrumente geschrieben, die, entsprechend programmiert, ein Stück wiedergeben konnten. Indes, die einen wie die anderen setzen etwas voraus: daß nämlich das, was erklingen soll, zuvor präzis und unverwechselbar aufgezeichnet sei – der Interpret muß es »lesen« können, um es richtig zu reproduzieren. Kurz und gut, man braucht eine allgemein anerkannte Notenschrift.

Das erscheint uns selbstverständlich, und in der Tat ist die Art und Weise, wie in der westlichen Welt Musik aufgezeichnet wird, in ihren Grundzügen fast genau tausend Jahre alt. Die Sache, die zunächst so selbstverständlich durchaus nicht war, verdankt sich im entscheidenden Punkte einem jungen Mann aus der Umgebung von Arezzo in der östlichen Toskana, von dem man, außer drei musikpädagogischen Schriften, nicht viel mehr als den Vornamen kennt. Und da, was er erfunden hat, uns noch heute betrifft, ist es nur gerecht, seiner Spur nachzugehen.

Die Abtei von Pomposa

Wenn man die alte Strada Romea von Venedig her nach Süden fährt, vorbei an Chioggia am Ende der berühmten Lagune und weiter über drei der Mündungsarme des Po, dann taucht hinter Mesola genau über der Straße ein Turm auf, neun rechteckige Geschosse, darauf ein Zuckerhut mit dem Kreuz. Im Näherkommen erkennt man die feine Gliederung des blaß-rötlichen Ziegelwerks, Zwergarkaden über senkrechten Bändern, die Fenster listig vom untersten schwarzen Strich sich nach oben weitend bis zur viergeteilten, von weißen Säulchen gestützten, luftigen Loggia angeordnet. Das Musterbeispiel eines romanischen Campanile, kraftvoll und schlank zugleich, gehört zu der einstigen Benediktiner-Abtei Santa Maria di Pomposa, die hier, auf einer weiträumigen Insel zwischen dem Meer und den beiden südlichen Ablegern des großen Stromes einmal ein wohlbestelltes theokratisches Reich regierte.

Das war, nach bescheidenen Anfängen im 8. Jahrhundert, ums Jahr 1000 bis hin zu jener Katastrophe von 1152, als der Po die Deiche durchbrach, das halbe Delta überschwemmte und sich neue Wege schuf, Versumpfung und Malaria im Gefolge. Die Abtei hielt sich, wurde ausgebaut, gewann an Besitz und Einfluß. Doch das Land entvölkerte sich immer mehr, dazu ruinierten innerkirchliche Veränderungen die einst blühende Wirtschaftsstruktur, 1553 verließen die letzten Mönche Pomposa. Erst in unserem Jahrhundert wurde der verlassene Komplex, der lange als eine Art Abstellraum für landwirtschaftliche Geräte gedient hatte, vorzüglich restauriert. Das Ergebnis ist eindrucksvoll. Indes wäre der Platz für uns nur eines mehr der vielen Zeugnisse benediktinisch-geistlichen Kunstsinnes, wäre hier nicht unter der frommen Herde der Jahrtausendwende jener Guido von Arezzo genannte Mönch gewesen, dem wir, nehmt alles nur in allem, unser heutiges Notensystem verdanken.

Von diesem Manne weiß man mit Sicherheit eigentlich nur, daß er Guido hieß, Benediktiner war und Musiklehren schrieb. Alles andere sind Konjekturen, verzwickte, oft einander widersprechende Folgerungen aus zweiter Hand. Guido ist wohl um 995 geboren, kam als junger Mann nach Pomposa und versuchte dort offen-

Guido d'Arezzo am Schreibpult. Federzeichnung um 1050

bar, allerlei musikalische Neuerungen einzuführen. Was ihm den heftigen Widerstand seiner Confratres eintrug – derart, daß er nach eigener Aussage aus der Abtei floh und beim Bischof von Arezzo Unterschlupf fand, der ihm den Musikunterricht an der Kathedralschule übertrug. Der Ruf seiner Gesangsbildung drang bald bis zu Papst Johannes XIX. Guido wurde dreimal nach Rom beschieden, kam endlich auch (1028), präsentierte mit einem kunstvoll geschriebenen Meßbuch seine Methode, der Papst staunte. Und dann zog der Mönch sich in ein Camaldulenserkloster zurück, wahrscheinlich Fonte Avellana in Umbrien, wo er 1050, vielleicht als Abt, starb.

Guidos entscheidende Erfindung ist mit Sicherheit schon in Pomposa geboren worden. Die Quellen sprechen in der Tat von nicht näher definierten Neuerungen, die einigen Wirbel verursacht hätten. Da möchte der Besucher von heute den einsamen Ort gern mit Imagination bevölkern und dem aufmüpfigen Klosterbruder in seine Singschule folgen. War's das Refektorium im rechten Flügel des Baus um den quadratischen Rasenplatz, den einmal ein Kreuzgang umschloß? Vielleicht, doch so hat Guido den Speise- und Aufenthaltsraum der Fratres nicht gesehen. Das mächtige dreiteilige Fresko an der Ostwand ist nicht vor 1300 entstanden – lange hat man sogar den großen Giotto dafür reklamiert. Auch den Schlafsaal im ersten Stock des Querbaus kannte er nicht, das Obergeschoß wurde erst im 14. Jahrhundert draufgesetzt. Und den schönen Campanile entwarf ein ravennatischer Baumeister 1063 – vierzig Jahre nach der Flucht des Musikers. Einzig die Kirche mit der suggestiven Vorhalle sowie das alleinstehende sogenannte Gerichtsgebäude gegenüber, Verwaltungssitz der Pfründen und Ländereien, die bis in der Lombardei und in Umbrien lagen, gehören Guidos Zeit an.

Und seine epochemachende Tat? Da muß man ein wenig ausholen. Die frühe Kirchenmusik, im wesentlichen einstimmiger Mönchsgesang, kannte keine Noten. Zur Gedächtnishilfe der allein mündlich überlieferten Melodien malte man über die Texte kleine Handzeichen, Neumen genannt, die lediglich den Verlauf, die Richtung der Töne andeuteten, weder Höhe noch Länge. Damit konnte kein Mensch eine ihm fremde Weise singen, und Guido muß sich wohl schrecklich über das falsche Gebrumm seiner Mitbrüder geärgert haben. Jedenfalls setzte er diese Neumen in ein Gerüst von vier Linien dergestalt, daß – und dies ist der entscheidende Punkt – jede Linie und jeder Zwischenraum einen einzigen, bestimmten Ton bezeichneten. Nun erst war es möglich, ohne vorherige Kenntnis »vom Blatt« zu singen, was jenen Papst Johannes mit Recht verblüfft hatte. Mag inzwischen eine weitere Linie hinzugekommen, mag in einer Orchesterpartitur eine ganze Batterie von Liniensystemen notwendig sein – das Prinzip des Terzabstands ist in unserer Notenschrift unverändert gültig geblieben. Erst die Zunft der Elektroniker bedarf anderer, technisch bedingter Zeichen.

Guido hatte also, modern ausgedrückt, musikpädagogische Absichten. Denen dienten auch weitere, nach der Zeit in Pomposa entwickelte Hilfen wie die heute noch im Süden gebräuchlichen Notennamen und jene Guidonische Hand, in der jedes Fingerglied eine Note repräsentiert, ein »Lehrmittel« zum Beherrschen der schwierigen Abfolge von Ganz- und Halbtönen. Auch hat er musi-

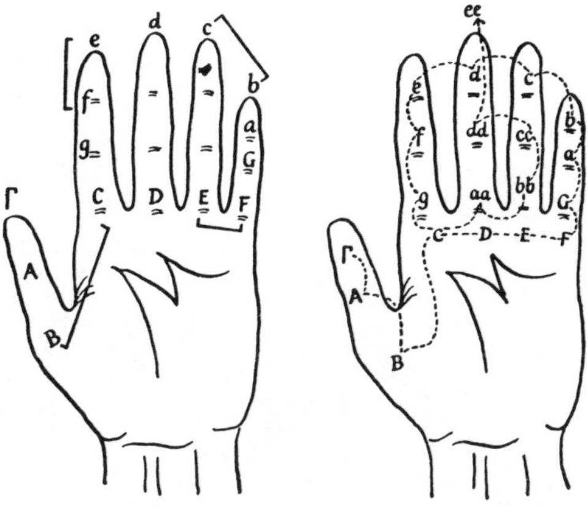

a *b*

Die Guidonische Hand

kalische Spiele ersonnen, die der Fähigkeit zur Improvisation aufhelfen sollten – eine Seite der musikalischen Erziehung, die erst in unserem Jahrhundert wiederentdeckt wurde. Von alledem weiß die verlassene Abtei zwischen den einstigen Sümpfen nichts mehr. Während auf der Strada Romea die Schwerlaster aus Venedigs und Ravennas Industrievierteln vorüberdonnern, bewahrt das weite Land ringsum den Zauber von Schweigen und Einsamkeit.

Mailand

Wie nähert man sich einer Millionenstadt, in der die Finanz- und Wirtschaftskraft des ganzen Landes konzentriert ist, die überquillt von Menschen und Autos, die alle paar Jahre eine neue Vorstadt in den kargen lombardischen Boden setzt, mit einförmigen Hochhäusern, die wie eine Fata Morgana aus der leeren Ebene auftauchen – und die doch, und mit Recht, als eine der Hauptstädte der Musik gilt? Mailand ist ein Monster, gefräßig und attraktiv zugleich, wie's deren Art ist. Zwischen Glas und Beton einer auf Umsatz bedachten Gesellschaft ist auch vom Faltenwurf großer Geschichte genug geblieben, den ambitionierten Kunstfreund in Atem zu halten. Anders in musicis: Seit mehr als zweihundert Jahren gründet sich da der Ruhm der Stadt auf ein einziges Institut und eine einzige Gattung.

Das ist ungerecht, in jeder Beziehung. Wir wollen gar nicht davon reden, daß schon in der Spätantike eine noch heute weiterwirkende musikalische Weiche in Mailand gestellt wurde. Der heilige Ambrosius, aus Trier gebürtig, Statthalter des Kaisers Valentinian II., dann vom Volk zum Bischof gewählt – welch eine Karriere! – hat im letzten Viertel des 4. Jahrhunderts mit seinen Hymnen und Antiphonen den katholischen Kirchengesang entscheidend beeinflußt. Durch ihn ist die ostkirchliche Praxis der orientalischen

Mailand. Blick vom Dom auf die Torre Velasca

Psalmodie in die abendländische Kirchenmusik gekommen. In der von ihm gegründeten Kirche Sant'Ambrogio vor der Katholischen Universität ist am prunkvollen Altar eines karolingischen Goldschmieds seine Lebensgeschichte festgehalten, in der St.-Viktor-Kapelle hinten rechts sein einziges authentisches Abbild. Daß es bei alledem keineswegs immer so steif zuging, wie den Lombarden gern nachgesagt wird, zeigen noch achthundert Jahre später die scharfen Rügen des Erzbischofs Gerardo, der gegen ungebührliches Singen, Spielen und Tanzen in den Kirchen wetterte.

Das ist freilich lange her und bezieht sich zudem auf ein Feld, das heute eher als Nebenschauplatz in Sachen Musik betrachtet wird. Ihre eigentliche Bühne, das weiß jedes Kind, ist hierorts die Opernszene. Wirklich? Der Fremde wird, auf der Suche nach abendlichen Kunstgenüssen, erstaunt feststellen, daß ihn allenfalls *ein* Werk der Musikbühne, aber ein halbes Dutzend instrumentaler Soiréen erwartet. Es gibt Konzertreihen für Orchester- und Kammermusik, für Solisten jeglicher Couleur, für selten gespielte Stükke wie für Leichtverdauliches, für Zeitgenossen und für alte Musik. Der große Verdi-Saal der Musikhochschule in der Via del Conservatorio, nicht weit vom Domplatz, ist ständig ausgebucht, musiziert wird in der Scala wie im Angelicum nahe dem Stadtpark (Piazza Sant'Angelo), in der Galleria San Fedele wie im Teatro Manzoni in der Straße gleichen Namens unweit vom Scala-Platz. Und in allen Programmen figurieren mehr oder weniger diskret die Insignien der Firmen und Konzerne, die, in Mailand beheimatet, dies und das zur musikalischen Kultur der Stadt beigesteuert haben.

Indes, das alles übersteigt nicht das Angebot anderer Millionengemeinden und würde den hehren Namen »Patria della Musica strumentale« heute nicht unbedingt rechtfertigen. Denn als Vaterstadt der Instrumentalmusik (wohlgemerkt: in Italien) war Mailand im 18. Jahrhundert berühmt, als der Adel zunächst während der theaterlosen Fastenzeit private Konzerte veranstaltete, als Johann Christian Bach aus Berlin herangerufen wurde (und prompt konvertierte), als Giovanni Battista Sammartini (1701–75) das Feld beherrschte. Vor seinem Sechzig-Mann-Orchester, am Cello Vater und Sohn Boccherini, dirigierte der die ersten Freiluft-Sinfoniekonzerte auf der Esplanade vor dem Schloß und schrieb, fast nebenbei, unheimliche Mengen Kirchenmusik, Sinfonien, Trios, auch ein paar Opern – derselbe Sammartini, der vier Jahre lang Gluck unterrichtete und dem vierzehnjährigen Wunderkind Mozart in der lombardischen Hauptstadt freundlich die Türen öffnete.

Verglichen mit jenen Zeiten, erscheint Mailands musikalische Gegenwart nur als das normale Produkt jenes weltweit funktionierenden Brummkreisels aus Namen und Werken, von denen die ersteren ab und zu, die letzteren fast niemals wechseln. Aus der Reihe tanzt da eine Einrichtung, die dem Mailänder Rundfunkhaus angegliedert ist, das »Studio di Fonologia« mit seinen elektronischen Experimenten. Luciano Berio, Dallapiccola-Schüler von der Riviera, und der Venezianer Bruno Maderna haben es 1954 gegründet, zu einer Zeit, da das Komponieren mit den neuen synthetischen, den »metamusikalischen« Klängen noch in den Kinderschuhen steckte. Im übrigen ist die Stadt ja keineswegs arm an eigenen Begabungen, die in der Musikszene von heute eine Rolle spielen. Der Pianist Maurizio Pollini gehört dazu, gesuchter Schumann-Interpret und unermüdlich im Aufstöbern klavieristischer Schätze der Gegenwart, wie der Komponist Nino Rota, den alle Filmfreunde kennen, ohne ihn zu kennen – er hat an mehr als achtzig Streifen der Traumfabrik mitgewirkt und die Welterfolge Viscontis und Fellinis musikalisch begleitet. Nicht nur das Henze-Festival in Montepulciano hat dem Dirigenten Riccardo Chailly vieles zu danken. Von den Brüdern Abbado schließlich ist Marcello, der Ältere, ein renommierter Komponist und Konservatoriumsdirektor, der Jüngere, Claudio, als Wiener Staatsoperndirektor und Karajan-Nachfolger zu hohen Ehren gelangt. Daß er zuvor lange Jahre Musikchef der Scala war, ist nicht vergessen. Und damit sind wir beim eigentlichen Thema.

Denn Mailand als Musikstadt ist seine Oper – alle anderen Aktivitäten werden auf den zweiten oder dritten Rang plaziert, wie unbegründet das auch sei. Alle Scheinwerfer richten sich auf das Haus mit der klassizistisch nüchternen Fassade an der Piazza della Scala, das es verstanden hat, im 19. Jahrhundert die führenden Meister der italienischen Musikbühne an sich zu ziehen und mit ihnen die Elite der Interpreten. Der Standard vieler Aufführungen hat damals Maßstäbe gesetzt, von denen das Institut noch immer zehrt. Das liest sich heute wie ein Adelskalender der Gattung: Rossinis *Diebische Elster* (1817) und Donizettis *Lucrezia Borgia* (1833), Bellinis *Norma* (1831), Verdis *Nabucco* (1842), *Otello* (1887) und *Falstaff* (1893), Puccinis *Butterfly* (1904) und *Turandot* (1926) wurden hier uraufgeführt, neben zahllosen zum Teil vergessenen Werken minderen Gewichts. Zum Ensemble der Scala zu gehören bedeutete für einen Sänger so etwas wie den Ritterschlag – und bedeutet es mindestens im italienischen Fach noch oder besser wieder. Sicherlich verklärt auch Nostalgie jenes Opern-Jahrhundert, und natürlich war nicht jeder Abend das pure Gold, wie man aus Toscaninis Anfangsjahren weiß. Vor allem er war es, der zwischen 1898 und 1927 (mit Unterbrechungen) nicht nur den Ruf des Hauses als beste Opernbühne der Alten Welt aufpolierte, er hat auch seine zeitgenössischen Landsleute verstärkt herausgebracht und mit der Aufnahme von Werken Wagners und Straussens ins Repertoire erst echte musikalische Internationalität geschaffen. Heute führen Abbado und Riccardo Muti die Linie des »Maestrissimo« fort, auch mit Mut zu avantgardistischen Experimenten.

Die Probe aufs Exempel zu machen, das wird dem Fremden allerdings nicht leicht. Lange Zeit galt die Scala nicht zu Unrecht als Musentempel der oberen Zehntausend, als Festung des Geburts- oder Geldadels (was hierorts oft zusammenfiel). Das hat zwar ihrer Popularität in der Bevölkerung keinen Abbruch getan, doch zunehmende soziale Spannungen ließen es nach dem Kriege angebracht erscheinen, den Zugang zu ihr zu »demokratisieren«. Was zur Folge hat, daß es so gut wie unmöglich ist, auf Anhieb eine Karte zu ergattern. Dabei hat das Haus gut 2200 Plätze, und nach dem raschen und sehr getreuen Wiederaufbau – es war 1943 fast völlig zerstört worden – strahlt es mit seinen sechs Rängen und 146 rot ausgeschlagenen Logen, die Wände cremefarben, goldene Dekors und Stuck überall, immer noch jene nostalgisch-festliche At-

Mailänder Scala. Innenraum

mosphäre aus, die auch im Computerzeitalter für viele Leute zum Genuß großer und manchmal auch weniger großer Kunst zu gehören scheint. Fast möchte man glauben, der Architekt des Originals, Piermarini, habe 1778 sein streng klassizistisches Raumkonzept mit einem Schuß Wiener Eleganz mildern wollen – hat doch der Erzherzog Ferdinand, Österreichs Resident in der Lombardei, wesentlich zum Zustandekommen des Baus beigetragen. Während er im Hoftheaterchen seines Schlosses im nahen Monza MOZART spielen ließ.

Der hatte, noch nicht fünfzehnjährig, am 26. Dezember 1770 im Regio Teatro Ducal die Uraufführung seiner ersten Oper *Mitridate* geleitet, einem Bandwurm von 23 meist langatmigen Arien im Geiste der Neapolitaner, die Charakterzeichnung durch musikalische Fantasie ersetzend. Was sollte das Kind auch mit dem aus Edelmut, Intrige und künstlicher Leidenschaft gemischten Sujet anfangen! Trotzdem, die Leute waren begeistert, und ein weiterer Auftrag die Folge: zur Hochzeit des Erzherzogs eine »Theatralische Serenata« zu schreiben. In zwölf Tagen wurde *Ascanio in Alba* fertiggestellt, die Aufführung im Oktober 1771, im selben Haus mit allen technischen Bühnenkünsten realisiert, mußte wiederholt werden. Damals hat, so scheint's, Kaiserin Maria Theresia eine Anstellung des jungen Genies beim Erzherzog, um die sich Vater Leopold geschäftig bemühte, verhindert.

Von alledem gibt es in der Stadt keine Spur mehr. Das Königlich-Herzogliche Opernhaus (wirklich, so hieß es) brannte wenig später nieder, wie so viele Theater der Zeit. Auch die Konkurrenz der Scala, das nur ein Jahr nach ihr eröffnete Teatro della Cannobiana, immerhin auch 2000 Plätze fassend, steht nicht mehr. DONIZETTIS *Liebestrank* kam hier erstmals auf die Bretter, 1894 wurde das Haus abgerissen. Da Mailand, als einer der Stützpunkte der Gegenreformation, erst spät seine Liebe zur Musikbühne ausleben konnte, wurden Oper und Ballett im 19. Jahrhundert in einem halben Dutzend von Theatern gepflegt. Auch das Teatro dal Verme, eigentlich ein Schauspielhaus, hat bedeutende Premieren gesehen, darunter den ersten *Bajazzo* (LEONCAVALLO, 1892) und PUCCINIS *Villi* (1884). Inzwischen ist es längst zum Kino umfunktioniert, nicht anders als das Teatro Lirico, das der Musikverleger SONZOGNO als Nachfolgebau des Cannobiana gestiftet hatte und in dem 1897 der junge CARUSO mit der Uraufführung von CILÉAS *Arlésienne* seinen Einstand in Mailand gab, lange bevor er die Met, die New Yorker Metropolitan Opera, eroberte und mit einem Blankoscheck honoriert wurde.

Es war also durchaus nicht nur die Scala, die Mailand zum Stellenmarkt für Sänger machte. Aufmerksame Agenten saßen in jeder Premiere, und wer hier reüssierte, konnte ziemlich sicher sein, Karriere zu machen. Und so ist es im wesentlichen noch heute, nun ausschließlich auf die Scala bezogen. Dabei geht es nicht nur um das pure sängerische Niveau. Manche Inszenierungen haben durchaus Modellcharakter, Schallplatten-Mitschnitte und Fernsehaufzeichnungen multiplizieren das Publikum. Nach dem Zweiten Weltkrieg hat sich das Haus in zweifacher Hinsicht geöffnet. Jetzt gibt es, wie einst zu TOSCANINIS Zeiten, in fast jeder Saison eine Uraufführung, und im Repertoire des Bekannten tauchen immer

Mailand. Das Innere des Teatro Ducale im 18. Jahrhundert. Stich von Marc'Antonio Dal Re

wieder auch jene lange vergessenen Werke auf wie in den Jahren, da MARIA CALLAS die Königin der Scala war (übrigens auch so apostrophiert wurde) und scheinbar überholte Geniestreiche wie *Medea* oder *Anna Bolena* glanzvoll wiederentdeckte. Zum andern hat man durch besagte Demokratisierung wirklich neue Schichten ins Haus geführt, was freilich dem auswärtigen Gast, der nur kurz in Mailand Station macht, den Zugang erschwert.

Hier wirkt sich auch die Tatsache aus, daß das bedeutendste Opernhaus Italiens nur über eine einzige Bühne verfügt – im Gegensatz zur Wiener Staatsoper, die zwei, der Pariser, die ebenfalls zwei, und Covent Garden in London, die sogar drei Spielstätten hat. Auch der Laie kann sich vorstellen, was das für ein Haus bedeutet, das nicht nur Oper, sondern auch Ballett und Konzert betreibt. Dem soll jetzt endlich abgeholfen werden. Die Stadt hat das ehemalige Teatro Puccini am Corso Buenos Aires hinterm Stadtgarten samt dem anstoßenden Kino gekauft und will es – Sponsoren herbei! – zur zweiten Scala umbauen. Der Bau, heute etwa 1350 Plätze fassend, war als Bühne für gemischten Betrieb konzipiert, hier hat etwa der große Tenor Mario del Monaco sein Mailänder Debut gesungen. In den fünfziger Jahren kam das »Puccini« herunter bis zum Pornotheater, fast wäre es schließlich sogar zu einem Jeans-Großmarkt geworden. Nun soll es künstlerisch reaktiviert werden, denn der »Bedarf« (um es milanesisch-ökonomisch zu sagen) an großer Musik und zumal Opernmusik wächst auch in dieser Stadt ständig, die eben erst bei einer Umfrage nach der Lebensqualität nur auf Platz 34 unter den 95 italienischen Regions- bzw. Provinzhauptstädten landete.

Für den Fremden, der an der freundlich-reservierten Biglietteria wieder einmal keine Einlaßkarte zu den höheren operistischen Weihen ergattert hat, ist das freilich vorerst kein Trost. Natürlich hat er auch keine Chance, zum Mitglied der Clacque aufzusteigen, jener Truppe von dreißig bis vierzig Studenten und wenig zahlungskräftigen Musikliebhabern, die, strategisch im Hause plaziert, auf Signale ihres Anführers durch genau dosierten Beifall die Stimmung des Publikums in die rechte Bahn lenkt – übrigens ein Geschäft mit mehr als zweihundertjähriger Tradition. Noch gibt es vielleicht einen Ausweg. 1955 hat man dem Baukomplex auf einer anstoßenden Bombenruine ein kleines Theater angefügt, die Piccola Scala, sechshundert Plätze, klassizistisch wie das große Vorbild, doch nüchterner, kühler, moderner. Hier spielt man (wenn man spielt) die sogenannte Kammeroper, meist Stücke des 17. und 18. Jahrhunderts, dazu Modernes mit kleiner Besetzung. Doch seien wir ehrlich – für den, der die Luft der großen weiten Opernwelt schnuppern will, ist es nicht dasselbe ... So bleibt nur übrig, wenigstens das Scala-Museum im linken Seitenflügel des Operntempels zu erklimmen, und es lohnt sich. Hier ist, in einem halben Dutzend Räumen, nicht nur die Geschichte des Hauses, sondern der ganzen Gattung dokumentiert.

Da hängen sie alle, die Goldkehlchen von einst, von Giulia Grisi (die Mailänderin war) bis Toti dal Monte und Maria Callas, von Francesco Tamagno bis Aureliano Pertile und

Francesco Tamagno, der Othello der Uraufführung

Gigli, viele auch, die hier einmal umjubelt wurden und nun vergessen sind. Dazu Komponisten, Dirigenten, Regisseure, Ausstatter, Bühnenbilder, Drucke, Briefe – insgesamt eine Art Ruhmeshalle der italienischen Oper aus zwei Jahrhunderten. Wie üblich in solcher Sammlung, fehlen die Kuriosa nicht: eine Haarlocke Bellinis etwa, Rossinis Brille und sein Stimmschlüssel, Ildebrando Pizzettis Federhalter, mit dem *Debora* geschrieben worden war. Die letzten Räume sind Verdi vorbehalten, man sieht die beiden bescheidenen Spinetts des Sieben- und des Siebzehnjährigen sowie, neben liebenswürdigen Nichtigkeiten, mit denen man einen großen Mann zu ehren meint, die Originalpartitur des *Requiem*. Und da

Giulio Ricordi

ist auch der Paß, mit dem der junge Mann von Busseto nach Mailand reiste, ausgewiesen als Subjekt des Herzogtums Parma, »Ausländer« also für die Milanesen und schon deshalb für deren Konservatorium wenig erwünscht.

In dieser Ahnengalerie der jüngeren Oper figurieren auch drei Männer, die, obwohl Musiker sozusagen nur im Nebenberuf, mit ihrer Entwicklung aufs engste verknüpft sind: Vater (1785–1853), Sohn und Enkel Ricordi. Jener, Giovanni, hatte das nachmals weltbekannte Verlagshaus bald nach dem Neubau der Scala gegründet und sich geschickt an deren Novitäten-Spielplan angehängt. Er residierte damals links neben dem Opernhaus, dort, wo heute der niedrige Seitenflügel mit dem Museum steht. Mit ihm begann die Phalanx der Mailänder Musikverlage, der Sonzogno, Lucca, Suvini Zerboni, um nur die ersten zu nennen. Der Enkel Giulio, ein minderer Komponist, aber vorzüglicher, zuweilen rücksichtsloser Geschäftsmann, schloß sogar mit dem fünfundzwanzig Jahre älteren mißtrauischen Verdi Freundschaft und förderte den Anfänger Puccini, in dem er sofort den »Kronprinzen«, den musikalischen Erben Verdis erkannte, mit allerlei Mitteln, auch durch den Kauf von Libretti. Die Investition dürfte sich gelohnt haben. Das Ricordi-Archiv in der Via Salomone, nicht weit vom Flughafen Linate, hütet denn auch neben vielen anderen Schätzen eine ganze Reihe von Opern-Autographen gerade dieser beiden Meister – so gut, daß der alte Streit über falsche Noten im Aufführungsmaterial, den jeder gewissenhafte Dirigent kennt, immer noch nicht beendet ist.

Da solche Zugnummern wie Verdi und Puccini mit ihren beträchtlichen Aufführungszahlen heutzutage rar sind, hat der Verlag sich rechtzeitig auch auf kleinere Münze eingestellt. Die beiden Glaspaläste mit dem ehrwürdigen Namen hinter der Galleria am Dom und in der feinen Via Montenapoleone offerieren vom Keyboard bis zur Blockflöte, von der Schallplatte bis zur Musikkasette alles, was Töne von sich gibt. Denn die Gegend um den Corso Vittorio Emanuele II, unter Musikern scherzhaft die »Straße der Hoffnung« genannt, ist heute auch das Zentrum der Vertreter und Verwerter der leichten Muse. Zwischen Bars und Luxusgeschäften sitzen hier zuhauf Schallplattenfirmen und Verlage der Unterhaltungsmusik, Ziele so manchen Liedermachers oder Instrumentalisten, was den Slogan erklärt. Der junge Verdi mußte seinerzeit noch zum Stammhaus der Ricordi neben der Scala pilgern – später kamen sie, eher als Bittsteller, aber auch als Berater, zu ihm nach Sant'Agata.

Nun steht Verdi, die Hände lässig unterm Rock verschränkt, auf der weiten Piazza Buonarrotti, in jenem Viertel vor dem Messegelände, dessen Straßennamen die Malerelite Italiens beschwören, vor sich sein buchstäblich letztes Werk: das Altersheim für Musiker. Der behäbige Palazzo, Imitation venezianischer Gotik, drei hohe Geschosse mit schönen Biforen-Fenstern, wirkt in dem modernen Wohngebiet mit sechsstöckigen Häusern und U-Bahn-Haltestellen leicht bizarr. Als der Maestro vor hundert Jahren das

Grabmal Verdis in der Casa di Riposo

Gelände erwarb, lag es noch ein ganzes Stück vor den Toren der Stadt, wie man so sagt. Verdi, auch nach damaligen Begriffen ein schwerreicher Mann, hat die Kosten des Baus getragen und darüber hinaus ein Stiftungskapital eingebracht – Dank des Erfolgreichen an seine weniger glücklichen Kollegen. Er hat auch die Einweihung noch erlebt, ein Jahr vor seinem Tode, und noch immer beherbergt die »Casa di Riposo per Musicisti« Leute, die einmal auf der Bühne oder im Orchestergraben zu Hause waren. Das Privileg, hier zu wohnen, wird durch ein anderes ergänzt: Wenn bei Aufführungen der Scala keine »VIPs« erwartet werden, wichtige Leute mit großem Namen, dann steht dort den Ehemaligen von der Piazza Buonarrotti die große Mittelloge im ersten Rang zur Verfügung.

Dem Stifter des Hauses würde das gefallen. Er ruht, genau genommen gegen seinen Willen, in einem kostbar ausstaffierten Portikus am Ende des Innenhofes, Säulen und Fresken, Marmor und Erz und frische Rosen, ein pompöses Gehäuse für den Mann, der bescheiden und ohne Musik an der Seite seiner Peppina, der Gefährtin erster wie letzter Erfolge, auf dem Monumentalfriedhof beerdigt werden wollte. Das war 1901 zunächst auch geschehen, doch ein Nationalheros darf nicht still von der Bühne abtreten, erst recht nicht in Italien. Ein Regierungsbeschluß verfügte die Umbettung, den Trauerzug Zehntausender führte TOSCANINI mit vierhundert Sängern an, es erklang das »Va pensiero« aus *Nabucco*. Der Besucher von heute steht ein wenig fassungslos vor der kühlen Pracht der Jahrhundertwende. Und der Kustode verkauft sie auf Ansichtskarten.

Genua

Zugegeben, wenn der Name der Stadt Genua fällt, denkt wohl kaum jemand an Musik. Die Großgemeinde im Scheitel des nach ihr genannten Golfs hat, mindestens auf den ersten Blick, ganz andere Meriten. Italiener erinnern sich der mächtigen Seerepublik des Mittelalters, die auch Venedig Paroli bot, vor allem aber der Männer des Risorgimento, der Einigung Italiens im vorigen Jahrhundert: Mazzini der Wortführer, Bixio der Organisator, Mameli der Poet, dessen Revolutionslied »Fratelli d'Italia« noch heute Italiens Nationalhymne ist: allesamt Genuesen. Landfremde denken an den Amerika-Entdecker Kolumbus, der 1451 hier geboren wurde, an den Hafen, den größten der Halbinsel, dreißig Kilometer Kais, durch den die Warenströme aus der Poebene in die Welt und Erdöl nach Mitteleuropa fließen; vielleicht auch daran, daß der Literatur-Nobelpreisträger von 1975, der Lyriker Eugenio Montale, Genuese war.

Musik? Nun ja, da taucht ein Name auf, der einzige, dem die Musikgeschichte fast widerwillig einen Platz wenigstens in der zweiten Reihe einräumt: NICCOLÒ PAGANINI. Eine Ausnahmeerscheinung, sozusagen ein Zufallstreffer der Dame Musica am Ort der Händler und Abenteurer? Jüngste Forschungen wissen's besser. Im ganzen 17. und 18. Jahrhundert gab es hier ein äußerst

Genua. Blick vom Hafen auf die Stadt

munteres Musikleben. Der Kaufmannsadel ließ in seinen Palästen Oper spielen, die Kirchen, voran der Dom San Lorenzo, richteten über den oft mit Musik gestalteten Gottesdienst hinaus richtige Konzerte für jedermann aus. Man kennt die Listen der Musiker, die die »Väter der Gemeinde« (so hieß die Stadtregierung offiziell) für öffentliche Veranstaltungen heranzogen: Sandalenmacher und Tischler, Vergolder, Hutmacher, Barbiere – der kleinbürgerlich-einfache Fond von Liebhaber-Instrumentalisten, aus dem auch der »Teufelsgeiger« erwuchs. Aus solchen Aktivitäten entstanden übrigens zwei achtbare »Nebenprodukte«, ein umfangreiches Lauten-, Gitarren-, Geigenbauhandwerk und eine frühe musikverlegerische Tätigkeit. Das erste als Partitur (und nicht mehr in einzelnen Stimmbüchern) gedruckte Werk der Musikgeschichte, die Madrigale des Neapolitaners GESUALDO DA VENOSA, erschien 1613 bei Giuseppe Pavoni in Genua.

Hier muß der Chronist den Genuesen freilich einiges am Zeuge flicken. In ganz Italien gelten sie als Meister in Sparsamkeit, um nicht zu sagen Geiz. Da waren denn die Künste nie sonderlich angesehen. PAGANINI selbst, heute Galionsfigur einer kulturbewußten Minderheit, ist ein Beispiel dafür. Sein Grab liegt, nach langer Irrfahrt, in Parma, der Großteil der Autographen seiner Werke in einer römischen Bibliothek. Sein Geburtshaus, Nr. 38 im Passo di Gatta mora, dem Steig der schwarzen Katze, wurde im Zuge einer Altstadtsanierung niedergewalzt. Daß die Musikhochschule seinen Namen trägt ebenso wie der noch junge, international angesehene Preis für die Geiger-Elite aus aller Welt, daß sein 200. Geburtstag 1982 aufwendig gefeiert wurde – es erscheint wie späte Wiedergutmachung.

Er hätte sie verdient. Denn der Sohn eines Hafenarbeiters, geboren am 27. Oktober 1782, der mit elf Jahren in Kirchen und Konzerten, damals Akademien geheißen, die erste Geige spielte, hat unter anderem das Zeitalter der romantischen Virtuosen eingeläutet. Als Chopin, Schumann, Liszt geboren wurden (1810/11), war er schon in Italien berühmt und auf dem Sprung zur Weltkarriere. Seine in der Tat ungeheure Virtuosität und die Bizarrerien, in de-

Niccolò Paganini. Bleistiftzeichnung von Jean Ingres (1819)

nen er sich gefiel – der in Paris gekaufte, wahrscheinlich ungültige Adelstitel, die verkehrtherum aufgelegten Notenblätter, die absichtlich »verstimmte« Geige, die Stücke für zwei oder nur eine Saite – sie ließen und lassen leicht überhören, wieviel an romantischem Geist schon in den Kompositionen steckt. Daß die hoffmanneske dürre, eckige Gestalt mit dem Teufel im Bunde sei, hat neben anderen Stendhal wohl allen Ernstes geglaubt. Selbst Heine, der Skeptische, notierte: »Ist das ein lebendiger Mensch, der sich da verrenkt, oder ein Vampyr mit der Violine, der uns wenn nicht das Blut aus dem Herzen, wenigstens das Geld aus den Taschen saugt?« Der Lyriker Ugo Foscolo nannte den Geiger einen Gott, Liszt schrieb ihm den bewegendsten Nachruf.

Die Stätten, wo solcher Ruhm begann, sind nicht mehr vorhanden. Auch die Theater, Sant'Agostino, Falcone und sein Nachfolger Carlo Felice, wo Paganini als Kind und als reifer Mann konzertierte, hat der Zweite Weltkrieg zerstört. Noch existiert das Häuschen in San Biagio im Polcevera-Tal, im Norden der Stadt, das der Mandoline spielende Vater ihm vermacht hatte, wo viele der frühen Kompositionen entstanden sind und wo, makabres Zwischenspiel, im Garten der einbalsamierte Leichnam, wegen »Gottlosigkeit« von geweihter Erde ausgesperrt, zeitweilig bestattet war. Einige handgreifliche Andenken bewahrt das Staatskonservatorium, sprich: Musikhochschule, in der Villa Bombrini, einem schönen, freskengeschmückten Patriziersitz mit großem Park im modernen Stadtteil Albaro: Briefe und Notizen, das rote »Hauptbuch«, in dem Paganini als echter Genuese Einnahmen und Ausgaben bis aufs Komma genau aufzeichnete, das Kavaliersdiplom der Herzogin von Parma, dazu Bilder, Stiche, Miniaturen. Sein Lieblingsinstrument, ein Prachtstück des Cremoneser Geigenbauers GIUSEPPE GUARNIERI DEL GESÙ von 1742, hat er der Heimatstadt zur »ewigen« Aufbewahrung vermacht. Es liegt unter Panzerglas im Palazzo Doria Tursi, dem heutigen Rathaus mit dem pompösen Innenhof. Übrigens war es 1971 auch in Deutschland zu hören, anläßlich von Veranstaltungen, die die Zusammenarbeit der Sparkassen von Genua und Stuttgart mit zwei Konzerten besiegelten. Jeweils am 12. Oktober, dem Genua-und-Kolumbus-Tag, darf der Sieger des Internationalen Violin-Wettbewerbs das kostbare Instrument öffentlich spielen.

Zurück zur Altstadt. In dem Gewirr der Gassen, hier Carugi genannt, die in unregelmäßigen Gevierten von der Alten Mole hinauf in die Hügel streben, gibt es noch heute Wunden, die der Zweite Weltkrieg geschlagen hat. Kein Verlust, so sagen manche, die in den altersschwarzen Wohntürmen leben, aus deren Schatten kein Sonnenstrahl auf den Grund des verwinkelten Viertels fällt. Bomben wie Abrißbirnen haben hier einen Platz verschont, der musikalische Erinnerungen birgt. Allerdings weiß selbst der Taxifahrer, der auf wundersame Weise auftaucht – einige Gäßchen sind eben etwas breiter –, den genauen Weg nicht zu sagen. Und der Fund stimmt eher wehmütig. Es geht um den Palazzo Sauli. Das quadratische Plätzchen am Vico del Sale ist rundum von den Häusern der

Sauli-Familie eingegittert. Verwitterte Marmorportale des 16. Jahrhunderts und Reste von Fresken zeigen, daß dies einmal keine Kleineleutegegend war. Nr. 3 mit dem Atrium-Vorbau, der Fensterrosette und den Konsolen aus schwarzem Stein ist unser Ziel. Hier wohnte seit den fünfziger Jahren des vorigen Jahrhunderts der Dirigent Angelo Mariani, damals Opernchef im Teatro Carlo Felice.

Der Mann aus Ravenna (1821–73) war ein Vorläufer des modernen Orchesterleiters. Die Unterscheidung zwischen dem »Ersten-Geiger-Dirigenten« und dem eigentlichen Kapellmeister, in Italien in jenen Jahren noch gang und gäbe, hat er als erster abgeschafft, hat einen Klangkörper geformt, dem schon in den Proben seine, des Chefs Interpretation der Werke aufgeprägt wurde. So kamen jene musikalisch homogenen Aufführungen zustande, die uns heute selbstverständlich sind. Das war längst nicht die Regel. Als am 7. April 1828 im Beisein des Königs Carlo Felice das nach ihm benannte Opernhaus eröffnet wurde, gab man Bellinis Frühwerk *Bianca e Fernando*, das in Neapel wegen der Namensgleichheit mit dem dortigen Kronprinzen Schwierigkeiten hatte – so streng waren die Bräuche im Königreich Beider Sizilien. In Genua wurde es ein rauschender Erfolg. Aber der Komponist schrieb an seinen Busenfreund Francesco Florimo: »Das Orchester ist schrecklich! Mit mir geht's einigermaßen, aber mit dem Ersten Geiger machen sie die größten Dummheiten.« Zudem hatte er sich einer Primadonna zu erwehren, Adelaide Tosi, die ständig Änderungen verlangte und ihre eigenen Effektnummern eingebaut wissen wollte, wie sie damals noch jeder erfolgreiche Sänger im Koffer hatte.

Mariani hat auch durchgesetzt, daß Genua wohl als erste italienische Stadt ein ständiges Orchester bekam, das nicht ad hoc zur Opern- oder Konzertsaison zusammengestellt oder aufgefüllt werden mußte. Mit ihm musizierte er in Bologna die ersten Wagner-Aufführungen auf der Halbinsel, *Lohengrin* (1871) und *Tannhäuser* (1872). Und damit kommen wir auf den Palazzo Sauli zurück. Mariani war ein großer Bewunderer Verdis, der Maestrissimo wiederum schätzte den Dirigenten sehr, der manches Werk von ihm zu seiner vollen Zufriedenheit geleitet hatte – was längst nicht jedem beschieden war. Nun ist die mittlere Poebene, wo Verdis Sant'Agata-Gut liegt, im Winter recht ungemütlich, feucht, nebelig, kalt. So zog es der Komponist in den Jahren nach 1860 vor, einige Monate in das milde Klima Genuas auszuweichen. Anfangs wohnte er mit seiner Frau Giuseppina in einem Hotel im Carignano-Viertel, 1866 mietete er eine Wohnung im Hause des befreundeten Dirigenten. Der Palazzo muß zu jener Zeit – man denke nur an den Ruf der beiden Mieter – noch eine sehr präsentable Bleibe gewesen sein.

Daß die Freundschaft sich in der Folge abkühlte, wird im allgemeinen mit MARIANIS »Seitenwechsel« ins Lager der »Avveniristi« begründet, der Zukunftsmusiker, wie nach Wagners Stichwort vom »Kunstwerk der Zukunft« seine italienischen Anhänger ironisierend genannt wurden. Der Dirigent war sicherlich kein »Verräter«, sondern, wie's dem Interpreten ziemt, offen für die Strömungen seiner Zeit. Daß ihm der Mann, der *Troubadour* und *Aida* schrieb, da nicht folgen mochte, ist ebenso klar. Doch um ehrlich zu sein: Die Entfremdung hatte einen weiteren Grund. Mariani war mit der böhmischen Primadonna TERESA STOLZ befreundet, einer schönen jungen Frau, die bald die bevorzugte Sängerin von Verdis großen Sopranrollen wurde. Daß sie ihm mehr war, ist nicht bewiesen, doch Frau Giuseppina hat sich ihretwegen sehr gegrämt – und ihren »Zauberer« nach wie vor angebetet. Als Mariani 1873 starb, kaum 52 Jahre alt, verließen auch die VERDIS den Palazzo Sauli. Im Jahr darauf wurde als längeres Winterquartier eine geräumige Zimmerfolge im Palazzo Doria Pamphili gemietet, der auch, ohne rechten Grund, »Palais des Fürsten« genannt wird, direkt im Scheitelpunkt des Hafens.

Der Palast ist eigentlich eine breit hingelagerte Villa, zweigeschossig, mit weiten Terrassen auf einen Renaissancegarten hin gebaut, der mit Neptun- und Delphinbrunnen einmal bis ans Wasser reichte. Um 1525 hat sie sich Andrea Doria bauen lassen, zuvor Söldnerführer in höchst unterschiedlichen Diensten, nun mit Hilfe Kaiser Karls V. erster Bürger, Vater des Vaterlandes des von den Franzosen befreiten Genua. Übrigens hat auch Karl selbst in dem

Genua. Palazzo Doria, Verdis Winterquartier seit 1874. Stich aus dem 19. Jahrhundert

Landhaus seines Großadmirals und Freundes gewohnt (Andrea besaß noch ein Stadtpalais dicht am Dom im Vico San Matteo Nr. 17, ein Geschenk der Bürgerschaft). Die Fresken der Empfangssäle, der einzigen, die man noch besichtigen kann, stammen von dem Michelangelo-Schüler Perin del Vaga, der eigentlich Buonaccorsi hieß – demselben, der auf Weisung des Papstes die mächtigen nackten Gestalten seines Meisters in der Sixtinischen Kapelle zu Rom mit züchtigen Höschen versehen hat. Der Garten ist inzwischen öffentlicher Park geworden, die übrigen Räume sind vermietet. Auch die Suite im rechten Flügel, die die Verdis bewohnten, dient privaten Zwecken.

Während an dem Plätzchen mit den Familienburgen der Sauli Teile der Neufassung der *Macht des Schicksals* und der *Aida* entstanden, schrieb Verdi hier an der Überarbeitung des *Simone Boccanegra*, der ja das Schicksal des ersten Genueser Dogen auf die Bühne bringt, und revidierte den *Don Carlos*. An der rückwärtigen Front zur Via San Benedetto hin wird seiner immerhin auf einem Marmorstein gedacht, hoch oben neben seinem kleinen Balkon.

Genua. Teatro Carlo Felice. Neubau 1991

Von der einstmals behaglichen Eleganz des Ensembles ist freilich wenig geblieben. Tosender Verkehr auf beiden Seiten, Bauschäden, die nicht nur dem Kriege anzulasten sind, selbst der Blick aufs nahe Meer verstellt von der Stadtautobahn, die auf prallen Zementsäulen den Hafen umrundet. Die Stadt der Krämer?

Inzwischen ist Anlaß zu neuem Ruhm erwachsen. Das Teatro Carlo Felice, 1942 bis auf die Tempel-Vorhalle von Bomben zerstört, wurde am 20. Oktober 1991 zum zweiten Mal eingeweiht, Eröffnungspremiere: Verdis *Troubadour*, was sonst. Verdi hat das alte Haus geschätzt und oft genug beehrt, was würde er wohl zu dem neuen sagen? Schließlich hat die viertgrößte Stadt Italiens ein komplettes Halbjahrhundert lang ohne Opernhaus auskommen müssen... Der Neubau ist, im Konzept wie in technischer Hinsicht, ein Theater der Superlative geworden. In kluger Einschätzung ihrer 900 000 Mitbürger haben die Bauherren sich auf eine Kapazität von knapp 2000 Besuchern beschränkt, sie haben gegen viele Stimmen den Verzicht auf die traditionelle Logenordnung durchgesetzt. Es gibt ein einziges ansteigendes Parkett, eine Galerie, jeder Platz »demokratisch« gleich. Da der Baugrund arg begrenzt war – es mußte durchaus der des alten Theaters an der Piazza De Ferrari sein, dem repräsentativen Knotenpunkt zwischen Alt- und Neustadt –, hat man alle »Dienste« in einem massigen Turm von 65 Meter Höhe untergebracht: Bühnenhaus und technische Zentrale, Verwaltung, geradezu opulente Probenräume und alles, was zum Betrieb gehört, sechzehn Stockwerke über und unter der Erde. Regisseuren steht modernste Bühnentechnik zur Verfügung; die Ausstattung der Foyers ist vom Feinsten, riesige Fresken und kostbare Fliesen, und vom Dach her durchbricht ein lustiger steiler Lichtkegel alle Geschosse bis hinunter zur Eingangshalle. Der wahrscheinlich letzte Opern-Neubau dieses Jahrhunderts in Italien steht schon jenseits der Postmoderne.

Busseto

Selbst Italienkennern sagt der Name nichts, und auf der Landkarte muß man ihn suchen. Im Winkel zwischen der Autostrada del Sole und jenem von Brescia nach Süden führenden Autobahnstrang gelegen, wenige Kilometer vom Po entfernt und ebensoweit von dem Dorf Cortemaggiore, in dem Italiens Öl- und Erdgaszeitalter begann, ist Busseto eines jener friedlichen Landstädtchen, deren es in der Ebene des großen Flusses so viele gibt. Längs der Hauptstraße niedrige Arkaden unter Bürgerhäusern behäbigen Wohlstands, am Stadtrand ein eher bescheidener Adelssitz, im Seitenflügel der »Burg« das winzige Theaterchen – das ist schon alles. Doch auf dem Platz vor dem ziegelroten Gemäuer mit den Schwalbenschwanzzinnen, dem ein weltbekannter Tenor, CARLO BERGONZI, ein stilvoll imitiertes Hotel angefügt hat, steht in Bronze gegossen der Mann, den die Bussetaner als ihren größten Sohn verehren: GIUSEPPE VERDI.

Die Sache mit dem Sohn stimmt freilich nicht so ganz. Geboren ist der Opernmeister im Weiler Le Roncole, sechs Kilometer weiter nach Osten – eine Wegstunde nannte man das damals. Im Geburtsjahr 1813 gehörte die Provinz Parma noch zum kurzlebigen »Königreich Italien« von Napoleons Gnaden, weshalb das kommende Genie als »Joseph Fortunin François« im Gemeinderegister einge-

Giuseppe Verdi im Park von Sant'Agata

tragen ist. Das einfache Geburtshaus mit dem tief herabgezogenen Giebeldach, in dem Vater Carlo eine Osteria, eine ländliche Schankwirtschaft, samt Poststation und ein bißchen Getreidehandel betrieb, ist so etwas wie ein Nationaldenkmal geworden. Ganze Busladungen von Schulkindern werden auf dem Dorfplatz ausgespien und schwärmen ungeniert durch die niedrigen, leeren, nur mit ein paar Stichen und Briefen garnierten Räume; Autos aus fernen Provinzen parken vor dem modernen Relief, das, in Lebensgröße, den jungen Verdi am Orgelspieltisch zeigt. Die erste Orgel, die er schlug – als Achtjähriger schon –, steht nebenan in der fast tausend Jahre alten Dorfkirche, in der man kürzlich Fresken freigelegt hat, die bis aufs 11. Jahrhundert zurückgehen. Im Dachgestühl der Apsis hatte Mutter Luigia sich und den kleinen Peppino im Frühjahr 1814 vor der österreichisch-russischen Soldateska in Sicherheit gebracht, die im Zuge der »Rückeroberung« das Land überschwemmte.

Hier also begann der Weg, der zunächst nach Busseto führte – und dies im allerwörtlichsten Sinne, denn der Knabe, noch im Schulalter offiziell dort zum Organisten bestellt, ist ihn jahrelang Sonntag für Sonntag entlanggewandert –, dann hinaus in die große Welt der Oper und immer wieder zurück zur heimischen Erde. Daß das einfache Leben im Dorf, die weite Kornebene mit den Kopfweiden-Rainen, daß der ganze ländliche Zuschnitt Verdi früh und unauslöschlich geprägt hat, ungeachtet aller rauschenden Erfolge, hat man lange nicht sehen wollen. »Das ist es, was ich immer bleiben möchte: ein Bauer aus Le Roncole«, so steht es auf einem Stein vor jenem Großrelief. Der Satz, der in Briefen und Gesprächen mehrfach auftaucht, ist von Verehrern und frühen Biographen als Koketterie verstanden worden – er sagt die pure Wahrheit. Und mit ihm ist zugleich etwas ausgesprochen, das tief in das musikalische Lebenswerk hineinreicht. Ein deutscher Gast in Sant'Agata, Adolf von Winterfeld, hat nach dem Besuch seinen Eindruck von der Landschaft notiert: Wenn hier ein Genius wohnt, dann muß es der Genius der Trauer und des Schmerzes sein. Wo in Verdis Opern – außer ganz am Anfang, in der Unglücks-Buffa *König für*

Geburtshaus Verdis in Le Roncole (Busseto)

einen Tag, und ganz am Ende, im altersweisen *Falstaff* – gibt es ein Happy-End?

Zurück nach Busseto. Zum Bild des Bauern, der später so straff wie sachkundig ein großes Gut verwalten wird, gehört auch ein gesunder, zäher Erwerbssinn. Der Komponist, der »Mann, der Häkchen macht«, wie Verdi sich einmal nannte, hat sofort nach den ersten Erfolgen in Mailand und Paris sein Geld angelegt. Der Dreiunddreißigjährige kauft einen Bauernhof dicht bei der Stadt, dazu in der Hauptstraße, unweit dem Hause seines Gönners, des Kaufmanns Barezzi, der den Jüngling zur Ausbildung in die Metropole geschickt und ihm seine Tochter zur Frau gegeben hatte, den Palazzo Dordoni (heute Orlandi) und drei Jahre darauf den Besitz Sant'Agata vor den Toren, der ihn lebenslang festhalten wird.

Manches spricht sogar dafür, daß er damals die Absicht hatte, sich nach ein paar weiteren Treffern ganz von der Musikbühne zurückzuziehen und das Leben eines Landedelmanns zu führen – ähnlich Rossini, der in Paris seine Tournedos komponierte und zum Vergnügen ein paar Noten schrieb. Daß die Musik dann stärker war, hat uns ein Dutzend Meisterwerke beschert. Zwei davon, *Rigoletto* und *Der Troubadour*, sind im Palazzo Orlandi entstanden.

Es gibt noch manch andere Reminiszenz in der kleinen Stadt. Hier hatte Verdi das Gymnasium besucht und bei einem Flickschuster mit dem Spottnamen Pugnatta gewohnt. Er hatte als Halbwüchsiger das Dilettantenorchester der Filarmonici geleitet, fleißig Märsche und Romanzen komponiert, in einer Aufführung von Rossinis *Barbier von Sevilla* gar eine eigene Ouvertüre eingeschmuggelt – mit großem Erfolg, wie berichtet wird. Einige handgreifliche Spuren dieser Periode sind im Palazzo Pallavicino am westlichen Stadtrand zusammengetragen, dem einstmals festlichen Schlößchen der Grafenfamilie, die, als der Maestro geboren wurde, die Feudalherrschaft Busseto besaß. Da steht das einfache Spinett, das Vater Carlo dem Buben gekauft hatte – gebraucht, versteht sich –, da hängen Bilder, Briefe und Dokumente der wirren Zeitgeschichte, als man, um von hier nach Mailand zu fahren, einen Paß brauchte und zwei Grenzen überschritt. Daß die Familie Pallavicino so unbedeutend nicht war, zeigt eine Marmortafel neben dem Portal der gotischen Kollegiatskirche mit der Terrakottarosette am Hauptplatz: 1543 waren Kaiser Karl V. und Papst Paul III. gemeinsam hier zu Gast. Und dichtbei zwei weitere Verdi-Erinnerungen: In dem rechts angebauten Dreifaltigkeits-Oratorium wurde er 1836 mit Margherita getraut. Deren Vaterhaus, in dem der spätere Meister seit der Schulzeit aus- und einging, steht gleich nebenan in der Via Roma. Kürzlich hat man das Wohngeschoß in die dreißiger Jahre des vorigen Jahrhunderts zurückverwandelt.

Nach der Hochzeit war das Paar in den Palazzo Tedaldi am Ende der Via della Biblioteca gezogen (auch dies kein Palast, sondern ein solides Bürgerhaus) – der Beginn einer Ehe, die nach wenigen Jahren mit dem Tode der beiden Kinder und der zarten Frau enden

Giuseppe Verdi. Ölgemälde von Giovanni Boldini (1886)

sollte. Die Katastrophe hat um ein Haar die Karriere Verdis beendet, zumal sie zeitlich fast mit dem Fiasko seiner zweiten Oper, eben jenes *Un giorno di regno* (»König für einen Tag«), zusammenfiel. Damals lebte er, um dem Theater, für das er arbeitete, nahe zu sein, in Mailand in einer Mietwohnung der heutigen Via Cesare Correnti. Doch auch die Rückkehr nach Busseto, nach dem überwältigenden Sieg des *Nabucco* und dem Pariser Zwischenspiel, wurde ein menschliches Fiasko. Daß der nun Arrivierte mit der Sängerin Giuseppina Strepponi ohne Trauschein zusammenlebte, mochten ihm die biederen Kleinstädter nicht verzeihen, sie brüskierten ihn und »schnitten« sie. Die sensible Frau, die ihren Zauberer, wie sie ihn nannte, noch ein halbes Jahrhundert begleitete, hat sehr darunter gelitten, und der Maestro hat sich noch später dafür gerächt: Als das kleine Theater gebaut wurde, eine wahre Puppenstube von Opernhaus in Rot und Gold, zwei Logenreihen und eine Galerie, kaum fünfhundert Plätze zusammen, da verweigerte er, inzwischen ein reicher Mann, zunächst schroff den erbetenen Kostenbeitrag. Eine Loge hat er dann freilich doch angenommen (und 10 000 Lire beigesteuert), die dritte im zweiten Rang auf der rechten Seite. Ob er sie jemals selbst benutzt hat, darf nach dem Vorangegangenen bezweifelt werden. Vergeben und Vergessen war so leicht nicht seine Sache, Aversionen, einmal gefaßt, hielten lange vor. Noch der Greis verbot dem Mailänder Konservatorium, sich mit seinem Namen zu schmücken – man hatte ihm 65 Jahre zuvor die Aufnahme verweigert.

Die Bussetaner haben sich's inzwischen nicht nehmen lassen, alle seine Werke einmal in ihrem Theaterchen aufzuführen. So wenigstens wird versichert. Wie allerdings dabei *Aida* ausgesehen haben mag, auf einer Bühne, die unter Sängern als »Nudelbrett« bezeichnet würde, das übersteigt des Autors Vorstellungskraft. Doch bis zu jenem Racheakt wird noch viel Zeit vergehen. Der junge Maestro hat ja kaum noch die »Galeerenjahre« hinter sich gebracht. So nannte er später jene aus Siegen und Niederlagen gemischten Zeiten, da er, wie jeder Opernkomponist in der ersten Hälfte des 19. Jahrhunderts, dem unersättlichen Hunger des Publikums nach immer neuen Stücken folgen und alljährlich ein bis zwei Werke herausschleudern mußte – fünfzehn Opern in zehn Jahren. Gewiß, viele seiner Vorgänger haben da noch ganz andere Produktionsrekorde aufzuweisen. Das war noch nicht einmal ein so großes Kunststück, wie es uns heute erscheint. Denn die Opernfans der Vor-Verdi-Zeit waren auf ein dramaturgisches Formschema eingeschworen, in dem Individualität und subtile Charakterzeichnung nicht gefragt waren. Da konnte auch der Komponist sich oft mit vorgestanzten Matrizen begnügen. Anders wäre das übliche Wandern einzelner Nummern vom einen ins andere Stück gar nicht zu erklären. Daß solche Terminarbeiten – denn so muß man sie nennen – nicht durchweg pures Gold sein konnten, weder was die Texte noch was die Musik betrifft, das versteht man leicht.

Immerhin entstand in diesem Jahrzehnt ein so bedeutender Vorstoß in neue musikdramatische Bezirke wie *Macbeth*, entstanden zwei Schiller-Adaptionen (*Die Räuber* und *Luisa Miller* nach *Ka-*

»Viva Verdi«. Zeitgenössischer Stich

bale und Liebe), die Verdis Ansprüche ans Libretto bekräftigen. Und mit historischen Stoffen wie *Attila* oder der *Schlacht von Legnano* traf er einen Nerv der Zeit: das aufkeimende italienische Nationalgefühl, das nach Jahrhunderten der Fremdherrschaft und Kleinstaaterei seine Sehnsucht nun wenigstens im Opernhaus ausgedrückt fand – Verdi als Maestro della rivoluzione, der (auch in Italien 1848 gescheiterten) Revolution. Nach der zweiten Besetzung der Poebene durch Österreich wird V. E. R. D. I. als Kryptogramm für den Wunschkönig Victor Emanuel an alle Straßenecken gemalt: Vittorio Emanuele Re D'Italia. Er selbst hat es übrigens zum erstenmal in Neapel zu sehen bekommen. Die neuere Biographik verfehlt auch nicht, darauf hinzuweisen, daß da Kalkulation im Spiel gewesen sei. Doch die geht zum wenigsten auf Verdis Konto. Er ist, obwohl Patriot durch und durch, kein »politischer« Musiker. Die Ernte des Jahrzehnts, ganz auf die Tragédie humaine gestimmt, beweist es: *Rigoletto*, der ungeachtet des verwirrenden

Librettos überreiche *Troubadour*, die als Thema unerhört kühne, weil zeitgenössische *Traviata*. Mit ihr ist auch ein äußerer Lebensabschnitt verknüpft – von nun an werden alle Werke in Sant'Agata geschrieben werden.

Wer heute nach Sant'Agata (die Italiener betonen bei diesem Frauennamen die erste Silbe) hinauspilgert, kaum fünf Autominuten sind's von Busseto, der findet hinter der hohen, abweisenden Mauer mit dem schmalen Pförtchen und der Klingel für den Kustoden ein klassizistisch wohlproportioniertes Herrenhaus. Im Park mächtige Bäume, nun weit über hundert Jahre alt, zwei Stockwerke hohe Magnolien, gepflegte Rabatten. Die Aida-Grotte ist da, die als Kühlschrank diente, der Doppelteich in Form der Initialen des Meisters mit dem Inselchen im nassen G, das Grab des Hündchens Lulu mit dem Spruch vom wahren Freund. Das war nicht immer so. Als die Verdis im Frühling 1851 einzogen, stand da ein großes, aber recht unansehnliches Bauernhaus, und von einem Park konnte keine Rede sein. Mehr als ein Dutzend Jahre lang hat es dann fast alljährlich umfangreiche Um- und Ausbauten gegeben, bis die heutige signorile Gestalt erreicht war – die Briefe an die wenigen Freunde, die die Ehre hatten, nach Sant'Agata eingeladen zu werden, sprechen davon. Auch der Park ist erst des Maestro und vor allem der »Peppina« eigenes, allmählich entstandenes Werk.

Dagegen wurde der Gutsbetrieb (und hier zeigt sich, daß das Wort vom »Bauern« keine Koketterie war) sofort tatkräftig weitergeführt. Witzigerweise ist fürs folgende Jahr der Viehbestand überliefert: 4 Ochsen, 17 Kühe, 10 Bullen, 11 Kälber, 6 Widder. Auf den Feldern wachsen Mais, Gerste, Hafer, Luzerne, Hanf, etwas Wein, später wird weiteres Land zugekauft, und dies alles unter der kundigen, strengen und nach echter Bauernart mißtrauischen Regie eines Mannes, der eine für ihre Zeit moderne Landwirtschaft unterhielt. Verdi ließ Drainagen anlegen, später zum Teil zur puren Arbeitsbeschaffung, um die damals grassierende Auswanderungswelle der Kleinstbauern und Landarbeiter zu stoppen. Er kaufte in England eine unförmige Dampfmaschine, um das Wasser der nahen Ongina auf die Felder zu pumpen, war auf den Viehmärkten

Giuseppe Verdi und Arrigo Boito auf der Terrasse von Sant'Agata

der Umgebung als zäher Partner gefürchtet – und schrieb, man ist versucht zu sagen: nebenbei, den *Simone Boccanegra*, den *Maskenball*, die *Macht des Schicksals*.

Von dieser Doppelexistenz ist im Hause selbst nichts mehr zu spüren, nimmt man allenfalls den Schrank mit den Gewehren aus, von denen es heißt, der Gutsherr habe sie auf seinen Gängen über die Äcker mitgeschleppt, aber nie benutzt. Der Konjunktiv ist angebracht. Es gibt, trotz intensiver Forschung, um dieses Leben noch mancherlei Legende. Der »Alte« hat es schon in jungen Jahren meisterhaft verstanden, seine Privatsphäre vor der Welt zu verhüllen. Es gibt, zum Beispiel, in der riesigen Korrespondenz, die bezeichnenderweise mit Durchschlag geführt wurde (diese »copialettere« sind heute die beste Quelle), nicht einen einzigen Liebesbrief.

Die wenigen Räume, die dem Publikum offenstehen, sind gediegen, jedoch nicht pompös ausgestattet. Da ist Madames Schlaf-

Giuseppina Verdi

zimmer mit dem großen Himmelbett, im schmalen Ankleideraum daneben ihre kleine Bücherei mit Pflanzenführern und Lexika, darunter ein etwas schmächtiger Lederband mit handgeschriebenen Noten und dem Goldaufdruck »Preis und Ermutigung« – die Auszeichnung der Neunzehnjährigen vom Konservatorium ihrer Heimatstadt Lodi. Der Vater war Dirigent und Opernschreiber, sie, die eigentlich Clelia Maria Josepha hieß, eroberte sich rasch die Bühne der Scala und trug später wesentlich zur Annahme des *Nabucco* bei. Obwohl ihre Karriere sich damals schon dem Ende zuneigte, muß sie eine bemerkenswerte Künstlerin gewesen sein. Donizetti schrieb noch 1841 für sie die *Adelia*. Arme Peppina, sie hat sich in späteren Jahren insgeheim sehr darüber gegrämt, daß der alternde Meister sich Teresa Stolz, seiner strahlend schönen Mailänder Aida, zuneigte. Doch auch hier sind alle Spuren verwischt. Und ungeachtet aller Fährnisse, die sich aus dem ständigen Kontakt mit den ersten Stars der Musikbühne für ihre Gemeinschaft ergeben haben mögen, schreibt diese Peppina an den befreundeten Verleger Ricordi: »Ist es nicht so, Giulio, daß in Verdi der Mensch den Künstler noch überragt? Seit vielen Jahren habe ich das Glück,

Teresa Stolz

neben ihm leben zu dürfen, und es gibt Augenblicke, in denen ich nicht weiß, was größer ist: meine Liebe zu ihm oder meine Verehrung für ihn, für sein Herz und seinen Charakter.«

In Verdis Arbeitszimmer schließlich der Erard-Flügel, ein paar kostbare Bilder, eine marmorne Büste aus Pompeji, Fotos, Autografen, Orden, Münzen, dazu der ausgestopfte Papagei – so hat es zu seinen Lebzeiten sicherlich nicht ausgesehen. Wer hätte gar im Notenschrank neben den eigenen Werken Haydn-Quartette und -Sinfonien (schon der Zwanzigjährige hatte im Bussetaner Adelscasino die *Schöpfung* aufgeführt), Bach, Mozart, Beethoven, aber auch Brahms, Smetana, Dvořák, schließlich gar die *Walküre* und den *Fliegenden Holländer* erwartet? Der angeblich naive Melodiker Verdi hat die Meister des Kontrapunkts zeitlebens studiert und seinem Bayreuther Gegenspieler, bei manch grundsätzlicher Kritik, große Hochachtung entgegengebracht. Und dann der kleine Raum, der heute mit dem Inventar des Sterbezimmers im Hotel Milan zu Mailand bestückt ist, dazu die Totenmaske und ein Abdruck der rechten Hand: eine eher bescheidene Hommage für den Mann, der ein Zeitalter italienischer Musik krönte.

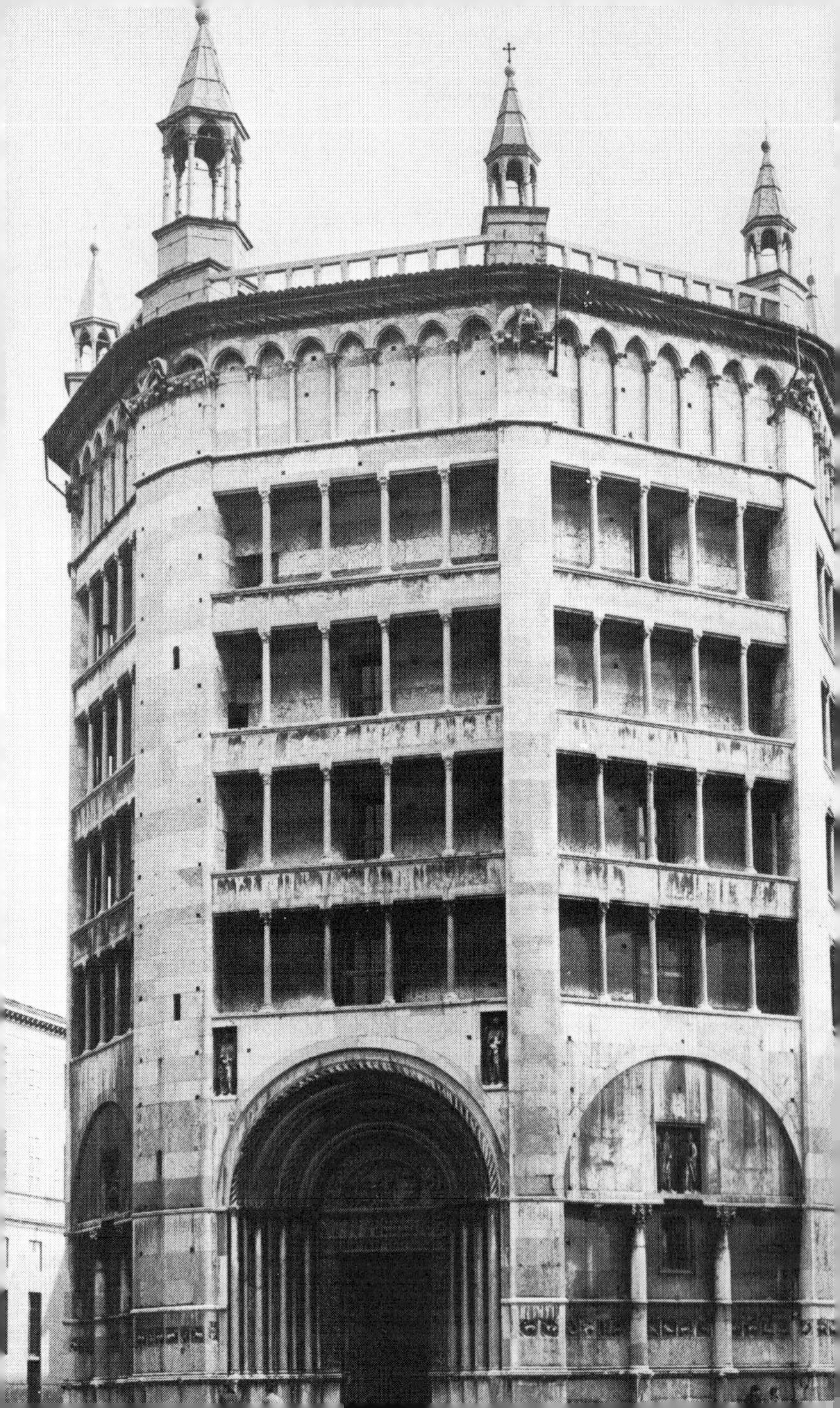

Parma

Wenn der Name der alten Herzogsstadt in der Emilia auftaucht, dieser gesegneten Landschaft am mittleren Po, dann denkt jedermann zuerst ans Essen. Parmaschinken und Parmesankäse, das sind in der Tat ihre in aller Welt begehrten Produkte. Von Molière wird ja berichtet, er habe Parmesanstückchen als Medizin gegen Magenkrämpfe geschluckt. Vasari, der Florentiner Maler der Spätrenaissance und erste Biograph seiner größeren Kollegen, hat sogar behauptet, er habe dort Würste im Format von Porphyrsäulen gesehen, Wagenräder aus Parmigiano als Kapitelle obendrauf. Nun, der Mann neigte auch sonst zu Übertreibungen, doch das Faktum bleibt, daß man noch heute in der Stadt am Parmafluß besonders gut speisen kann.

Obwohl es Leute geben soll, die allein deswegen hier Station machen, ist das freilich nicht unser Ziel. Wir lassen auch den schönen romanischen Dom mit dem gewaltigen Kuppelfresko der Himmelfahrt Mariens von Correggio beiseite, das zu bewundern man den Hals verrenken muß, und das Baptisterium des Benedetto Antelami, den man den größten Bildhauer des italienischen Mittelalters nennt. Wir gehen an der Kuppelkirche der »Madonna della Steccata« vorbei, an der Claudio Merulo amtierte, zu seiner Zeit der berühmteste Organist Europas – er liegt im Dom begraben –, wür-

Parma. Baptisterium

digen selbst die alte Apotheke von San Giovanni (1298) neben dem Dom mit ihren Mörsern, Töpfen und geschnitzten Regalen keines Blickes und streben geradewegs zum Palazzo della Pilotta.

Das massige Backsteingemäuer am Ufer des Parma, so imponierend durch seine Ausmaße wie düster in der Erscheinung, wurde 1583 unter Herzog Ottavio Farnese, Enkel von Papst Paul III., begonnen, aber nie vollendet. In seinen endlosen Gängen hausen heute die Antikensammlung und die Bildergalerie, die Pfalzbibliothek und das Bodoni-Museum mit den handgeschnittenen Lettern des großen Schriftkünstlers. Baulicher Glanzpunkt aber ist das Teatro Farnese, eines der glänzendsten und besterhaltenen Beispiele früher Bühnenarchitektur.

Das Theater, 1618/19 von G. B. Aleotti, einem Schüler Pàlladios, erbaut, liegt im ersten Stock eines Seitenflügels. Das Vorbild des dreißig Jahre älteren Teatro Olimpico in Vicenza ist unverkennbar: vierzehn amphitheatralisch ansteigende Sitzreihen um ein langgestrecktes »Parkett«, in der Höhe abgeschlossen durch eine Doppelreihe von siebzehn hohen, logenähnlichen Nischen – und alles, selbst die Säulen, aus Holz. Es faßt an die viertausend Personen, zu seiner Zeit mit Abstand das größte Theater der Welt. Eingeweiht wurde es erst zehn Jahre später anläßlich einer Prinzenhochzeit mit einer Art von Show, einem Gemisch aus musikalischen Intermezzi von Monteverdi, Tänzen der Hofgesellschaft, verblüffenden Effekten der Bühnenmaschinerie, und blieb auch später nur großen Staatsaufführungen vorbehalten. Für die »gewöhnliche« Oper, für Balletts und Konzerte dienten im Palast ein kleineres Teatro Ducale sowie zwei weitere in der Stadt, alle drei nicht mehr vorhanden – die sprichwörtliche Theaterbegeisterung der Parmenser war schon damals in der vergleichsweise kleinen Residenz ungeheuer. Man leistete sich Primadonnen wie die Gabrielli und die Cuzzoni, Johann Christian Bach hat dort seinen *Cato in Utica*, Gluck seinen *Orfeo* einstudiert, der 1771 in Parma geborene Ferdinando Paër, Hofkapellmeister und geschickter Mittler zwischen Barockoper und Rossini-Ära, seine besten Werke uraufgeführt.

Parma. Teatro Farnese im Palazzo della Pilotta

Vor dem Pilotta-Palast an der weiten Piazza della Pace steht auch ein ungewöhnliches Verdi-Monument: ein langer Marmorfries, angefüllt mit Musen und Gestalten aus seinen Opern, während die Rückseite die (in seine Zeit fallende, in seinem Frühwerk beschworene) Einigung Italiens feiert. Nur eine Straßenecke weiter liegt an der Via Garibaldi das Teatro Regio, das seinen königlichen Namen bis heute verdient. Den für seine Epoche sehr modernen Bau – glatte jonische Säulen stützen eine streng klassizistische Fassade mit wenigen Emblemen, die fünfrangige Zuschauer-Ellipse ist sparsam in Weiß und Gold dekoriert – zeichnet etwas aus, was schon in der zweiten Hälfte des vorigen Jahrhunderts selten war: Hier wurden damals nur »zeitgenössische« Werke aufgeführt,

Meyerbeer und Bizet, Verdi und Ponchielli, Gounod und Wagner. Erbauen ließ es jene kunstsinnige Regentin Marie Louise, Tochter eines Kaisers (Franz II.) und Frau eines anderen (Napoleon), die nach des letzteren Sturz das Herzogtum Parma erhielt und für eine seiner glücklichsten Zeiten sorgte – trotz der restaurativen Tendenzen, die Stendhal in der *Kartause von Parma* so grimmig ausgebreitet hat. Auch ein Orchester hat sie gegründet, zu dessen Leiter kurzzeitig (1835) der »Teufelsgeiger« Niccolò Paganini berufen wurde (er liegt, nach langer Irrfahrt, auf dem alten Stadtfriedhof; siehe auch das Kapitel »Genua«). Die bescheidene Singschule hat sie zu der Bildungsstätte ausbauen lassen, die heute als Konservatorium Arrigo Boito – der Komponist und Verdi-Texter war zeitweilig ihr Chef – unter den bedeutendsten Musikhochschulen Italiens rangiert. Unter ihren Leitern war auch der Kontrabaß-Virtuose und Dirigent Giovanni Bottesini, der Mann, dem Verdi die Uraufführung der *Aida* in Kairo (1871) anvertraut hatte – er ist neben Paganini begraben.

Zu den Schülern zählen zwei weitere berühmte Parmenser: Arturo Toscanini, von dem noch zu reden sein wird, und der Komponist Ildebrando Pizzetti (1880–1964), mit Luigi Dallapiccola einer der Erneuerer der italienischen Musik nach den Handfestigkeiten des Verismo im Anfang unseres Jahrhunderts, auch im Norden bekanntgeworden durch seine T.-S.-Eliot-Oper *Mord im Dom*. Seit 1960 gibt es beim Konservatorium ein besonderes Institut für Verdi-Forschungen, das den zum Teil immer noch unbekannten Nachlaß des Meisters wissenschaftlich aufarbeitet. In der Bibliothek kann man allerlei Handschriften und Erstdrucke von einstmals hochberühmten Musikern sehen, dort steht auch ein ehrwürdiges Instrument aus früher Zeit: die schmale transportable Orgel, die jener Merulo um 1600 großenteils selbst gebaut hat.

Das Königliche Theater, 1829 mit Bellinis *Zaira* eröffnet, verdankt seinen Ruf zwei Dingen, die sonst nicht unbedingt übereingehen: der überaus sorgsamen Pflege der Oper von Rossini bis Puccini, insbesondere der Werke Verdis – Busseto liegt ja nur dreißig Kilometer entfernt – und seinem Publikum. Hier studierte und debütierte die 1922 in Pesaro geborene Sopranistin Renata Tebaldi, hier wurde anläßlich eines Wettbewerbs 1914 Beniamino Gigli entdeckt, eine der schönsten Stimmen unseres Jahrhunderts. »Wir haben *den* Tenor entdeckt!« schrieb der Vorsitzende der Jury, Bonci, damals im Wettbewerbsbericht (siehe auch das Kapitel »Recanati«). Eine Generation später trat ein anderer Parmenser den Weg nach oben an: Carlo Bergonzi, Scala-Star und gefeierter Verdi-Tenor – zunächst als Bariton mit Rossinis *Barbier* in Lecce. Parmas Publikum wiederum gilt unter Opernleuten als das schwierigste, das unerbittlichste weit und breit. Hier kennt man nämlich die Werke seiner Lieblinge Note für Note, kennt auch ihre Klippen und Tücken. Wehe dem Sänger, der sie nicht mit Anstand bewältigt – er wird ohne Nachsicht ausgepfiffen. Die Leidenschaft kann Formen annehmen, wie sie sonst nur unter jugendlichen Anhängern der leichten Muse üblich sind. In einem ausgebauten Kellergeschoß der Via Farini in Parmas Zentrum tagt, nein: residiert der »Gruppo Appassionati Verdiani«, die Verdi-Begeisterten, die sich auch Club der Siebenundzwanzig nennen. So viele Opern hat der Maestro geschrieben, und genauso viele Mitglieder gibt es – keinen mehr. Nicht ein einziger hat beruflich mit Musik zu tun, man ist Fotograf oder Obsthändler, Juwelier oder Krankenpfleger, einig nur in der Verehrung des Mannes aus Busseto. Die hat indes nichts Feierliches an sich, sie wird, wie hierzulande der Brauch, handfest und diesseitig ausgedrückt: mit fröhlichen, von Weißt-du-noch-Nostalgie gewürzten Sitzungen einer Runde, exklusiv wie die Académie Française.

Und jetzt geht's in die älteste Altstadt, in die Gegend, die heute noch »Oltre Torrente« genannt wird, jenseits des Gießbachs, seit den Zeiten, da die Parma noch nicht kanalisiert war und nicht immer Wasser führte, über eine Brücke, die im Unterbau noch römische Teile zeigt. An den Nordrand des ärmlichen Viertels grenzt der Herzogliche Park mit dem neueren Palazzo Ducale, nun Militärakademie. Eine der verwinkelten Gassen heißt Borgo Rodolfo Tanzi; in Nr. 14, einem schmalbrüstigen Kleinbürgerhaus, ist am 25. März 1867 Toscanini geboren, laut Urkunde als Arturus Primus Alexander Secundus getauft. Was man in den einfachen Räumen (sie sind nur stundenweise geöffnet) zu sehen bekommt, ist das übliche Sammelsurium teils rührender, teils komischer Erinnerungsstücke: vom Kneifer, damals noch Pincenez geheißen, und den Taktstöcken bis zum Hochzeitskorsett seiner Frau Carla, dazu Bilder, Fotografien und Zeichnungen, auch einige der berühmten Karikaturen Carusos, mit dem er befreundet war. Aufschlußreicher sind, neben anderen Dokumenten, die Briefe d'Annunzios. Auch ihm war Toscanini zunächst eng verbunden, der Dichter und Freischarführer hat ihm noch 1931, nach dem Eklat in Bologna, als der längst gefeierte Dirigent nach seiner Weigerung, die Faschistenhymne zu spielen, im Konzertsaal tätlich angegriffen wurde, zur eiligen Flucht in der Pferdedroschke nach Genua und weiter in die USA verholfen.

Von Toscaninis Jugend erfährt man hier wenig, es sei denn durch das Haus selbst und seine Umgebung. Diese Jugend ähnelt sehr der seines geliebten Verdi und ist ähnlich bewegend. Der Vater Claudio, ein unsteter Mann, war selten in der Schneiderstube im Erdgeschoß zu finden. Als ehemaliger Garibaldiner wurde er noch jahrelang von der politischen Polizei beschattet, es gab vertrauliche Berichte an den Innenminister in Florenz. Die Familie lebte so in sehr bescheidenen Verhältnissen. Es heißt, daß die Mamma nicht wagte, ihren Arturo in der Schule der Karmeliterinnen zu besuchen, wo er einen Freiplatz hatte – so ärmlich war sie gekleidet. Und der Bub soll beim sonntäglichen Kirchgang seinen beiden Schwestern heimlich manches von seiner Verpflegung im Institut zugesteckt haben, denn im Borgo wurde oft gehungert. Gleichwohl gehörten Musik und Literatur zu Arturos Kinderjahren. Die Gehilfen in der Schneiderei lasen sich Romane vor, Vater Claudio sang gelegentlich im Opernchor. Schon der Vierjährige hörte auf dem »Heuboden« des Theaters Verdis *Macbeth*. Ein Lehrmädchen namens Medea hat ihn später geschildert: Er habe »wie ein alter Mann« gewirkt, sehr ernst und widerborstig. Eine Lehrerin entdeckte sein fabelhaftes Wort- und Tongedächtnis und riet zur Musikschule, die Arturo für neun Jahre bezog. Die Atmosphäre dort

Arturo Toscanini beim Dirigieren

hat er als »Gefängnis« beschrieben. Als er im Juli 1885 die Abschlußprüfung als Jahrgangsbester bestand, war er knapp siebzehn Jahre alt. Übrigens: Dirigieren gehörte nicht zu den Lehrfächern.

Mag sein, daß bei alledem Legende ein wenig mitspielt, die Sicht nachträglich zu verklären. Die Weltkarriere vom Internatszögling über das Parmenser Konservatorium bis zu jenem 30. Juni 1886 in Rio de Janeiro, als der blutjunge Orchestercellist für den ausgebuhten Kapellmeister die *Aida* glanzvoll herunterdirigierte, hier hat sie jedenfalls begonnen.

Cremona

Eine der vielen Schlingen des mittleren Po, der sich von Piacenza her seinen Lauf durch die lombardische Tiefebene bahnt, streift noch den südlichen Stadtrand. Früher einmal, zur Römerzeit, umspülte er die Mauern der römischen Colonia, bis dorthin, wo nun der prächtige Mariendom steht und der Torrazzo, der 122 Meter hohe Turm mit der astronomischen Uhr. Vergil, der Dichter der *Aeneis*, hat hier seine Studienjahre verbracht, der glücklose General Quintilius Varus ist hier geboren. Damals, und später noch einmal im Hochmittelalter, war dies eines der wichtigsten Zentren Oberitaliens, reicher Knotenpunkt der Verkehrswege und Handelsstraßen.

Das ist lange her. Wer heute Cremona besucht, der empfindet eher eine Atmosphäre der Abgeschiedenheit und Selbstgenügsamkeit. Nicht daß die Stadt, inzwischen an der Grenze zur Großstadt, verschlafen wirkte – sie ist durchaus lebendig. Doch das Fehlen von Großindustrie, bedingt durch die anders verlaufenden Kraftströme der neuen Zeit, hat ihr jene Hektik erspart, die so vielen, auch kleineren Gemeinden im Spannungsfeld der lombardischen Wirtschaftsmacht eigen ist. Man hat sich auf den natürlichen Reichtum des Umlandes besonnen, verarbeitet ihn zu erstklassigen Nahrungsmitteln, treibt ein vielfach spezialisiertes

Cremona. Hauptfassade des Doms

Handwerk und zeigt mit Stolz die Schätze vergangener Jahrhunderte vor.

Das ist beileibe nicht wenig. Allein das Ensemble um den Domplatz – die Basilika mit der romanischen Struktur und den frühgotischen Backsteinfassaden des Querschiffs sowie der Torrazzo auf der einen, der Gemeindepalast und die »Loggia der Soldaten« auf der anderen Seite, dazwischen das hohe, noch ganz romanische Achteck der Taufkapelle – ist eine Reise wert. Das mittelalterliche Viertel an der Porta Marzia riecht nach Geschichte, Kirchen wie San Sigismondo (mit dem »Krallenhieb«-Gewölbe) zeigen den Einbruch der Renaissance, gleichaltrige Stadtpalais der großen Familien Affaitati, Raimondi, Stanga, Fodri mit dem köstlichen Terrakotta-Fries im Innenhof bestätigen einstigen Reichtum. Hochgezüchtetes Kunsthandwerk dokumentiert sich in Schnitzerei und Skulptur, Intarsie und gebrannter Erde, in Schmiedeeisen- und Emailarbeiten. Und ein historisches Kuriosum sollte nicht vergessen bleiben: Am Corso Garibaldi reckt sich, gegenüber der Kirche Sant'Agata mit dem fast tausendjährigen byzantinischen Tafelbild der Heiligen, ein zweites mittelalterliches Rathaus aus jenem 13. Jahrhundert, da die Stadt von zwei Regierungen geführt wurde. Welfen und Ghibellinen, Kaiser- und Papsttreue, sollen sich hier sogar einigermaßen vertragen haben.

Doch Cremonas eigentlicher Ruhm entstammt einem anderen Reich, dem der Musik. Nicht nur, daß jener Claudio Zuan (Giovanni) Antonio Monteverdi hier geboren ist, dem wir schon in Mantua und Venedig begegnet sind. Wer zur Piazza Roma vorstößt, der grünen Parkanlage, die Alt- und Neustadt trennt, der begegnet ihm gleich zweimal. Da streckt auf hohem Sockel ein eleganter Mann in Stein würdig seinen Satrapenbart in die Luft. Der Komponist Amilcare Ponchielli, 1834 in dem Weiler Paderno dicht bei Cremona geboren, war zu seiner Zeit eine italienische Berühmtheit. Wenn heute noch gelegentlich eine seiner Ballettmusiken in Konzert oder Rundfunk aufklingt, denkt niemand mehr daran, daß er einmal als der legitime Erbe Verdis galt. Von ihm hat er in der Tat den dramatischen Atem, auch den Hang zum Tragischen, von Meyerbeer dagegen die pompösen Klangstrukturen, die auf jeden Effekt einen neuen setzen – für heutige Ohren eine schwer genießbare Mischung, für die Aufbruchstimmung der italienischen »Gründerjahre« ein gefundenes Fressen. Die Cremoneser hatten den Hochbegabten schon als Studenten zum Orgeldienst an der Kirche Sant'Ilario verpflichtet, wenig später konnte er hier, kaum 22jährig, seine erste Oper herausbringen – *Die Verlobten* nach dem Roman von Alessandro Manzoni, im alten Concordia-Opernhaus am Corso Vittorio Emanuele, das heute seinen Namen trägt. Zwanzig Jahre danach hatte der unstete Mann, inzwischen mit dem Opernstar Teresa Brambilla verheiratet, mit *La Gioconda* fast so etwas wie einen Welterfolg. Auch als Lehrer hat er Spuren hinterlassen: Am Mailänder Konservatorium waren Mascagni und Puccini – gleichzeitig – seine Schüler, in des letzteren *Manon* wird man es besonders deutlich hören. Vergangener Ruhm.

Nicht so bei dem anderen Erinnerungsmal, der großen Grabplatte aus rotem Marmor an der südlichen Ecke der Anlage. ANTONIO STRADIVARIS Name, des Meisters aller Meister in der schwierigen Kunst des Geigenbaus, strahlt unverändert über die Jahrhunderte. Der Platz unter dem Stein freilich ist leer; der Gefeierte war seinerzeit im Familiengrab in der Kirche San Domenico beigesetzt worden, das Gotteshaus wurde 1868 abgerissen, die Gebeine kamen in ein unbekanntes Massengrab. Doch der Ort macht Sinn: Gegenüber stand das Wohnhaus, das er im Jahre 1688 gekauft, in dem er bis zu seinem Tode (1737) mit der Akribie eines Wissenschaftlers gearbeitet hat. Heute erhebt sich über der Hausnummer Piazza Roma 1 ein pompöser Versicherungspalast im Mussolini-Stil, nur die obligate Marmortafel über dem Eckpfeiler bezeichnet die Stelle.

Mehr zu sehen ist in den beiden Stradivari-Sälen des Städtischen Museums an der Via Palestro: Arbeitsmodelle und Schablonen, Werkzeuge und Bauformen, Zeichnungen und Notizen, kurz das gesamte Arsenal eines Handwerks, das schon zu Stradivaris Zeiten eine lange Geschichte hatte. Angefangen hat sie mit einem ANDREA AMATI, der um die Mitte des 16. Jahrhunderts dem Franzosen-

Antonio Stradivaris Entwurf für die Intarsienarbeit an der Bratsche »Greffuhle«

könig Karl IX. zwei Dutzend erstklassiger Instrumente lieferte. Hundert Jahre darauf ist sein Enkel Niccolò der führende Geigenbauer, bei ihm scheint der junge Stradivari in die Lehre gegangen zu sein. Und bei aller Qualität von Niccolòs Kunstwerken: Wer sich die Zeit nimmt, allein die Formen der F-Löcher zu vergleichen, jener beiderseits auf dem Geigenkörper ausgesparten Kringel, der spürt schon hier etwas von der unerreichten Eleganz in den Strukturen des Jüngeren.

Wer war dieser Mann, für dessen Werke heute, nach bald dreihundert Jahren, Hunderttausende bezahlt werden? Die Nachrichten sind spärlich. Selbst das Geburtsjahr 1644 wurde nur nach den »Zetteln« errechnet, diesen Autogrammen, die die Geigenbauer in ihre Produkte einklebten und die später so gern gefälscht wurden. Auch wie er aussah, weiß man nicht genau; er wurde mehrmals porträtiert, doch die Bilder sind verschollen. Zweimal verheiratet, elf Kinder, von denen nur zwei des Vaters Beruf aufnahmen, sehr viel mehr ist nicht belegt. Offenbar war er nicht nur ungemein fleißig – an die sechshundert Geigen, ein Dutzend Bratschen, fünfzig Celli und einiges andere werden ihm zugeschrieben –, sondern auch ein guter Kaufmann. »Reich wie Stradivari« sagte man damals in Cremona, zeitweilig war er kurioserweise an einer Zuckerbäckerei beteiligt. Dennoch wurden seine Arbeiten zu seinen Lebzeiten keineswegs ungewöhnlich hoch bezahlt. Er galt zunächst als einer in einer ganzen Reihe gleich geschätzter Meister, der Amati, Guarnieri, Bergonzi, Guadagnini, die den Ruf der Stadt als

Zentrum des Streichinstrumentenbaus über Europa verbreitet hatten, und nicht etwa als der Erste der Zunft. Mattheson, der Hamburger Bach-Zeitgenosse, Komponist und Chronist seiner musikalischen Gegenwart, schrieb 1713: »Zu Cremona, wie man dafür hält, werden gemeiniglich die besten Violons gemacht«.

Diese Einschätzung änderte sich erst nach Stradivaris Tode, und sie hat durchaus innermusikalische Gründe. Der frühe Geigenbau – in Italien heißt er immer noch »liuteria«, Lautenbau, weil seine Anfänge aus der Zeit stammen, da die Laute (und ihre Geschwister) das Lieblingsinstrument der Kunstmusik war, während die arme Fidel, kaum mehr als ein Stück Holz mit Saiten bespannt, nur Gauklern und Possenreißern vorbehalten blieb – der frühe Geigenbau also, in Cremona um 1550 von jenem ANDREA AMATI zu ersten Höhen geführt, war noch ganz dem »gotischen« Klangideal verhaftet: dem hellen, süßen, fast flötenartig runden Ton mit ganz geringem Volumen. Cremona war damals schon eine Stadt, in der Musik eine Rolle spielte. Kein Geringerer als MARCANTONIO INGEGNERI (1547–92), einer der Väter des neuen Stils, den man später den barocken nannte, war Domkapellmeister; sein Meisterschüler CLAUDIO MONTEVERDI, Arztsohn aus Cremona und zeitweilig hierher zurückgekehrt (siehe auch die Kapitel »Mantua« und »Venedig«), wird um die Jahrhundertwende 1600 die junge Oper revolutionieren. Als, wiederum eine Generation später, Stradivari in die Lehre des Amati-Enkels eintrat, war der Stilwandel in vollem Gange, und er hat das neue Ideal, den rauschenden, Süße, dunkleres Timbre und ungekannte Fülle vereinigenden Ton in klangliche Praxis umgesetzt. Der erste ausübende Künstler, der eine Stradivari spielte, war PAGANINI, aber erst das klassisch-romantische Jahrhundert hat ihre Möglichkeiten voll zu schätzen gewußt – und sie zu Dutzenden gefälscht. Fast niemand unter den großen Virtuosen unserer Zeit, der einem anderen Instrument den Vorzug gäbe.

Und das Geheimnis dieser Vollendung? Wenn es überhaupt eines gibt, dann hat der Meister es nie verraten. Ganze Bibliotheken sind darüber geschrieben worden, und immer wieder einmal taucht die

Nachricht auf, jetzt sei es enträtselt. Man kennt ja Maße und Bauformen seiner Instrumente millimetergenau und weiß ebenso über die verschiedenen Holzarten Bescheid, deren Eigenschaften er, nach Auskunft seines Sohnes, wie ein moderner Naturforscher studierte, Bergfichte aus der Schweiz dabei und Kirschlorbeer von den Sandbänken des Po. So setzen viele auf den Lack oder seine Grundierung, die die letzte Brillanz des Tons gebracht haben soll. Keine Gruppe von Musikinstrumenten ist je so im Detail durchleuchtet worden wie die aus seiner Werkstatt. Deshalb wird es heute fast als unmöglich bezeichnet, eine Fälschung auf dem Markt mit Erfolg unterzubringen. Und obwohl noch niemand eine »neue Stradivari«, d. h. ein gleichwertiges Instrument hat fertigen können, geht die Suche nach dem Geheimnis weiter.

Am Corso Garibaldi steht der schönste Renaissancepalast Cremonas, ein eher zierlicher Bau mit bossiertem Erdgeschoß und elegant überkragendem Dach: Palazzo Raimondi. Ein reicher schweizerischer Käsefabrikant, Walter Stauffer, hat den Nobelsitz eines Humanisten, 1496 erbaut, zusammen mit seinem ganzen Vermögen 1974 der Geigenbauschule vermacht, die nun hier residiert, einträchtig mit der Abteilung für musikalische Paläographie der Universität Pavia. Die jungen Leute, die unter der Leitung erprobter Meister arbeiten und studieren, kommen aus vielen Ländern, der Andrang ist groß, weshalb man die Ausländerquote begrenzen muß. Denn noch immer – oder genauer: wieder – ist das Diplom der »Scuola di Liuteria« ein Gütezeichen besonderer Art. Und gar mancher hat sich nach dem Examen im Viertel um die Schule eine kleine Bottega gesucht, um selbständig zu werden. »Reich wie Stradivari« wird man heute freilich nicht mehr damit, doch die Befriedigung, ein Stück höchst verfeinerten Kunsthandwerks von der ersten Zeichnung bis zum vollendeten Produkt mit den eigenen Händen geschaffen zu haben, erscheint wohl vielen als ein Ausweg aus der Fron unserer »entfremdeten« Welt.

So wird denn im großen Werkraum unter der altertümlichen Kassettendecke eifrig gesägt, geschnitzt, immer wieder gemessen, werden Deckplatten zum hundertsten Male geschliffen, wächst aus dem simplen Vierkantholz allmählich die gewundene »Schnecke« heraus, die einmal das Griffbrett abschließen wird. Geduld ist ebenso gefragt wie Fingerspitzengefühl und handwerkliche Geschicklichkeit, Materialkenntnis und ein feines Ohr. Sitzt der Stimmstock, das unscheinbare Klötzchen zwischen Deckel und Boden, haargenau an der richtigen Stelle, die Schwingungen des Korpus nicht zu beeinträchtigen? Nebenan im Materiallager riecht es nach Leim und Öl und abenteuerlichen Chemikalien, schon während des Studiums versucht sich jeder an einer eigenen Mischung für den Lack, da ist Geheimhaltung im Spiel. Dazu gilt es eine Menge Theorie zu verdauen, und schließlich hat auch die Elektronik im Palazzo Raimondi Einzug gehalten, mit komplizierten Apparaturen, die jedes Instrument auf Herz und Nieren prüfen.

Unten, im dunklen Korridor, findet man etwas mühsam ein paar schöne Exemplare der Frühzeit: Knickhalslaute, Gambe, Drehleier. Den Meisterwerken hat die Gemeinde einen besonderen Platz eingeräumt. Im einstigen Ratssaal des zinnenbewehrten Gemäuers gegenüber der Kathedrale liegen hinter kugelsicherem Glas die 1566 für Karl IX. von Frankreich gebaute Geige des ANDREA AMATI, die »Hammerle« genannte seines Enkels Nicola (oder Niccolò) von 1658, ein Spitzenwerk des GUARNIERI DEL GESÙ aus dem Jahre 1734 und als Krönung die 1715 von STRADIVARI geschaffene Violine, die den Ehrentitel »Il Cremonese« trägt. Jeden Tag werden sie vom Konservator gespielt – eine absolut notwendige Bedingung, sie »lebendig« zu erhalten. Besondere Gäste der Stadt, »persone di riguardo«, wie die Italiener sagen, dürfen dann schon einmal zuhören. Und bei der Triennale der Saiteninstrumente, dem alle drei Jahre stattfindenden Wettbewerb, dem sich Geigenbauer aus zwei Dutzend Ländern stellen, ist ganz Cremona eingeladen.

Der Zufall will's, daß in der Nähe der Geigenstadt noch eine ganz andere Erinnerung aufzuspüren ist. Keine fünfzehn Kilometer nach Norden liegt in der Ebene der kleine Ort Casalbuttano, Zentrum eines reichen Landwirtschaftsgebiets. Wer dort zur Polizei oder zum Sozialamt geht, betritt ein herrschaftliches Palais klas-

Cremona.
Palazzo del Comune.
Die Geige
»Il Cremonese«

sizistischen Zuschnitts. Im Stiegenhaus farbige Stukkaturen, die Marmor vortäuschen, Ornamente, Bänder und Medaillons, aus denen elegante Halbfiguren heraustreten, eine Flucht von Zimmern mit fantasievoll gemalten Decken und kostbar eingelegten Fußböden. Das heutige Rathaus – das schönste Italiens, sagen die Eingeborenen – war zu Beginn des vorigen Jahrhunderts der Landsitz der Grafenfamilie Turina. Der Graf, Besitzer ausgedehnter Ländereien und schwerreicher Seidenfabrikant, lebte meist in Mailand. Er hatte eine bildhübsche blutjunge Frau, Giuditta, von der es heißt, sie sei unglücklich gewesen – wahrscheinlich hat sie sich nur gelangweilt. Jedenfalls verliebte sie sich bei einer Premiere Bellinis in Genua in den seinerseits stets rasch entflammten Komponisten, und die Villa in Casalbuttano wurde für lange Zeit ihr Liebesnest.

Giuditta hat ihren Vincenzo über sechs Jahre gefesselt, länger als jede andere Frau. Sie hat auch an der (nicht immer glücklichen) Wahl seiner nächsten Operntexte erheblich mitgewirkt. Der Bund kam erst ins Wanken, als der Graf ein Bündel Liebesbriefe fand und Klärung forderte. Doch Bindungen einzugehen war Bellinis Sache nie. Er benutzte eine Einladung nach London, um die Affäre zu beenden. Daß er im Hause der Geliebten die *Norma* schrieb, eines seiner besten Werke, wie es die Tafel über dem Torbogen verkündet, ist inzwischen widerlegt. So hat auch das alte Gemäuer jenseits des einstigen Parks, das man hier stolz den Norma-Turm nennt, nichts mit der gallischen Priesterin zu schaffen. Was tut's!

Bologna

Einmal hatte sie über hundert Geschlechtertürme; zwei davon sind noch übrig, und beide stehen fast so schief wie der berühmte Kollege in Pisa. Überdies hat sie zwei ebenso ehrwürdige Beinamen: Bologna la Grassa heißt sie, die Fette, weil man seit alters her nirgendwo im weiten Umkreis so kräftig und so reichlich speist, und Bologna la Dotta, die Gelehrte, weil hier Europas älteste und noch heute renommierte Universität steht, eine Gründung von 1119, als die mächtig aufblühenden Kommunen Oberitaliens sich gerade gegen den deutschen Kaiser zu formieren begannen. In jüngster Zeit hat die Hauptstadt der Region Emilia-Romagna auch bei Städtebauern und Soziologen Furore gemacht durch ihre im wesentlichen geglückte Sanierung und Revitalisierung des alten Stadtkerns. Da ist es gelungen, durch ein kompliziertes System von Beihilfen und Anreizen nicht nur das Bild der von endlosen Kolonnaden gesäumten Straßen, der mittelalterlichen Häuser, der barocken Palazzi zu erhalten, sondern auch den bei Maßnahmen dieser Art stets befürchteten Auszug der ursprünglichen Bewohner zu verhindern. Daß das im ganzen eher behäbig wirkende Bologna aber auch ein musikalisches Zentrum war (und heute wieder zu werden beginnt), mag für viele eine Überraschung sein.

Bologna. Die beiden Türme

Mit den Kirchen hatte es begonnen, besonders San Petronio, der Dom mit der unvollendeten Fassade an der Piazza Maggiore, in dessen Fußboden ein Meridian eingelegt ist und der einmal fast doppelt so groß hatte werden sollen – die Grundpfeiler des ersten Entwurfs sind noch auf dem Platz neben der Kirche zu sehen. Besonders also das Domkapitel tat sich hervor und berief eine Reihe bedeutender Meister in die Leitung seiner zunächst nach heutigen Begriffen winzigen Chor- und Instrumentalgruppe. Als 1530 Karl V. in San Petronio gekrönt wurde, wirkte noch die päpstliche Kapelle, die spätere Sixtina, mit. Aber auch außerhalb der Kirchen herrschte früh musikalisches Leben. Stadtpfeifer spielten schon um 1420 zu öffentlichen Festlichkeiten auf. Bei der Hochzeit von Lucrezia d'Este mit dem Bologneser Adligen Annibale Bentivoglio (1487) zog man mit »hundert Trompeten, siebzig Pfeifern, Posaunen, Hörnern, Flöten und Trommeln« in San Petronio ein. Dann kamen, wie überall in Italien, seit der Renaissance die gelehrten und kunstsinnigen Adels- und Patriziergesellschaften hinzu, vornehme Clubs von Dilettanten mit so kuriosen Namen wie »Akademie der Blühenden«, »Musenfreunde« oder »Vereinte Harmonische«, die sich ebenso mit Vergil und Horaz wie mit damals zeitgenössischer Musik beschäftigten. Und schließlich wurde – wir haben drei Jahrhunderte im Zeitraffer überflogen – für den steigenden Bedarf an professionellen Künstlern jenes Konservatorium gegründet, dessen Ruf eine Zeitlang über den ganzen Kontinent ausstrahlte.

Die Via Zamboni ist eine jener arkadengeschmückten Altstadtstraßen, die sich von der Porta Ravagnana mit den beiden schiefen Türmen strahlenförmig nach Osten hinziehen. Der rostrote Palazzo mit dem unscheinbaren Eingang zum Rossini-Platz hin läßt jede Spur von Repräsentation vermissen. Doch das ist Bologneser Art: Auf den Inhalt kommt es an, nicht nur bei den gefüllten Ravioli. Und der hat es beim Liceo Musicale, dem Konservatorium im Range einer Musikhochschule, wahrhaft in sich. Hier ist, sozusagen, europäische Musikgeschichte gebündelt. Wer sich durch das Gewimmel munterer junger Leute mit Instrumenten und Notenheften

Bologna, Piazza Maggiore mit Dom San Petronio

unterm Arm zur Bibliothek durchgefragt hat, findet sie greifbar vor Augen. Der langgestreckte, tonnenüberwölbte Raum beherbergt nicht nur kostbare alte Handschriften wie den berühmten Codex Q 15, eine der wichtigsten Sammlungen mittelalterlicher Musik der Zeit um 1400, sondern auch Manuskripte und Drucke all jener Meister, die als Lehrer oder Schüler des Instituts Bolognas Ruhm in die Welt hinaustrugen. GLUCK, der vorklassische Opernreformer, ist ebenso darunter wie BUSONI, der Klassizist der letzten Jahrhundertwende, der barocke Napoletaner Opernmeister JOMMELLI wie der moderne Venezianer MALIPIERO, ROSSINI, der Schöpfer des unsterblichen *Barbier*, ebenso wie der jugendliche MOZART.

Als das Salzburger Genie gegen Ende 1769 zur großen Italienreise aufbrach, noch nicht einmal vierzehn Jahre alt, war neben Mailand, Rom und Neapel das wichtigste Ziel des klugen Vaters und Reisemarschalls eben Bologna. Denn selbst im gelobten Land der

Giovanni Battista Martini. Anonymes Ölgemälde (um 1780)

Musik konnte man damals nur hier die höchsten Weihen erlangen. Die Stadt verdankte diesen Ruf hauptsächlich einer Persönlichkeit: dem Padre Giovan Battista Martini, der als der gelehrteste Musiker seiner Zeit galt. Kapellmeister an der Kirche San Francesco, hatte er den Vorläufer des heutigen Konservatoriums gegründet und auch den Grundstock der Bibliothek zusammengetragen. Von seiner Autorität in allen Fragen der Theorie wie der Praxis macht man sich kaum eine Vorstellung. Aus der noch immer nicht voll ausgewerteten Sammlung seiner Briefe geht hervor, daß man ihn aus ganz Europa um Rat und Entscheidung in musikalischen Dingen anging. Er hat das »Wolferl« in jenem Sommer 1770 ein Vierteljahr lang täglich im »strengen Stil« unterwiesen – immerhin ein arriviertes Wunderkind, das schon die Höfe von Wien, Paris und London begeistert hatte. Und ihm ist auch die Aufnahme des Knaben in die Accademia Filarmonica zu verdanken, eine Ehre, die die größten Meister des Jahrhunderts anstrebten, so etwas wie der Ritterschlag für Komponisten. Das Manuskript der Prüfungsaufgabe, ein vierstimmiger Satz über einen gregorianischen Cantus, betrachtet man nicht ohne Ergriffenheit. Wie man sieht, hat der Padre – nachträglich, versteht sich, denn die Prüfung fand in strenger Klausur statt, selbst Vater Leopold wurde derweil ein paar Zimmer weiter eingesperrt – seinem Schüler ein paar Durchgangsnoten verbessert, eine Stimme eleganter, zwingender geführt. Da reicht ein weiser alter Mann des ausgehenden Zeitalters dem künftigen Meister des neuen den Steigbügel.

Mag dies eine Episode sein, wenn auch mit tieferer Bedeutung, so war ein anderer Großer der Musik dem Institut gründlicher verbunden: Gioacchino Rossini. 1792 in Pesaro geboren, wohin wir ihm noch folgen werden, hatte er, während die Eltern (der Vater als Trompeter, die Mutter als zweitrangige Sängerin) an norditalienischen Bühnen tingelten, die Knabenjahre bei einem befreundeten Händler im zweiten Stock der Strada Maggiore Nr. 140 verbracht und schließlich am Liceo allerlei studiert – Klavier, Cello, Komposition, vor allem Gesang. Vom straffen Reglement der Schule scheint er ebensowenig gehalten zu haben wie vom strengen Tonsatz, »häufig abwesend« steht im Zeugnis. Viel später, da war er schon eine europäische Berühmtheit, hat er in dem denkwürdigen Gespräch mit Richard Wagner augenzwinkernd gesagt: »Wenn ich in Ihrem Lande geboren wäre, hätte aus mir etwas werden können…«

Der Maestro hatte gut reden. Als Vierzehnjähriger sang er in den Bologneser Kirchen, für drei Paoli (etwa eine Mark) pro Auftritt, begleitete am Cembalo die Rezitative bei Opernaufführungen in Ferrara, Forli, Ravenna – und holte sich, sexuell frühreif, eine böse Urethritis, die ihn noch bis in die vierziger Jahre quälte. Um ein Haar wäre er seiner schönen Stimme wegen auf Rat eines Onkels Kastrat geworden. Zu Anfang seines Jahrhunderts galt das in Italien immer noch als erstrebenswerte Karriere. Nur der rabiate Widerstand der Mutter hat es ihm (und uns) erspart. Insgesamt hat die Studienzeit in Bologna dem künftigen Opernmeister wenig Nützliches eingebracht, außer einer perfekten Kenntnis der Möglichkeiten der menschlichen Stimme. Immerhin, auch Mozart und Haydn

Jugendbild Rossinis. Stich von Pietro Folo

wurden schon im Unterricht analysiert, die »Jahreszeiten« durfte er selbst einstudieren.

Und dann bekam der Achtzehnjährige eine *scrittura*, einen Opernvertrag vom altberühmten Teatro San Moisè in Venedig. Mit ihm begannen zwei Jahrzehnte einer selbst in jenen Zeiten des allgemeinen Operntaumels beispiellosen Karriere. Und nach dem Welterfolg des *Wilhelm Tell* der schier unbegreifliche Entschluß: keine Opern mehr! Es ist dies der Zeitpunkt, an dem wir Rossini nach den ersten glanzvollen Pariser Jahren wieder in Bologna begegnen. Er hat sich von seiner Frau, der bedeutenden spanischen Sopranistin ISABELLA COLBRAN, scheiden lassen, übrigens nicht ohne beträchtliche finanzielle Vorteile – er war immer ein guter Rechner. Er hat nach Isabellas Tod die Französin Olympe

Die Sopranistin Isabella Colbran

Pelissier geheiratet, er ist zu seinen Anfängen zurückgekehrt. Der »Napoleon der Musik«, der »Schwan von Pesaro«, wie man ihn überschwenglich nannte, mit weniger als vierzig Jahren ein Rentner?

Auch mit Isabella verbinden sich Bologneser Erinnerungen. In Madrid war sie geboren, in Neapel seine Primadonna gewesen. Von ihrem Vater hatte sie in Castenaso, einem ländlichen Vorort wenige Kilometer östlich von Bologna, einen ansehnlichen Villenbesitz geerbt. Dort fand am 16. März 1822 die Hochzeit statt, die Mitgift soll über eine Viertelmillion Mark betragen haben. Isabella war damals 37, Rossini 30 Jahre alt. In Castenaso hat er die seinerzeit hochgeschätzten Gesangsstudien geschrieben. Doch dann kam der Ruf nach Paris, ans Théâtre Italien, und nach der Trennung wurde die Villa Isabellas letzte Zuflucht. Heute ist das Haus verschwunden; wir aber kehren nach Bologna zurück.

Die Strada Maggiore, einst eine der Hauptstraßen der Altstadt, ist für den Autoverkehr längst zu schmal geworden. Das Haus Nr. 26 steht, scheint's, unverändert. Ein palazzoähnlicher, behäbiger Bau mit fünf kraftvollen Bögen und einem kleinen Mittelbalkon über der Einfahrt, so recht geschaffen für die Pferdekutschenzeit. Wie eine Marmortafel ausweist, hat der Maestro, der ja schon in jungen Jahren ein schwerreicher Mann war, diese Großbürger-Residenz gekauft und für sich umbauen lassen, mit Unterbrechungen hat er sie fast zwanzig Jahre bewohnt. Zu ihm, der noch heute als leichtherziger Komödiant verschrien ist, paßt auch das Motto, auf einem breiten weißen Querband eingelegt: »Non domo dominus, sed Domino domus« – »Nicht der Herr für das Haus, sondern das Haus für den Herrn«.

Hinter dieser Fassade also hat Rossini für die Stadt gewirkt, die er als seine eigentliche Heimat ansah. Der selbstverordnete Ruhestand war nämlich so ruhig nicht. Hier sind nicht nur jene Teile des *Stabat mater* entstanden, die gegen die vom Freunde Tadolini während der Spanienreise (1831) aus eigenem Zeitmangel flink hinzukomponierten ausgewechselt wurden, hier wurden auch manche der kleinen Gesangs- und Klavierstücke komponiert, mit denen er, nach eigener Bekundung nun nur noch als »Pianist vierten Ranges ohne Konkurrenz«, die illustren Gäste seiner Freitags-Soiréen unterhielt. Vor allem aber war er für das Liceo Musicale aktiv, seine alte Lehrstätte. Er hatte keine offizielle Position, doch von 1839 bis 1848 hat er als »consulente onorario«, Berater ehrenhalber, praktisch das Institut geleitet. Ihm ist die Neuordnung und Straffung der Studiengänge, ist die Berufung tüchtiger Lehrer, insgesamt eine erhebliche Aufbesserung des damals leicht ramponierten Ansehens der Musikschule zu verdanken. Er hat auch, allerdings vergeblich, versucht, Berühmtheiten der Zeit wie Donizetti als Direktor zu gewinnen. Der mäßige Schüler von einst als Reformator – wer hätte das gedacht.

Von alledem weiß das Haus in der Via Maggiore nichts mehr. Es wurde längst in moderne Wohnungen und Appartements aufgeteilt, nur die Front blieb unverändert. Einige Manuskripte, darunter die Partitur des *Barbier*, aber auch Schularbeiten und frühe Kompositionsversuche Rossinis hütet die Konservatoriumsbibliothek. Das Mobiliar wurde seinerzeit schnell verkauft – im Auftrage des Maestro, der, man muß es so ausdrücken, fluchtartig die behagliche Bleibe verlassen hatte. Es war 1848, das Jahr der Revolution, jener ziemlich rasch niedergeschlagenen Erhebung des Bürgertums wider die Fürsten- und Fremdherrschaft. Die Stimmung war erhitzt. Als eine Militärkapelle am 27. April dem Maestro ein Ständchen brachte und er sich auf dem Balkon bedankte, mischten sich in den Beifall scharfe Pfiffe und Schmährufe auf den »Reaktionär«. Am nächsten Tage reiste er ab, nach Florenz, um nur noch einmal für ein paar Monate zurückzukehren. Diesen Affront hat er den Bolognesern nie vergessen. Noch 1861 warnt er einen jungen Kollegen vor der »vornehmen Stadt der Mortadellen und Aggressionen«.

War Rossini ein Reaktionär? Zunächst hatte es eher nach dem Gegenteil ausgesehen. Im Frühjahr 1815 – damals gab er gerade der Tochter von Elisa Bacciocchi, der einstigen Großherzogin der Toscana, mithin der Nichte Napoleons, Klavierstunden – kam es zu jenem ersten Aufstand, der die verhaßten Österreicher für kurze Zeit aus der Stadt warf. Ob der junge Mann aktiv beteiligt war, ist mehr als fraglich. Doch er komponierte zur Feier des Sieges flugs eine »Unabhängigkeits-Hymne«. Sie erklang am 15. April, auch Joachim Murat, Schwager Napoleons, König von Neapel, war, heißt es, zugegen. Doch schon am nächsten Tag wurde Bologna von österreichischen Truppen zurückerobert. Die Folge: Rossini galt als Umstürzler, und die politische Polizei hatte mehrere Jahre lang ein scharfes Auge auf ihn. Daß er drei Jahrzehnte später am selben Ort der Reaktion verdächtigt wurde, ist ein pures, wenngleich begreifliches Mißverständnis. Rossini war kein politischer Mensch. Die Bemerkung in einem Brief von 1854 »Ich, unter den Klassikern der Letzte« scheint durchaus nicht nur ironisch gemeint. Er spürte, daß seine musikalische Epoche zu Ende ging. Den Wandel des politischen Klimas jener Jahre hat er nur als skeptischer Zuschauer zur Kenntnis genommen. Der Aufstieg zum Weltruhm hatte ihn in die höchsten Kreise katapultiert. Seine Freunde, seine Gönner vertraten durchaus das »Ancien régime«. Denn auch die Oper war, soziologisch gesehen, immer noch der Tummelplatz der feinen Leute, am wenigsten übrigens in Italien. Daß Rossini der neuen Zeit musikalisch wie politisch mit Mißtrauen begegnete, war also verständlich. Von einem Engagement ist indes nichts bekannt. Es lag nicht in seiner Natur, auch wenn er im Florentiner Exil die politischen Gespräche mit den Freunden vermißte. Sein Lebenszentrum blieb die Musik.

Es ist nicht nachzuweisen, doch höchst wahrscheinlich, daß Rossini während der Bologneser Jahre nicht nur für die Schule seine Fäden zog. Der Autor von fast vierzig Opern sollte das Musiktheater seiner Wahlheimat ignoriert haben? Das Teatro Comunale war – und ist heute wieder – der andere musikalische Schwerpunkt der Stadt. Das Haus mit der klassizistischen Arkadenfront an der Ecke der Via Zamboni, nur zwei Häuserblocks vom Konservatorium entfernt, hat eine lange Reihe von Vorgängern gehabt. Als die junge Opernkunst aus Florenz importiert wurde (die erste Aufführung fand bereits 1608 im Palazzo del Podestà statt), ließen sich viele Patrizier Bühnen in ihre Stadtpalais einbauen. Bald gab es auch mehrere öffentliche Theater. Fast alle wurden irgendwann durch Feuer zerstört – Theaterbrände gehörten ja bis in unser Jahrhundert hinein fast zur Tagesordnung. Das Comunale hat kein Geringerer entworfen als Antonio Bibiena, der bedeutendste aus der verzweigten Sippe von Theaterarchitekten und Bühnengestaltern. Als es am 14. Mai 1763 feierlich eingeweiht wurde, saß Christoph Willibald Gluck als »Maestro direttore« am Cembalo und wurde stürmisch gefeiert. Seine Eröffnungsoper *Triumph der Clelia* auf einen Text des Papstes barocker Reimespiele, Metastasio (der eigentlich Trapassi hieß), ist allerdings lange vergessen. Zu den Ruhmestaten des Hauses zählt später die erste Wagner-Inszenierung in Italien, *Lohengrin*. Und an jenem 1. November 1871 saß auch Verdi – heimlich – in der Loge, die Partitur auf den Knien. Man kennt auch sein Urteil, sachlich, distanziert, doch im Kern so ablehnend wie das Rossinis, der schon zwanzig Jahre zuvor in Paris die musikdramatischen Forderungen des Deutschen »die Leichenrede der Melodie« genannt hatte. Paradoxerweise war es ein Rossini-Schüler und Verdi-Freund, der die Wagnerpflege bis zum Enthusiasmus in Bologna und Italien in Gang brachte: der Digirent und Komponist Angelo Mariani.

Vor wenigen Jahren hat die Stadt ihren Musentempel, dessen Bausubstanz stark angegriffen war, in einem finanziellen und architektonischen Kraftakt sondergleichen vollkommen restauriert. Der Zuschauerraum, vier Ränge und eine Galerie, strahlt unter der apart geschwungenen flachen Kuppel wieder in originaler Pracht. Erhalten blieb auch ein Unikum des Theaterbaus, das bewegliche Parkett. Es kann in voller Größe bis auf Bühnenhöhe heraufgefahren werden, denn im Keller steht, 150 Jahre alt, doch immer noch funktionstüchtig, eine mächtige Maschinerie aus hölzernen Balken, Rädern, Trommeln, Seilzügen, ein Dinosaurier des Theaterzaubers. Er zauberte den Bolognesern einen riesigen Ballsaal für fröhliche Feste, wie man sie in der Emilia zu feiern versteht.

Lucca

Selbst die Außenviertel sehen nicht aus wie in anderen Großstädten: Kein Hochhauswald umgibt den zwölfeckigen, völlig geschlossenen Kern, der sechs Jahrhunderte Baugeschichte auf auch in Italien einzigartige Weise bewahrt – Lucca, einst Hauptstadt der Toskana, bevor Florenz ihr den Rang streitig machte, hat innerhalb der stämmigen Mauern, mit der Doppelreihe der Platanen heute zum Spazierweg degradiert, immer noch den Zuschnitt der Sänften- und Kutschenzeit. Enge Straßen, modernem Verkehr durchaus abhold, mittelalterliche Kirchen, ragende Paläste mit Türmen, auf deren einem Steineichen wachsen; Neonlicht am Erdgeschoß und Backsteingotik darüber, das Fahrrad als innerstädtisches Verkehrsmittel – so präsentiert sich die lebhafte Kapitale einer immer noch reichen Provinz. Beim Sechs-Uhr-Bummel ist die Via Fillungo ein Strom und Gegenstrom von Menschen, Bars und Plätzchen sind überfüllt, und kaum einer schaut an der Ecke der Via Buia beim Haus Nr. 69 über den modernen Kinopalast hinauf zu der kunstvoll verzierten Bronzetafel, die da verkündet, daß hier am 19. Februar 1743 Luigi Boccherini geboren wurde.

Boccherini. Rundfunkhörer kennen von ihm, außer dem Cellokonzert, noch ein, nein: »das« Menuett – es hat als fast einziges seiner Orchesterwerke überlebt, ein liebenswürdiges Stück Rokoko-

Lucca. Der Dom S. Martino

Luigi Boccherini.
Kupferstich (anonym)

Unterhaltung. Nur liebenswürdig? Kammermusikfreunde wissen ein bißchen mehr, da und dort taucht in den Programmen eines seiner Streichquartette auf. Dabei war der Sohn eines Kontrabassisten aus Luccas heutiger Einkaufsstraße, Zeitgenosse Haydns und Mozarts, einmal so etwas wie eine europäische Berühmtheit. Als er geboren wurde, gab es in der Stadt längst ein achtbares Musikleben. Ihre Cappella Palatina hatte in Spanien und Frankreich zu Fürstenhochzeiten aufgespielt, am erzbischöflichen Seminar nahm man Musik fast so wichtig wie Theologie, zeitweilig fanden in drei Operntheatern Aufführungen statt. Kein Wunder, daß der junge Luigi, ungeachtet des höchst bescheidenen Lebensstils einer kinderreichen Familie, rasch in die Tradition hineinwuchs. Schon als Dreizehnjähriger hatte er mit seinem Cello auf dem Podium gestanden, dann an des Vaters Seite in der Stadtkapelle gedient, bis er, inzwischen ein Meister seines Instruments, den Sprung nach draußen wagte. Konzerte in Oberitalien, dann in Wien und Paris, in steigendem Maße mit eigenen Kompositionen, schließlich Madrid und Berlin (wo ihn König Friedrich Wilhelm II. zum Hofkompositeur ernannte), bis nach Breslau führte das Tourneeprogramm. In Madrid ist er dann irgendwie hängengeblieben, der Infant Don Luis wurde sein Brotherr, dorthin kehrte er – die Nachrichten darüber sind etwas dunkel – auch nach dem preußischen Intermezzo zurück, dort ist er, ziemlich mittellos, 1805 gestorben.

Ein reisender Virtuose, wie die Zeit zwischen Empfindsamkeit und Klassik ihrer so viele kannte, schnell bejubelt und rasch vergessen? Ja, und doch mehr. Boccherinis kompositorisches Werk kann sich nicht nur dem Umfang nach sehen lassen: Über 400 Opuszahlen, allein an 125 Streichquintette (die Besetzung ist geradezu seine Erfindung) und über 90 Quartette, die, ganz unabhängig von Haydns Eroberungen, erwiesenermaßen auch Mozarts Kammermusik beeinflußt haben – das alles kann so leicht, so seicht nicht gewesen sein. Und was jüngste Forschungen in der Tat bestätigen, stimmt auch zu seinem Charakterbild: Der Mann, der das Cello so seelenvoll zu streichen wußte, daß ganze Hofgesellschaften zu Tränen gerührt waren, hat aus seinen Erfolgen nie Kapital geschlagen. Die Zeitgenossen schildern ihn als einen bescheidenen, offenen, eher zurückhaltenden Künstler, dem auch der Beifall von Königen nicht zu Kopf stieg. Wenn es Ehrgeiz war, was ihn trieb, dann lediglich der, gut geschriebene Musik gut zu spielen. Er selbst blieb noch im goldbestickten Frack der einfache Junge aus der Via Fillungo – und er blieb zeitlebens allein. Seine Vaterstadt hat ihn spät, 1927, aus Madrid heimgeholt, in der Kirche San Francesco am Platz mit der hohen Mariensäule liegt er begraben. Eine Marmorplatte an der linken Seitenwand der einschiffigen Halle zeigt sein Relief, ein schlichter Stein davor bezeichnet die Stelle – äußerer Prunk war nie der Luccheser Sache.

Boccherinis Schicksal erinnert unwillkürlich an das eines anderen reisenden Virtuosen, den, eine Generation später, Lucca für ein achtjähriges bewegtes Intermezzo festhielt: NICCOLÒ PAGANINI (siehe auch das Kapitel »Genua«). Der nachmalige »Teufelsgeiger« hatte 1801 auf einem Kirchenfest in der Stadt so fulminant musiziert, daß man ihn, kaum neunzehnjährig, stehenden Fußes als Ersten Geiger des frisch gegründeten Nationalorchesters verpflichtete. Als wenige Jahre danach Napoleon nach seinen italienischen Siegen seine älteste Schwester Elisa (eigentlich Maria Anna) zur Herrin des Fürstentums Lucca und Piombino machte, wechselte Paganini in deren Kammerorchester über. Bald ging er bei Hofe ein und aus, unterrichtete den jungen Prinzen Felix, dirigierte auch

Niccolò Paganini. Karikatur von Ganci (um 1830)

einige Opern und ließ sich als Solist bewundern. Zwischen ihm und der fünf Jahre älteren, lebenslustigen Fürstin, die, mit dem korsischen Hauptmann Bacciocchi verheiratet, das Regieren gern anderen überließ, begann eine stürmische Romanze – die Widmungen einiger Kompositionen sprechen eine deutliche Sprache. Wer von den beiden dann zuerst das Verhältnis leid war, ist nicht bekannt. Jedenfalls quittierte Paganini 1809 den Dienst und begann seine dreißigjährige triumphale Irrfahrt durch die Musikzentren Westeuropas. Lucca hat er nicht wiedergesehen.

In San Francesco, dieser schmucklosesten unter Luccas 24 Altstadtkirchen – einfaches Rundbogenportal, weiß und schwärzlich quergestreifte Fassade nach Pisaner Stil –, hat noch ein anderer Maestro die letzte Ruhestätte gefunden, Alfredo Catalani

(1854–93). An der rechten Seitenwand, dem Grabe Boccherinis gegenüber, erinnert eine unauffällige Tafel daran, daß hier eine der großen Hoffnungen des Opernlandes Italien begraben liegt. Nördlich der Alpen ist sein Name auch Freunden des Musiktheaters kaum bekannt. In seiner Heimat zählte er gegen Ende des vorigen Jahrhunderts, als eine ganze Generation junger Komponisten aus dem überwältigenden Schatten Verdis herauszutreten unternahm, zu den Thronanwärtern. Und nicht nur dort, hat doch selbst der junge Gustav Mahler seine Oper *Dejanice* der *Aida* gleichgestellt – ein Urteil, das wir heute wohl nicht unterschreiben könnten.

Auch Catalani stammte aus einer echten Musikerfamilie, der Vater war Organist an San Frediano, der ältesten von Luccas Kirchen. Alfredos Geburtshaus steht noch an der Kreuzung der Via San Giorgio mit der Via degli Asili, ein vierstöckiger Palazzo, nacktes Ziegelwerk mit einer weißen Tafel, die knapp und kühl das Ereignis vermerkt. Der junge Mann hatte in Paris und Mailand studiert, war sogar früh Kompositionsprofessor am renommierten Konservatorium der norditalienischen Metropole geworden, seine ersten Bühnenwerke (*La Falce*, 1875; *Elda*, 1880) haben Aufsehen erregt, freilich mehr bei Kennern wie Toscanini. Der allgemeinen Zustimmung standen ihre melodramatischen und nebelhaften Stoffe im Wege. So ist das Thema der genannten *Dejanice* (1883) eine ziemlich dunkle mythologische Affäre und sein Meisterwerk *La Wally* (1892) nichts anderes als eine Adaption der Novelle *Die Geier-Wally* von Wilhelmine von Hillern, die als Film zu spätem Nachruhm gelangte. Kein Geringerer als Toscanini hat das Stück so hoch geschätzt, daß er seine Tochter auf den Namen Wally taufen ließ. Diesem Werk hat übrigens auch der alte Verdi, wie immer zögernd, eine gute Zensur erteilt, wenn er auch anmerkt, daß dem Orchester (gegenüber den Stimmen) doch wohl zuviel Bedeutung eingeräumt sei. Und gerade dies war Catalanis Stärke. Er war kein Dramatiker der Szene. Zarte Stimmungen, aparte Orchesterfarben, ein melancholisch getönter Romantizismus zeichnen eben jenes Hochgebirgs-Melodram aus. Es war der letzte Erfolg des sensiblen, lange kränkelnden Mannes. Als er 1893, noch nicht vierzigjährig, der Tuberkulose erlag, hinterließ er außer einer Handvoll Opern nur weniges an Klaviermusik und ein paar Lieder – nicht abzuschätzen, wohin sein Weg ihn noch geführt hätte. Ein anderer Luccheser, fast gleichaltrig, ist ihn dann gegangen, musikalisch kraftvoller, auch handfester, wirkungssicherer, bis hin zum Weltruhm: GIACOMO PUCCINI.

Den Namen des berühmtesten Sohnes der Stadt muß man lange suchen. Daß eine Bar – das ist hierzulande keine Bar, sondern eine harmlose Espresso-Stube – hinter San Frediano ihn im Schilde führt, gehört nicht unbedingt zu den Ehrungen eines Genies. Auch das Theater an der Piazza del Giglio, die einmal für kurze Zeit Piazza Puccini hieß, erinnert nicht an ihn, sondern an die Lilie, das Zeichen seines ersten Gründers, des Renaissance-Stadtherrn Paolo Guinigi. Seine heutige Form mit den kurzen stämmigen Säulen, die die fünf rot ausgeschlagenen Ränge tragen, stammt noch aus den Tagen der Bourbonenherrschaft. Ansonsten gibt es nur die »Fondazione Puccini« im zweiten Stock eines alten Hauses an der Via del Poggio. Der unansehnliche Bau, einmal wohl das, was man hier »signorile« nennt, ist das Geburtshaus des Maestro, und die von den Erben seines beträchtlichen Vermögens initiierte Stiftung, die auch internationale Gesangswettbewerbe für den Opernnachwuchs in Lucca finanziert, hat die Wohnung der Familie gekauft und zu einer vorerst bescheidenen Gedenkstätte ausgestattet. Da steht der Steinway-Flügel, an dem *Turandot* komponiert wurde, stehen einige Möbel aus dem Besitz des Mannes, der so oft von Haus zu Haus zog und außer in Torre del Lago, wovon noch zu reden ist, nirgends recht zu Hause war. Die Kostümentwürfe an den Wänden, zum *Edgar*, zur *Bohème*, zu *Gianni Schicchi*, hat das Verlagshaus Ricordi beigesteuert, die Manuskripte in den Auslagen stammen fast durchweg aus der Frühzeit, den Studienjahren in Lucca und Mailand. Man versteht vor der wilden Notenschrift, warum die Juroren des Mailänder Wettbewerbs um die beste Nachwuchsoper es seinerzeit ablehnten, Puccinis Partitur überhaupt in Erwägung zu ziehen...

Aus alledem sich ein Bild der Lebensumstände des heranwach-

Giacomo Puccini

senden Genies zu machen kann kaum gelingen. Dabei war die Familie Puccini in der Stadt fast so etwas wie eine musikalische Institution. Schon der Ururgroßvater des Komponisten, auch er ein Giacomo, war um die Mitte des 18. Jahrhunderts Organist am Dom San Martino gewesen und hatte ebenfalls die von der Stadtrepublik weiter unterhaltene Cappella Palatina geleitet. Daß auch er komponierte, vor allem Kirchenmusik, verstand sich damals fast von selbst. Und seine Position blieb in der Familie: Sohn Antonio, Enkel Domenico und Urenkel Michele, der Vater unseres Giacomo, allesamt in Bologna ausgebildet, dem Mekka der Musikstudenten jener Zeit, wurden Domorganisten, schrieben Messen und nebenbei auch ein paar Opern. So schien auch der Weg von Giacomo II vorgezeichnet, und um ein Haar hätte er ihn beschritten.

Als der Vater 1864 starb, war er gerade fünf Jahre alt, das fünfte von sieben Geschwistern. Die Mutter, eine energische Frau und selbst Musikerin, setzte nicht nur eine städtische Unterstützung durch, sondern auch eine wohl einzigartige Zusage: Mit Dekret vom 18. Februar 1864 verfügte die Stadt Lucca, daß die Stelle des Domorganisten für Giacomo freizumachen sei, »sobald er fähig ist, sie auszufüllen«.

Der so frühzeitig mit Amt und Würden bedachte Knabe scheint der Sache zunächst wenig Geschmack abgewonnen zu haben, was indes so verwunderlich nicht sein dürfte. Jedenfalls war der erste Musikunterricht bei seinem Onkel, der inzwischen den Dienst an der Basilika übernahm, wenig erfolgreich, und auch das Studium am Istituto Musicale der Stadt hat ihn wohl wenig begeistert – es ist von unregelmäßigem Besuch und »Aufsässigkeit« die Rede. Immerhin war Giacomo mit zehn Jahren Chorknabe am Dom, und vier Jahre später hat er bereits in verschiedenen Luccheser Kirchen sowie in der Umgebung die Orgel geschlagen. Auch am Klavier war der Heranwachsende bald so perfekt, daß er sich im nahen Badeort Bagni di Lucca damit einiges Geld verdienen konnte (was, nebenbei, jedesmal einen Fußmarsch von 23 Kilometern und zurück bedingte). Inzwischen wurde bereits einiges komponiert, wiederum vorab Kirchenmusik, in der die Forschung, neben bewußten Reminiszenzen an toskanische Volkslieder, schon erste opernhafte Züge zu entdecken meint. Den eigentlichen Anstoß dazu, aus der vorbestimmten Bahn auszubrechen und sich ganz dem Musiktheater zuzuwenden, gab dann eine andere Fußreise des Achtzehnjährigen. Als 1876 in Pisa Verdis *Aida* gegeben wurde, ist Giacomo mit einem Studienfreund hingewandert – heute auf der Autobahn eine gute Viertelstunde, damals ein Vierstundenmarsch durch die sanften Hügel, die das Luccheser Becken von der Mündungsebene des Arno trennen.

Danach steht der Entschluß fest, doch bis er sich realisiert, vergehen nochmals vier Jahre. Wir sehen den jungen Mann, der die Welt der Oper erobern will, weiterhin zum Konservatorium pilgern, sehen ihn im Café Caselli an der Via Fillungo, das auch Pascoli, der Dichter der »kleinen« Schönheiten Italiens, besungen hat, eifrig mit der Elite der Stadt diskutieren und erste Damenbekanntschaften knüpfen – eine davon wird ihn noch lebenslang fesseln. Zum Abschluß der Studien heimst er 1880 schließlich einen bedeutenden Erfolg ein: mit jener Großen Messe in As, aus der später einzelne Einfälle und ganze lyrische Entwicklungen in *Edgar* und *Manon Lescaut* gewandert sind. Und nun ist es soweit. Ein Stipendium der Königin Margherita ermöglicht ihm, zunächst für ein Jahr ans Mailänder Konservatorium zu gehen – nach Mailand, das inzwischen längst zur Hauptstadt der italienischen Musik geworden ist. Es wird nicht bei dem einen Jahr bleiben, und neben erster Anerkennung wird es die ersten Niederlagen geben. Auch wird Puccinis Verbindung zur Heimatstadt nicht abreißen, wiewohl er später nur selten zurückkehrte. Wir verlassen mit ihm Lucca, das kühle, strenge, das unter toskanisch wohlberechneter Geschäftigkeit soviel Musisches verbirgt, um ihm alsbald an jenem Ort wiederzubegegnen, den er, der Freund der Einsamkeit, einmal »höchste Seligkeit, Paradies, Eden, Olymp« genannt hat: in Torre del Lago.

Torre del Lago

Wenn man Viareggio, die heitere, aufgeräumte Badestadt an der toskanischen Küste, berühmt für ihren Strand wie für ihren Karneval, nach Süden verläßt und auf einer schnurgeraden Lindenallee durch dichten Pinienwald ins Binnenland vorstößt, erreicht man nach wenigen Kilometern den See von Massaciuccoli. Die imposanten Marmorberge der Apuanischen Alpen, aus denen schon Michelangelo das schneeweiße Material für seine Kolosse nach langem Studium »vor Ort« kommen ließ, sind zurückgeblieben, und vor der sanften Kulisse grüner Hügel nach Lucca hin öffnet sich eine romantische, noch heute fast urtümliche Landschaft. Der See, nicht eben riesig, obschon der größte der Toskana, ist von Weiden, Erlen und Schilf gesäumt, in dem allerlei Wasservögel nisten. Nach Westen streckt er flache Finger um morastige Inseln aus, Kanäle, bereits in der Renaissancezeit gegraben, durchfurchen die Ebene. Die beiden Dörfchen am anderen Ufer wirken verloren, und auch nach Torre del Lago am Kopf jener Allee würde sich – außer den heimischen Seglern, Surfern, Wasserskifahrern, die sommers in Scharen einfallen – kein Fremder verirren, stünde hier nicht die Villa Puccini, Buen Retiro und Zuflucht für fast dreißig Lebensjahre des nach Verdi wohl berühmtesten Opernkomponisten Italiens.

Torre del Lago. Das Jagdzimmer in der Villa Puccini

Das Haus hinter dem hohen schmiedeeisernen Gitter war nicht die erste Zuflucht am See, und von dem großbürgerlichen Wohlstand, den es ausstrahlt, konnte noch längst nicht die Rede sein. Als Puccini hier im Juli 1891 auftauchte, auf der Suche nach einem ungestörten Arbeitsplatz, hatte er die enttäuschende Aufnahme seiner zweiten Oper (*Edgar*, 1889) hinter sich. Er lebte in Mailand mit Elvira Gemignani zusammen, der Frau eines Luccheser Großkaufmanns. Ihr gemeinsamer Sohn Antonio war schon fünf Jahre alt, auf die Heirat mußten sie bis 1904 warten. Entsprechend bescheiden fiel auch die erste Behausung aus: die Kate eines erzherzoglichen Feldhüters. Dann wurde, nach dem Erfolg von *Manon Lescaut*, ein Haus im nahen Dorf Chiatri gemietet, und erst 1900 konnte die eigene Villa in Torre bezogen werden. Es gibt aus jener Zeit eine amüsante Beschreibung Puccinis durch den Maler Ferruccio Pagni, der mit anderen Künstlern und Jägern am See wohnte und mit ihm Freundschaft schloß. Als der ziemlich beleibte Maestro sich ein Fahrrad kaufte, auf Raten übrigens – er war schnell von technischen Dingen begeistert, lief tagelang durch die Mailänder Autoausstellung, betätigte sich als Radiobastler und schrieb lange Briefe über das vorzügliche Funktionieren einer neuen Tomatenpresse –, da mußten die Freunde ihm helfen, und »es war keine Kleinigkeit, seinen Doppelzentner im Gleichgewicht zu halten«. Auch scheint die kleine Runde für mancherlei Abwechslung gesorgt zu haben. Als die Arbeit an *La Bohème* begann, wurde flugs ein Club Bohème gegründet, der in der umfunktionierten Bude eines Schusters bei Wein und Kartenspiel seine Jagdabenteuer austauschte.

Dennoch fragt man sich, was Puccini bewogen hat, in diese um die Jahrhundertwende ziemlich verlassene Gegend zu ziehen. Hier ist ein Vor- und Fehlurteil auszuräumen, das ihm zeit seines Lebens angehangen hat. »Fortunato Puccinone«, das große Glückskind Puccini, so nannten ihn ob seiner scheinbar mühelosen Erfolge seine Fans jahrzehntelang. Doch der Mann, der bald an allen großen Opernhäusern Italiens und der Welt ein- und ausging, war als Mensch extrem unsicher und schüchtern. Eine Einladung zum Essen, bei der er vielleicht ein paar Worte würde sprechen müssen, konnte ihm eine Woche lang Magenkrämpfe bereiten. »Ich bin nun einmal nicht fürs Gesellschaftsleben geschaffen, deshalb halte ich mich lieber ganz heraus«, heißt es einmal. Wie alle schüchternen Leute neigt er dazu, die kleinen Pannen des Lebens bei sich selbst zu riesigen, unübersteigbaren Gebirgen aufzutürmen, ja vor ihnen regelrecht in Depressionen zu verfallen. An den Bruder Michele, der in Buenos Aires ein leidliches Auskommen als Musiker gefunden hatte, schreibt er Jammerbriefe über seine trostlose, in Wahrheit durch den Verleger Ricordi à conto künftiger Siege recht anständig honorierte Lage. Nach der kühlen Kritik des Mailänder *Edgar* will er gar ebenfalls auswandern; sieht Michele eine Möglichkeit für ihn, in Südamerika Geld zu verdienen?

Das sind nicht nur die Äußerungen eines jungen, von der Öffentlichkeit noch nicht bestätigten Künstlers. Auch der erfolgreiche, finanziell unabhängige, überall (vom Publikum freilich mehr als von Kritikern) gefeierte Maestro empfindet oft genug ähnlich, etwa wenn er von dem Meer von Traurigkeit spricht, in dem er unterzugehen drohe, oder wenn er, der von aller Welt geliebt sein wollte, sich (gegenüber Toscaninis Frau Carla) ganz allein auf der Erde, verloren und unverstanden nennt. Der Autor des *Gianni Schicchi* war eine im Kern melancholische Persönlichkeit, ein Mensch der raschen Stimmungsumschwünge. Ausbrüche von Stolz und tiefste Niedergeschlagenheit, absurde Meinungsänderungen, Apathie und Sensitivität, Heiterkeit und Düsternis wechselten in ihm schneller als das Wetter im April. Da die dunkle Seite überwog, war Einsamkeit, eingebildet oder nicht, vorprogrammiert. Selbst an der damals menschenleeren Küste bei Orbetello, hinterm Argentario-Vorgebirge, hat er sich zeitweise einquartiert, um mit dem Boot auf dem Meer zu leben (»Wenigstens das Meer ist sauber«). Und so kehrt er von seinen vielen beruflichen Ausflügen in alle Zentren der Musik auch immer wieder schnell in sein »nie genug geliebtes« Torre del Lago zurück.

Mit einem modernen Wort: Der große Puccini hatte einen gewaltigen Minderwertigkeitskomplex, den er nur im Zusammensein mit ihm wirklich Vertrauten zu verdrängen vermochte. Dann allerdings ist er der Mittelpunkt, der »Doge«, wie ihn seine wahrhaft geschundenen Librettisten nennen, denen er beim Ausfeilen der Texte in jede Zeile hineinredet und, natürlich, das letzte Wort behält. Er ist kein Intellektueller, gewiß nicht, ungeachtet seiner umfangreichen Literaturkenntnisse, die bis zu Gerhart Hauptmanns *Hanneles Himmelfahrt* reichen, aber stets nur die Suche nach neuen Opernstoffen zum Gegenstand haben. Die sprichwörtliche toskanische scharfe Zunge ist dem Schüchternen nicht gegeben. Seine Wortspiele nennt ein Biograph »nach Hausmacherart«, ohne literarischen Hintergrund. Doch er liebt diese Späße, einmal erfindet er, um einen antipathischen Jagdgast irrezuführen, ein nicht existierendes Tier, das am See sein Wesen treibe. Entsprechend harmlos sind auch seine Repliken auf die zum Teil äußerst scharfen Angriffe der Gegner seiner Musik: »Daß einer sich für die Melodie entscheidet, nutzt gar nichts, wenn die Melodie sich nicht für ihn entscheidet...«.

Das alles erfährt man aus den Erinnerungen der Freunde, der Librettisten, der Künstler, die wie Toscanini mit dem Maestro in engeren Kontakt kamen, und vor allem, authentisch, aus seinen vielen Briefen, die inzwischen gesammelt und veröffentlicht sind. In der Villa am See, heute in die Stiftung übergeführt und ein Wallfahrtsort für reisende Opernfreunde, ist davon nichts zu spüren. Hier herrscht die pompöse Behaglichkeit eines Großbürgers der Zeit vor dem Ersten Weltkrieg, klassizistische Attitüde mit Elementen des Jugendstils. Kein Wunder. Nach *Manon Lescaut* (1893), mit der er bewußt den gleichen Stoff des zehn Jahre älteren Welterfolgs von Massenet aufgreift, nach *Bohème* (1896) und *Tosca* (1900) ist Puccini nicht nur beim Publikum etabliert, sondern auch ein reicher Mann. Jetzt ist er es, der Forderungen stellen kann, und er tut es, in diesem Punkte ganz Toskaner, geschickt und zäh. Seine Verträge sind minuziös durchdacht, und in den Briefen rühmt er seine geschäftlichen Erfolge mit offensichtlichem Genuß. Er fordert – und erhält – allein für eine Wiederholung der *Bohème* am

Torre del Lago. Villa Puccini

San Carlo-Theater in Neapel 9000 Lire, nach heutigem Wert mehr als 7 Millionen Lire.

Als das Haus am 15. März 1900 bezogen wurde, erbaut auf einem in den See hinein aufgeschütteten Stück Land, das der Marchese Ginori zur Verfügung stellte, war es sicherlich die einzige Zierde des Dörfchens. Ein wenig weiter am Ufer steht noch der alte Turm mit den gotischen Zinnen, dem Torre del Lago den Namen verdankt. Auf dem Platz vor der Anlegestelle der Boote, zwischen Palmen und gepflegten Blumenbeeten, steht der Meister selbst, überlebensgroß in Bronze gegossen, die Hände in den Manteltaschen, den Kragen hochgeschlagen, den Borsalino unternehmungslustig auf dem linken Ohr – ein Elegant der Jahrhundertwende, so recht »Fortunato Puccinone«. Und ähnlich zeigt ihn auch das große Porträt im Arbeitszimmer: einen äußerst soignierten Herrn in den besten Jahren, die unvermeidliche Zigarette zwischen den Fingern. Nur die skeptisch blickenden Augen im schon schmalen Gesicht wollen nicht recht zum Bilde des Glückskindes passen.

Er war es übrigens auch in gesundheitlicher Beziehung nicht: Puccini litt an Diabetes. Er läßt sich (mit langen Unterbrechungen) immer wieder behandeln, macht eine Kur in Karlsbad, verzichtet in Wien brav auf alle gastronomischen Verführungen, wie er stolz nach Hause meldet. Nur auf die Zigaretten verzichtet er nicht, bestellt auch auf dem Krankenbett beim Jugendfreund, Angestellter der Monopolverwaltung in Rom, weitere 1000 Stück seiner Lieblingsmarke mit dem sicherlich nicht zutreffenden Namen »Sanitas«, denn »die Stummel sind zum Glück nicht verboten«. Wie man weiß, haben sie dann mit hoher Wahrscheinlichkeit zum Kehlkopfkrebs und zum Tode geführt. Daß er kaum ein halbes Jahr zuvor, offenbar ohne eigenes Zutun, zum Ehrenmitglied der faschistischen Partei ernannt wurde, ist ihm noch posthum vielfach angekreidet worden: Derlei passiere nicht ohne Zustimmung. Wer Erfahrung mit Diktaturen hat, der sieht das friedlicher – die Zivilcourage eines Toscanini ist nicht jedem Künstler gegeben.

Giacomo Puccini

Der Tod ist auch in der Lieblingsvilla (sie wurde drei Jahre, bevor er kam, gegen ein großes Haus in der heutigen Via Buonarotti, Ecke Piazza Puccini, zu Viareggio vertauscht, weil eine bei Torre erbaute Fabrik dem Maestro den Platz verleidet hatte) gegenwärtig – Puccini ist, allen Spielregeln zumal in Italien zum Trotz, hier beigesetzt. Ein Zimmer im Erdgeschoß wurde zur marmorstrotzenden, stilistisch recht fragwürdigen Kapelle umgebaut, unter einem weißen Bogen ruht er zusammen mit Frau Elvira und beider Sohn Antonio. Elvira, ja – sie hatte in jungen Jahren das gesicherte Leben an der Seite eines reichen Mannes in Lucca aufgegeben, um dem künftigen Eroberer der Opernszene nach Mailand zu folgen, hatte erste karge Jahre mit ihm geteilt. Dann kehrten Sicherheit und Reichtum zurück, doch leicht hat es die dunkle Schönheit mit ihrem so stark von wechselnden Stimmungen abhängigen, so häufig verdüsterten Giacomo gewiß nicht gehabt – es war nie eine Kleinigkeit, mit einem Genie zusammenzuleben. Zumal mit einem, das für weibliche Reize so anfällig war wie er. Einen »passionierten Jäger auf Wasservögel, gute Texte und schöne Frauen« nannte er sich selbst, und die Biographen wissen, daß es nicht Großsprecherei war. So melden denn auch gar manche Briefe Puccinis an Fosca, Elviras Tochter aus erster Ehe, daß wieder einmal Gewitterstimmung im Asyl herrsche. Doch Elvira hat es offenbar verstanden, den viel reisenden Maestro, dessen bloße Anwesenheit bei einer Erstaufführung – zu dirigieren hatte er weder den Ehrgeiz noch die Veranlagung – gewissermaßen als Zusatzattraktion sich auch in den Honoraren niederschlug, immer wieder an Torre und das Heim zu fesseln.

Im Wohnzimmer hängt ihr Bild, und da steht auch der Schrank mit den Jagdwaffen. Daß Puccini ein leidenschaftlicher Jäger war, daß er Stunden und Tage im Boot den Wasservögeln nachspürte und sich auch in andere Reviere einladen ließ, ist bekannt. War es wirkliche Leidenschaft, was ihn trieb, oder nicht ebensosehr der Hang, mit sich und der Natur allein zu sein? Gleichviel, als ihm 1921 das Jagdrecht auf dem See genommen werden soll, das er seit dreißig Jahren besitzt, läßt er alle möglichen Beziehungen spielen, das abzuwenden. Damals ist er schon ein Sechziger, er bleibt seinen Passionen treu. So auch einer anderen: der Verehrung für Dante. Nicht von ungefähr steht auf der Kommode die Büste des Dichters mit der roten Kappe. Die *Commedia* war Puccinis Lieblingsbuch, auch auf Reisen steckte sie immer im Koffer. Und sie hat den Anstoß zu seinem heitersten Werk gegeben. Im 13. Gesang der »Hölle« begegnet der Florentiner jenem Gianni Schicchi, der mit dem falschen Testament die habgierigen Erben des reichen Buoso Donati hereinlegte. Die köstliche Partitur mit der Paraderolle für jeden komödiantischen Bariton ist, wie die meisten anderen, an dem Klavier geschrieben worden, das nebenan im Arbeitszimmer seinen Platz hat. Womit wir endlich bei dem Musiker Puccini wären.

Die Schilderung seiner menschlichen Schwächen könnte dazu verleiten, ihm auch als Komponisten »Unsicherheit« anzulasten.

Plakat zur Uraufführung von »Tosca«, 1900

Hat er doch sogar eine Operette (die Urfassung der *Schwalbe*) schreiben wollen! Seine Kämpfe mit den Textdichtern um jeden Vers, zuweilen um ein einzelnes Wort sind notorisch: »Der Librettist muß der ergebene Vasall des Dogen sein.« Man kennt Hunderte von Änderungen an bereits fertigen und schon gespielten Werken. An *Manon Lescaut* etwa, die im November 1892 beendet wurde, sind Retuschen über dreißig Jahre nachzuweisen – bis zur kritischen Fassung Toscaninis von 1923, die seither als verbindlich gilt. Unsicherheit? Es scheint vielmehr, als habe Puccini eine ungemein präzise Vorstellung dessen in sich getragen, was Oper zu sein hätte, und sie Schritt für Schritt realisiert. Bezeichnend das Telegramm, das er nach dem (später rasch revidierten) Mißerfolg der *Butterfly* 1904 an der Scala nach Lucca schickt: »Butterfly Fiasco, doch mein Gewissen als Künstler ist ruhig«.

Mochte auch der junge Musikforscher Fausto Torrefranca in einem Buch 1912 seine Musik »klaren Sirup und Kirschsaft« nennen. Als Puccini am 29. November 1924 nach einer Krebsoperation in Brüssel starb – Strawinskys *Sacre*, Schönbergs *Pierrot Lunaire* (den zu hören er nach Florenz fuhr und den er »interessant« fand), Bartóks *Blaubart* waren längst geschrieben –, ging ein Zeitalter der Oper zu Ende.

Lastra a Signa

Ein weiterer Ort der Erinnerungen – doch man muß sie wieder aus dem Gedächtnis zurückholen und mit Phantasie auffüllen. Denn greifbare Zeugnisse sind nicht mehr vorhanden, nur das Haus selbst und der Park und die endlose steinerne Mauer auf dem Scheitel des Hügels, die ihn von der Außenwelt abschirmt, heute wie damals.

Die Rede ist von der Villa Bello Sguardo hoch über dem Dorf Lastra a Signa, zwei Dutzend Kilometer den Arno abwärts hinter Florenz, dort, wo der Fluß aus der breiten, nun mit Industrie gefüllten Talsenke in die grüne Wildnis auf Empoli zu eintaucht. Der Mann mit der Jahrhundertstimme, Enrico Caruso, hat dieses Anwesen 1904, nach seiner ersten Spielzeit an der New Yorker Metropolitan Opera, vom Baron Pucci gekauft, einem aus der Florentiner Adelsfamilie, und ihm sogleich den passenden Namen gegeben. Der »schöne Blick« muß damals, um die Jahrhundertwende, noch wesentlich reizvoller gewesen sein. Felder und Weingärten, Mühlen am Strom, weit vertreut die roten Ziegeldächer, im Hintergrund die Silhouette der Stadt Dantes und Lorenzos des Prächtigen. Die Auffahrt ist noch heute mühsam, ein Sträßchen, das nun Carusos Namen trägt, windet sich vom Talgrund in steilen Kurven empor, schmal, unfertig, zwischen Zäunen und Hecken, die nichts zu verbergen haben als eine Baumgruppe oder ein paar Rebstöcke. Schließlich die mächtigen alten Bäume des Parks, die verblichene Mauer, das herrschaftliche Tor mit dem Pförtnerhaus – und Einsamkeit.

Hier gibt es nichts zu besichtigen. Die Villa – zwei kubische Baukörper von genau bemessenen Proportionen, verbunden durch einen lichten Kolonnadengang, vor dem in Terrassen sich der Ziergarten ausbreitet – steht leer. Wer auch nur einen Blick von ihr erhaschen möchte, der muß, zwischen Äckern und Gestrüpp, weit ins Gelände des benachbarten Bauernhofs ausholen. Nur ein Mal im Jahr, im August, öffnen die jetzigen Besitzer Neugierigen den Park. Natürlich ist Caruso in Italien immer noch ein Begriff auch bei Leuten, die nie ins Theater gehen. Man kennt seinen Namen wie den eines Spitzenfußballers. Weiß man auch, was der Bello Sguardo für ihn bedeutete?

In den zehn Jahren vor dem Ersten Weltkrieg hat der Sänger, nun ein Mann, der in jeder Spielzeit ein kleines Vermögen verdiente, das Doppelhaus allmählich mit kostbaren originalen Renaissancemöbeln ausgestattet. Mit der Naivität des Jungen aus Neapels Arbeiterviertel hat er begonnen, Kunst zu sammeln: Gemälde wie antike Gläser, goldene Uhren und Keramik, Basreliefs und alte Stikkereien bunt durcheinander. Aus dem Zufallskauf einer ägyptischen Münze der Ptolemäerzeit wuchs allmählich eine Kollektion von nahezu zweitausend Stücken von der griechischen Antike bis zu seiner Gegenwart, und ihr hat Caruso in den spielfreien Sommermonaten, die er nun fast immer in Lastra verbrachte, die meiste Zeit gewidmet. Nachholbedarf, gar Großmannssucht eines Aufsteigers? Gewiß hat der Umgang mit reichen und vornehmen Leuten, die den Sänger jetzt in drei Erdteilen

Enrico Caruso. Eigenhändige Karikatur

Enrico Caruso als Johnson in Puccinis Oper »Das Mädchen aus dem Goldenen Westen«

umschwärmten, das Seine beigetragen. Doch in der unbekümmerten Auswahl erkennt man auch, ja vorab die pure Freude am Schönen, das ihm bislang nur in der Musik gegenwärtig war. Nach seinem Tode wurde der Wert der Sammlungen vorsichtig auf eine halbe Million Dollar geschätzt – damals (1921) eine beträchtliche Summe. Übrigens: Bücher hätte man im Bello Sguardo vergeblich gesucht.

Gegenüber dem fein gearbeiteten Tor aus Schmiedeeisen liegt nun ein Reitstall. Während der Kustode die wenigen, die Einlaß begehren, abweist, kommt ein Pulk junger Leute vom Ausritt zurück. Wissen sie, daß hier der Mann gelebt hat, dem vor dem Ersten Weltkrieg die gesamte Opernwelt zu Füßen lag? Den Leuten im Dorf unten ist sein Name geläufig, der Fremde wird ohne Zögern hügelan gewiesen. Das teure Refugium auf der Kuppe, pompös und einsam, suggeriert Gedanken an Glanz und Erfolg. Daß das Schicksal hinter der langen Mauer auch anderes bereithielt, sieht man nicht.

Es begann als Love story und endete als Kriminalfarce. Caruso hatte, vierundzwanzigjährig, die Eröffnungssaison des neuen Teatro Massimo in Palermo absolviert, mit Erfolg zwar, doch keineswegs schon als kommender Star, und war nach Livorno engagiert. Das ehrgeizige Haus brachte Puccinis zwei Jahre zuvor uraufgeführte *Bohème* heraus, Enrico sang den Rodolfo, die Mimi gab die lyrische Sopranistin Ada Giacchetti. Nun, Mimi und Rodolfo verliebten sich ineinander und blieben, ohne zu heiraten, ein Paar, zehn Jahre lang. Ada wird später von einem Impresario als hübsche, etwas rundliche und mittelmäßige Sängerin beschrieben – ein mindestens im letzten Punkte wohl voreingenommenes Urteil, denn die Premiere fand unter Puccinis Augen statt, und der war anspruchsvoll. Wie auch immer, man blieb zusammen, ging gemeinsam nach Mailand, und Ada erlebte, wenn auch mehr im Hintergrund, den kometenhaften Aufstieg des Tenors über die Scala, Petersburg, Buenos Aires, London bis zur New Yorker Met, wohin sie ihn als Mrs. Caruso begleitete. Inzwischen war der Bello Sguardo gekauft und zum eigentlichen Zentrum der kleinen Familie ohne Trauschein geworden. Die Sängerin, selbst noch häufig auf italienischen Bühnen, hatte ihrem Enrico vier Söhne geboren (zwei starben ganz früh), in den spielfreien Zeiten schien das Glück vollkommen.

Das Ende kam plötzlich. Caruso hatte gerade auf der Rückreise von Amerika die Nachricht vom Tode des Vaters in Neapel erhalten, da folgte der zweite Schlag: Ada hatte den Bello Sguardo für immer verlassen. Der Sänger begriff es nicht. War sie nicht die Mutter seiner zärtlich geliebten Söhne? Es stellte sich heraus, daß die junge Frau, jahrelang bis auf jeweils wenige Wochen allein gelassen in diesem Luxusgefängnis, ein Verhältnis mit dem Chauffeur angefangen hatte. Schlimmer noch: Sie verbreitete allerlei Böses über den Gefeierten, das die Zeitungen begierig aufgriffen. Caruso sah sich gezwungen, eine Verleumdungsklage anzustrengen. Die Prozeßakten lesen sich wie ein schlechter Kolportageroman. Von Diebstahl, Unterschlagung, Zeugenbestechung, Meineid ist die Rede. Zwar wurden Ada, der Chauffeur und ein Journalist verurteilt, doch es fiel auch ein Schatten auf den Sänger. In finanzieller Hinsicht kam es später, nach weiteren Pressionen ihrerseits, zu einem Vergleich. Caruso zahlte, und das noch über Jahre.

Die Villa in den sanften toskanischen Hügeln verrät von alledem nichts. Ihrem Besitzer war sie freilich lange verleidet. Zudem verbot der große Krieg dann auf Jahre hinaus die Europareisen. Erst nach dessen Ende hat der Berühmte, nun mit Frau Dorothy – er hatte 1917 in New York geheiratet – die Stätte einstiger Idylle für einige Monate der Ruhe wieder bewohnt. Da blieben ihm noch zwei kurze Jahre (siehe auch das Kapitel »Neapel«).

Florenz

Die Hauptstadt der Toskana ist einer jener Orte, die heutzutage »jeder« kennt – und sei's auch nur vom Fernsehen. Die Besucherzahlen sind ins Astronomische geklettert, der Stolz der Florentiner auf ihr künstlerisches Schatzhaus schlägt in Ärger um. Unsere Stadt erstickt an den Touristen, so klagen sie neuerdings. Gedränge in der Fußgängerzone zwischen Giottos Campanile und dem Palazzo Vecchio, von Reisebussen verstopfte Straßen, lange Schlangen vorm Eingang zu den Uffizien, die Turnschuhgeneration auf den Stufen des Doms aufgereiht wie's Federvieh auf der Stange: Der Ruhm hat seine Schattenseiten.

Nun, wir sind auf anderen Fährten. Kommt Florenz als Musikstadt ins Gespräch, denkt man zuerst an den Maggio Musicale Fiorentino, jenes Festival, das alljährlich im Mai und Juni eine Elitetruppe ausübender Künstler an den Arno holt. Doch das ist eine recht junge Erfindung, 1933 gegründet, nachdem erst fünf Jahre zuvor die Stadt sich ein ständiges Sinfonieorchester zugelegt hatte. Der Dirigent Vittorio Gui, später zweiter Mann unter Toscanini, hatte es aufgebaut und rasch zum Grundstock des »Maggio« getrimmt. Traditionen? Die muß man weit in der Vergangenheit suchen. Im Mariendom, unter Brunelleschis brillant konstruierter Kuppel, findet sich die älteste greifbare Erinnerung: das Büsten-

Florenz. Blick auf Ponte Vecchio und Palazzo Vecchio

medaillon des Organisten Antonio Squarcialupi unterm zweiten Joch des linken Längsschiffes – einziger Musiker unter Bischöfen, Philosophen, Dombaumeistern. Daß Benedetto da Maiano es geschaffen hat, deutet den Rang des Mannes an. Er galt als der größte Orgelmeister seiner Zeit, der Frührenaissance. In seinem Nachlaß fand sich auch eine der schönsten Musikhandschriften des 15. Jahrhunderts, über 350 Stücke, mit zahlreichen farbigen Miniaturen ausgeschmückt, als Codex Squarcialupi heute in der Biblioteca Laurenziana gehütet, der kostbaren Sammlung alter Manuskripte im Kloster S. Lorenzo. Unter der Signatur Med. Pal. 87 kann man ihn dort in dem von Michelangelo entworfenen Lesesaal besichtigen.

Hundert Jahre darauf geschieht in Florenz etwas, das die Musik gründlich verändert hat und bis in unsere Tage fortwirkt. Nicht weit hinter den Uffizien, zwischen Arno-Kai und der heutigen Via Benci, steht der Palazzo der Bardi-Familie, Grafen von Vernio. Die Bardi gehörten zur ersten Reihe des städtischen Patriziats, reiche Leute mit großen Besitzungen im Umland. Ihre Grabkapelle in der Kirche S. Croce hat kein Geringerer als Giotto ausgemalt, und der war schon damals teuer. Ein Bardi nun, Giovanni mit Namen, Humanist, Musikdilettant und griechenbegeistert wie die Intellektuellen des gesamten Jahrhunderts, diskutierte um 1590 mit Dichter- und Musikerfreunden, unter ihnen auch der Musiktheoretiker Vincenzo Galilei, Vater des großen Mathematikers (»Und sie bewegt sich doch«), in seinem Palais, wie die griechische Tragödie wiederzubeleben sei – ein privater Club im Wohnzimmer, daher Camerata getauft. Man experimentierte, dichtete und komponierte – heraus kam das erste Stück jener Gattung, die man drei Jahrzehnte später allgemein die Oper nennen wird.

Das war, nach Jahrhunderten der vielverschlungenen Mehrstimmigkeit, im wahren Sinne des Wortes Neue Musik: durchsichtig, verständlich, dem Text genau angepaßt. Und als solche wurde sie auch von ihren Urhebern begriffen. Die epochemachende Erfindung entwickelte sich zunächst im altersgrauen Hause des Grafen, das heute in Privatwohnungen aufgeteilt ist. Als er an den päpstlichen Hof berufen wurde, führte sein Freund und Mitstreiter Jacopo Corsi die Versuche im gleichen Kreis fort.

Drei Ecken jenseits der Piazza della Signoria, in der vornehmen Via Tornabuoni steht dessen Palazzo, von Zeitgenossen als »Albergo delle Muse« gerühmt, Herberge der Musen. Eine Großbank hat ihn stilvoll restaurieren lassen, im Erdgeschoß werden Aktien gehandelt und Devisen getauscht. Der schöne Innenhof, nun zum Autoabstellplatz geworden, stammt noch von Michelozzo, dem Hofarchitekten der Medici. Im Obergeschoß lagen die Wohnräume, man steht vor der Wiege der Oper. Daß das ganze Unternehmen auf falschen Voraussetzungen beruhte, kam damals niemandem in den Sinn. Die humanistischen Griechenfreunde hatten einen Text des Aristoteles dahin interpretiert, daß die antike Tragödie mehr oder weniger gesungen worden sei, und suchten das in endlosen Rezitativen nachzuahmen. Knapp und rüde gesagt: ein kapitaler Irrtum – doch was ist daraus geworden!

Der Ort der Uraufführung dieser ersten »Fabel in Musik«, wie sie zunächst hieß, existiert übrigens nicht mehr. Es war – natürlich hatte man zuvor bei Corsi geprobt – das Mediceische Theater im (vom Arno her gesehen) linken Flügel der Uffizien, gleich hinter der Loggia dei Lanzi. Wer in den letzten Saal des Graphischen Kabinetts eintritt, kann seine Phantasie bemühen: Hier wurde im Februar 1598 die *Dafne* von Rinuccini mit der Musik von Jacopo Peri, Musikdirektor des Großherzogs Ferdinand I., aus der Taufe gehoben. Die Titelrolle sang ein Knabe aus Lucca, Jacopo Giuste, Corsi saß am Cembalo. Berichte über das Ereignis sind ebenso verlorengegangen wie die Musik. Wahrscheinlich muß man sich die Sache sehr einfach vorstellen, noch ohne jeden szenischen Aufwand. Das wurde schnell anders beim nächsten Werk Peris, der *Euridice*. Diesmal fand die Premiere im Rahmen der Hochzeit Marias von Medici mit König Heinrich IV. von Frankreich mit großer Ausstattung statt. Wozu wir uns aufs andere Arnoufer begeben müssen.

Zuvor ist jedoch bei den Uffizien eines Mannes zu gedenken, der auf eine ganze Sparte der Musik entscheidenden Einfluß gehabt hat. Er hat kein einziges Stück komponiert, und sein Name ist höchstens den Fachleuten geläufig: BARTOLOMMEO CRISTOFORI. 1655 in Padua geboren, von Beruf Cembalo- und Lautenbauer, war er dem Fürsten Ferdinando de' Medici, ältestem Sohn des Großherzogs Cosimo, auf einer Kunstreise durch Venetien empfohlen worden, und der junge »Granprincipe«, wie viele seinesgleichen damals auch ausübender Musiker, hatte ihn um 1690 zur Pflege seiner bedeutenden Instrumentensammlung nach Florenz berufen. Im Erdgeschoß der Uffizien, dort, wo die Kunstschreiner der Medici ihre kostbaren Möbel bauten, hat Cristofori seine Werkstatt gehabt, und dort hat er seine erst hundert Jahre später wahrhaft Epoche machende Erfindung entwickelt.

Das Problem war bekannt. Das wichtigste Musikinstrument des Barock, das Cembalo, der Kielflügel, erlaubte keine dynamische Schattierung des Tons. Ob man es stark oder zart anschlug – das Ergebnis war (fast) gleich. Daher die zwei oder gar drei Manuale, die jeweils eine andere Zahl von Saiten (für jeden Einzelton!) erklingen lassen und so dem Spieler erlauben, durch Wechsel des Manuals die Lautstärke zu variieren. Doch auch damit war noch nicht viel gewonnen, die Dynamik blieb »terrassenförmig«, ohne Übergänge, es gab, simpel gesagt, nur laut oder leise. Cristofori löste das Problem, indem er die Saiten nicht mehr durch einen »Kiel« anreißen, sondern durch ein Hämmerchen anschlagen ließ. Nun konnte der Tastendruck, der Anschlag, auch den einzelnen Ton nach dem Willen des Komponisten beziehungsweise des Spielers variieren. Das Hammerklavier war geboren.

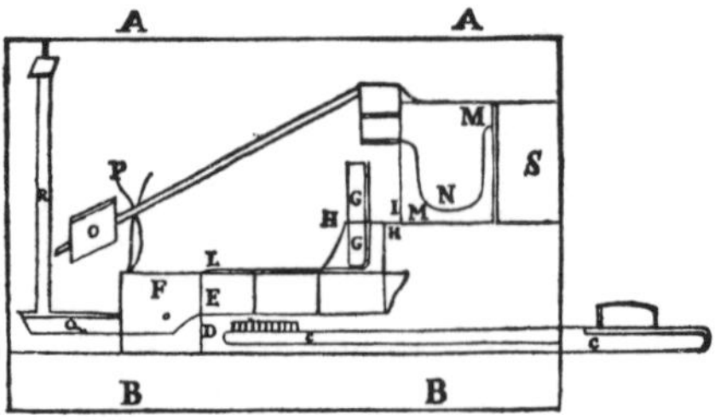

Hammermechanik des Bartolommeo Cristofori, 1709 (A bezeichnet die Saite, B den Klaviaturboden, C und die anderen Buchstaben Mechanikteile)

Uns ist diese Bezeichnung vor allem noch durch die so benannte Beethoven-Sonate op. 106 geläufig – weil die Hammermechanik seit bald zweihundert Jahren das gute alte Cembalo überrundet, ja abgelöst hat, weil sie uns selbstverständlich erscheint. Die gesamte Entwicklung der Klaviermusik, zumal im klaviersüchtigen 19. Jahrhundert, ist ohne sie nicht zu denken. Cristoforis erstes »Gravecembalo col piano e forte« entstand 1709 in jener Werkstatt. Doch dann hat es noch Jahrzehnte gedauert, bis seine Erfindung – wie so oft gegen den Widerstand zeitgebundener Theoretiker wie Spieler (die nun eine neue Anschlagtechnik entwickeln mußten) – sich durchsetzte. Er starb 1739, ein geachteter »Spinner«. In der Kirche S. Jacopo liegt er begraben.

Jenseits des malerischen Ponte Vecchio beginnt, zu den Hügeln ansteigend, ein wenig ansehnliches Stadtviertel, in dem der riesige Quaderbau des Palazzo Pitti wie fehl am Platze erscheint. Von dem Millionär Luca Pitti zu Zeiten Lorenzos des Prächtigen bewußt als Konkurrenz zu dessen Palast in der Via Cavour gedacht, später von den Medici aufgekauft, wurde er von Bartolommeo Ammannati im wesentlichen in die heutige Gestalt gebracht, und dabei entstand der schöne Innenhof, schon für sich eine Theaterdekoration. Er ist der Schauplatz der ersten erhaltenen Oper. Zwischen den manieristisch getönten Fassaden der Flügel und der niedrigen, phantastisch ausgeschmückten Grotte mit dem Moses-Brunnen obenauf erklang am 6. Oktober 1600 die Orpheus-Tragödie im pompösen Gewand der Zeit, ausgestattet mit den Mitteln, die der frühe Barock seinerseits den alten Intermedien und Mysterienspielen entlehnte. Peri selbst sang den Orfeo, die Euridice Vittoria Archilei, die erste Primadonna der Operngeschichte. Das Publikum: Hochadel aus halb Europa. Damit war die neue Kunstform in Florenz etabliert.

Wir haben uns bei dieser historischen Reminiszenz länger aufgehalten, denn es geschieht nicht oft, daß eine ganze Gattung gewissermaßen mit einem Schlag die Bühne der Kunst betritt. Und angesichts der Tatsache, daß die Oper nach fast vierhundert Jahren noch immer höchst lebendig ist, haben ihre Ursprünge wohl Anspruch

Florenz. Hof des Palazzo Pitti

auf Erinnerung. Dazu gehört in Florenz ein weiterer Platz. In der Via della Pergola hinterm Dom, nicht weit von dem (aufgelassenen) Bethaus des heiligen Thomas von Aquin, steht noch das Teatro della Pergola, erstes öffentliches Opernhaus der Stadt (1657) und lange Mittelpunkt ihres Musiklebens. Trotz mehrfacher Umbauten ist die Grundstruktur erhalten: drei breite Logenreihen mit dem »Heuboden«, dem Loggione, darüber, die cremefarbenen Bänder mit Arabesken und Grotesken verziert. Ursprünglich ein großer Trockenraum der reichen und einflußreichen Wollwirkerzunft, hat es in der Folge Uraufführungen von PAISIELLO und SALIERI, GLUCK, DONIZETTI und MEYERBEER gesehen. MOZARTS *Figaro* kam hier erstmals in Italien heraus, VERDI dirigierte am 14. März 1847 die Premiere seines *Macbeth*. Zu besonderem Anlaß, so während des »Musikalischen Mai«, wird noch heute unter der zarten Wolkendecke mit den heidnischen Göttern und musizierenden Musen gespielt.

Eigentlicher Sitz der Oper ist indes das Teatro Comunale, arnoabwärts am Corso d'Italia. Nach zwanzigjähriger Bauzeit 1884 eröffnet, einmal abgebrannt (wie fast alle früheren Theater), zweimal umgebaut und erweitert, ist es mit 2500 Plätzen eines der großen Häuser, zugleich Konzertsaal und Ort des »Maggio«. Es hat lange gebraucht, den Ruf von Florenz als Opernstadt aus alten Zeiten wiederherzustellen. Das haben eigentlich erst die großen Festivalaufführungen bewirkt, und dabei wieder zwei Spielstätten, deren eigener Reiz den puren Musikgenuß überhöht. So wird jener Innenhof des Palazzo Pitti, der vor fast vierhundert Jahren die erste *Euridice* sah, zum Ort der Wiederbegegnung mit älteren Werken und ebenso das dahinterliegende Amphitheater. Symmetrisch ansteigend über der antiken Granitschale und dem ägyptischen Obelisken, ist dies der großartigste Teil der berühmten Boboli-Gärten. Da wird schon der Zuschauerraum zur Opernszene. Im Palast selbst dient dann auch der »Saal der Fünfhundert« als Konzertraum, derselbe, in dem zweimal im Jahr die langbeinigen Geschöpfe der italienischen Haute Couture vorführen, was »man« in der nächsten Saison zu tragen hat.

Zurück in die Altstadt. Hinter dem Palazzo Vecchio, durch den Borgo dei Greci, wo immer noch dicht an dicht die Möbeltischler werkeln, kommt man zu dem weiten Platz vor der Kirche Santa Croce. Kein Kunstfreund wird ihren Besuch auslassen, nicht nur wegen der Pazzi-Kapelle und den Giotto-Fresken. Die gewaltige »Predigerscheune« der Franziskaner mit dem offenen Dachstuhl ist zugleich eine Art Pantheon des italienischen Geistes. Schon von Baubeginn an nach mittelalterlicher Sitte als Begräbnisstätte genutzt, zählt sie an die dreihundert Grabplatten, Monumente und Kenotaphe aus sechs Jahrhunderten, und unter Staatsmännern, Dichtern, Forschern, Künstlern findet man auch zwei Große der italienischen Musik.

Im rechten Langhaus, neben der Tür zum ersten Kreuzgang, steht seit 1902 das Monument für Gioacchino Rossini. Der Maestro, den wir gerade auch als Schöpfer ernster Opern wiederentdecken, war 1868 auf dem Pariser Prominentenfriedhof Père-Lachaise beigesetzt, zwanzig Jahre später aber hierher umgebettet worden. Nun ruht er zwischen dem Florentiner Staatskanzler Leonardo Bruni und dem romantischen Lyriker Ugo Foscolo. Die drei Ortsnamen am Fuße des Denkmals (Pesaro – Firenze – Paris) treffen allerdings eine merkwürdige Wahl. In der Tat hat Rossini in der Arnostadt fast fünf Jahre gelebt, erst im Borgo Ognissanti Nr. 3, dann im rasch gekauften Palazzo Pucci dicht neben dem prächtigen Medici-Palast mit den Gozzoli-Fresken in der Via Cavour, nach seiner eiligen Flucht aus Bologna im Revolutionsjahr 1848. Doch da war er schon im selbstverordneten Ruhestand. Der Name der Stadt, die er als seine eigentliche Heimat rühmte, fehlt: Bologna.

An der Ecke zwischen Langhaus und linkem Querschiff, fast gegenüber der Kapelle jener Grafen Bardi di Vernio aus der Via Benci, hat man seinem Kollegen Luigi Cherubini ein Kenotaph errichtet. Auch er hat in Paris sein Glück versucht – wie 150 Jahre vor ihm ein weiterer Florentiner, der Müllerssohn Giovanni Battista Lulli, der es vom Kammerdiener einer französischen Prinzessin und Geiger in der Pariser Hofkapelle schon in jungen Jahren zum Musikchef Ludwigs XIV. und hochgerühmten Ballett- wie Opernkomponisten brachte. Der vielgewandte, ungemein geschäftstüchtige Mann, dem Dichter wie Molière und Racine Sujets und Texte schrieben, ist als Jean-Baptiste Lully und Stammvater des spezifisch französischen Musiktheaters in die Lexika eingezogen.

Auch der gebürtige Florentiner Cherubini hat den größten Teil seines Lebens in Frankreich verbracht, hat erst die Revolution, dann auch Napoleon überdauert und darf mit den besten seiner rund dreißig Bühnenwerke als einer der Paten der romantischen Oper gelten. Der Vater war Cembalist am Teatro della Pergola, den Sohn hatte er beizeiten in die Bologneser Schule geschickt, wo man, im Gegensatz zur herrschenden Neapolitaner Opernroutine, sich noch am strengen Palestrina-Stil orientierte. Die ungewöhnliche Mischung aus italienischem Bühneninstinkt, klassizistisch gefärbter, an Gluck geschulter Attitüde und gediegenem Handwerk hat ihm vor allem in Deutschland und England viele Bewunderer

Florenz. Santa Croce

erworben. Haydn, dem er sich in Wien befreundete, schätzte ihn hoch, Beethoven hielt ihn für den größten Musikdramatiker seiner Zeit. Das sollte uns zu denken geben. Schließlich ist *Fidelio* ein idealistischer Nachhall auf den um 1800 ungemein beliebten Typ

Luigi Cherubini. Gemälde von Jean Ingres (1842)

der Revolutions- oder Schreckensoper, deren erfolgreichste Cherubinis *Wasserträger* war. Seitdem die Callas 1953 hier in Florenz die *Medea* wiedererweckte, wissen wir auch um deren Qualitäten. Im Konzertsaal erklingt noch manchmal eine seiner ausladenden Ouvertüren, auch das eine oder andere Streichquartett, und neuerdings hat sogar *Ali Baba*, komisches Alterswerk und Schlußpunkt einer langen Karriere, auf die Bühne zurückgefunden.

So macht es durchaus Sinn, daß die Stadt ihrem Konservatorium seinen Namen angeheftet hat. Das Haus in der Via degli Alfani, nicht weit von der ehemaligen Rundkirche Santa Maria degli Angeli, die die Florentiner einfach La Rotonda nennen, hat als erster (1849) der fleißige Opernschreiber Giovanni Pacini regiert, Bellinis Altersgenosse und wie er in Catania geboren. Dem Musikfreund von heute bietet es eine schöne Instrumentensammlung und sehenswerte Autographen. Während Italien, musikalisch gesehen, stets eher »konservativ« blieb, hat das Institut sich seit langem um die jeweilige Moderne bemüht. Richard Wagner wurde

Ehrenmitglied, als seine Werke im Süden noch weithin unbekannt waren. Luigi Dallapiccola lehrte hier, als das Komponieren mit den zwölf Tönen in Deutschland noch verboten war. Sein Einakter »Nachtflug« wurde 1940 im Teatro della Pergola uraufgeführt – für Florenz und Italien zum zweiten Male der Aufbruch in eine Neue Musik.

Montepulciano

Wenn man hinter Arezzo auf der Sonnenautobahn die Toskana nach Süden durchquert, zur Linken die weiten Korn- und Maisfelder des Chianatals, dann taucht aus dem Gewirr von Hügeln rechterhand für einen Augenblick die scharfe Silhouette einer Ortschaft empor, wohlplaziert auf dem höchsten der umgebenden Buckel: Montepulciano. Das Städtchen am äußersten Rande der Region, dort, wo sie an das grüne Umbrien grenzt, hat seit langem einen Ruf als ländliches Paradebeispiel der Renaissancearchitektur, eines der am besten erhaltenen unter den vielen, die zumal die Toskana zieren. Seit 1976 rühmt man es als Ort des ungewöhnlichsten Festivals im festivalreichen Italien, des Cantiere Internazionale d'Arte.

Diese Internationale Kunst-Werkstatt, wie das Unternehmen programmatisch heißt, sorgt dafür, daß über die beiden Hochsommermonate die kleine Stadt – keine 20 000 Einwohner – von Aktivität überquillt. Da ist dann der Zusammenprall von Heute und Vorgestern besonders anziehend. Montepulcianos Vorgestern ist lang, sehr lang. Sprechen wir nicht von der sagenhaften Gründung durch den Etruskerkönig Porsenna noch von der Hinterlassenschaft seines Volkes, die das oberste Stockwerk des Städtischen Museums im Palazzo Neri-Orselli in der Via Ricci füllt, lassen wir

Montepulciano. Rathaus

auch das Mittelalter beiseite. Gleich hinter der Porta al Prato, dem Tor zur Unterstadt, beginnt an dem Platz mit der Säule des Marzocco, des florentinischen Wappenlöwen, die Kette der Stadtpalais, mit denen der Landadel der Renaissance, durch Korn und Wein reich geworden, den Corso pflasterte, die lange, steile, gewundene Hauptstraße zur Höhe hinauf. Wenig weiter, rechterhand, ein Kuriosum: Am Palazzo Buccelli hat man beim Wiederaufbau in die Frontbasis etruskische Urnen und Grabsteine eingemauert. Dann muß man den Kopf in den Nacken legen. Auf dem Turm der Kirche Sant'Agostino – ihre elegante Fassade hat Michelozzo entworfen, der Hofarchitekt der Medici in Florenz – schlägt ein richtiger Pulcinella unverdrossen seit dreihundert Jahren mit dem Hammer die Stunden. Was die Grundherren und Weinbarone sich damals leisten konnten, das erhellt allein aus der Liste der Künstler, die in dieser Kleinstadt gearbeitet haben. Michelozzo und Antonio Sangallo, sein Neffe Giovanni und Vignola als Architekten, Duccio di Buoninsegna und Luca Signorelli, Filippino Lippi und Andrea della Robbia als Maler und Plastiker – sie gehören zur Crème des toskanischen 15./16. Jahrhunderts.

Von Musik ist da freilich nirgendwo die Rede. Es sei denn, man ließe sich auf einen krausen Umweg ein. Aus dem Palazzo Cervini am Corso, linkerhand oberhalb des Gemüsemarkts, einem Werk des jüngeren Sangallo, kam nämlich jener Kardinal Marcello Cervini, der 1555 mitten während des Trienter Konzils als Papst Marcellus II. den Thron Petri bestieg. Er soll, durch eine ihm vorgeführte Messe Palestrinas überzeugt, verhindert haben, daß der Reformeifer des Konzils der mehrstimmigen Kirchenmusik den Garaus machte (siehe auch das Kapitel Rom). Die schöne Geschichte spräche, selbst wenn sie wahr wäre, nicht unbedingt für ein Musikleben »in Castro Politiano«. Da läßt eher ein anderes Kuriosum aufmerken: Die Kirche Santa Maria delle Grazie am Viale Calamandrei bekam, Stiftung eines reichen Polizianer Nobeln, eingeweiht zu Weihnachten 1600, eine Orgel, deren Pfeifen aus Zypressenholz gearbeitet sind – eines der ganz wenigen noch existierenden Exemplare. Kürzlich hat man sie überholt und siehe, sie ist sogar kon-

Hans Werner Henze

zertfähig. Nur wenig jünger ist, wenigstens in Teilen, die Orgel in der Kirche San Biagio unterhalb des Stadtberges im Westen. Doch mit Recht ist es da der Tempel (wie man in Italien sagt) selbst, ein fast schmuckloser Zentralbau des älteren Sangallo in höchst eleganten Linien, der alles Interesse auf sich zieht.

Daß Montepulciano ins Blickfeld der Musikwelt geriet, ist jüngsten Datums. Zu Anfang der siebziger Jahre machte man sich allerorts Gedanken darüber, wie historische Zentren wiederbelebt werden könnten, möglichst ohne Risse am sozialen Gewebe. Die Stadt setzte auf Investitionen in den Kulturbereich, der in der Tat ein Schattendasein führte, und da kam ihr, Zufall oder nicht, der deutsche Komponist Hans Werner Henze in den Weg. Einfach ein sommerliches Festival zu veranstalten, das wievielte in diesem Lande, mit fremden Gästen vor und hinter der Rampe, das war ihm zuwenig. Henze, neben Karlheinz Stockhausen der einzige lebende deutsche Tonsetzer von Weltgeltung, denkt auch über die gesellschaftliche Seite seines Metiers nach, was ihn gelegentlich ins linke Lager gerückt hat. Er weiß, daß die Musen kein Exklusivbesitz der Happy few werden dürfen, sollen sie weiterleben können. So schlug er in Montepulciano vor, die ganze Stadt müsse sich an der Gestaltung des geplanten Unternehmens aktiv beteiligen. Die Stadtväter ließen sich überzeugen, und der Cantiere, die Werkstatt, war geboren.

Beteiligung aller – das hört sich gut an, doch wie macht man das? Außer der Banda, der Stadtkapelle, die gleich im ersten Jahr, für sie höchst ungewohnt, Stücke von Paisiello einstudieren mußte, gab es kaum einen Ansatzpunkt. Da war zwar ein Theaterchen, doch es wurde kaum genutzt. Am oberen Ende des Corso liegt es, dort, wo man rechts zum Großen Platz abzweigt. Und der Mann, dessen Namen das Teatro Poliziano ausleiht, war nur wenige Schritte davon zu Hause, im Haus Nr. 10 der gleichnamigen Straße: Angiolo Ambrogini, der sich einfach nach seiner Vaterstadt nannte. Er war Kanzler bei Lorenzo dem Prächtigen in Florenz, Erzieher seiner Söhne, Philologe, Dichter, Übersetzer. Der Cantiere hat ihn mit der Aufführung seiner *Favola d'Orfeo* von 1471 geehrt, der ersten weltlichen Szenenfolge seit dem Siege des Christentums. Die Beschäftigung mit ihr gab übrigens den Anstoß zu Henzes Orpheus-Ballett nach dem Libretto von Edward Bond. Aber da war man schon gewachsen. Vorerst galt es, Vertrauen, Verständnis und Mitarbeit der Bevölkerung zu gewinnen, und Henze, der damals schon lange in Italien lebte, hat in vielen Debatten seinen Mann gestanden.

Seither teilen sich – nach einem jeweils neu erarbeiteten Konzept – viele Bürger, große wie kleine, in die Festspielarbeit, und nicht nur die organisatorische. Eine rasch gewachsene Sing- und Spielgemeinschaft der Jungen und Jüngsten studiert Partien, probt Auftritte, Handwerker bauen Podeste und Kulissen. Oberschüler entwerfen Kostüme, richten Spiel- und Musizierstätten her – allesamt Dilettanten in jenem ursprünglichen Sinne der Liebe zur Sache.

Henzes Kinderoper »Pollicino«. Uraufführung in Montepulciano, 1980

Natürlich konnte das nicht gut gehen ohne Hilfe und Anleitung von erfahrenen Profis, vom Chorleiter bis zum Maskenbildner. Henzes weltweite Kontakte haben erreicht, daß namhafte Solisten, Dirigenten, Regisseure nun zum Teil Jahr für Jahr, ohne Gage, in ihren Ferien, nur entlohnt durch eine bescheidene Gastfreundschaft, daran mitarbeiten, in der »Werkstatt« die Trennung des Künstlers von seinem Publikum beispielhaft zu überwinden. Der Maestro selbst hat dafür eine Jugendoper *Pollicino* (»Däumling«) und anderes komponiert, hat fünf Jahre lang als künstlerischer Leiter gewirkt. So unterschiedliche Namen wie Riccardo Chailly und Gidon Kremer, Viktor Schloendorf und Cristobal Halffter, Luca Lombardi und Marcel Marceau stehen für Niveau und Spannweite des Unternehmens. Dabei ist der Anteil zeitgenössischer Kunst erstaunlich hoch, wie ihn sonst kein anderes Festival zu bieten wagt, auch nicht das 1958 von dem italo-amerikanischen Komponisten Gian Carlo Menotti in der alten umbrischen Herzogsstadt Spoleto gegründete »Festival beider Welten«.

Schaut man sich außerhalb der Festspielmonate nach den Spielorten um, so ist schnell guter Rat teuer. Das Teatro Poliziano am Ende des Anstiegs zur Piazza Grande, 1795 erbaut, so alt wie die Mailänder Scala, ist gewiß ein kleines Juwel. Drei Logenreihen und »Heuboden«, der hierzulande vornehmer Loggione, Riesenloge, genannt wird, in Rot und Crème und Gold – doch weder nach Kapazität noch nach Bühnenvermögen ausreichend für ein Festival. Musiziert wird auch in der Kathedrale, in der Kirche Santa Maria delle Grazie und dem vielfrequentierten Auditorium San Francesco am Ende der Via Ricci, Räumen also, für die sich manches Thema verbietet. Nun, die Montepulcianer haben einen Ausweg gefunden, und einen stilechten obendrein. Hat nicht jedes größere Renaissancepalais einen Innenhof? Und so wird denn, da der Cantiere ja im Hochsommer stattfindet, der Cortile des imposanten Palazzo Ricci wenig unterhalb des Rathauses zum stimmungsvollen Ort für allerlei weltliche Spiele. Auch im Hof der Mediceer-Festung auf der höchsten Höhe des Stadtberges, eben jenes »Castrum Politianum«, das schon im 8. Jahrhundert erwähnt ist, ertönt Musik. Wer sich allerdings von dem aparten Kontrast zwischen Wehrhaftigkeit und modernen Klängen stimulieren lassen möchte, den müssen wir enttäuschen. Das Verteidigungswerk wurde, nach mancherlei Zerstörung und Verfall, erst 1885 völlig neu erbaut ... Dafür kann auf dem Wege dorthin ein Stück Geistesgeschichte beschworen werden. In der Via San Donato steht das Haus, in dem 1542 der spätere Kardinal Bellarmino geboren ist, Jesuit und Motor der Gegenreformation, der dem Naturforscher Galilei das Leben schwergemacht hat.

Die größte und suggestivste Freiluftbühne Montepulcianos freilich ist die Piazza Grande. Steigt man vom Corso herauf (der auf drei verschiedene Zunamen hört, was für Fremde mancherlei Verwirrung schafft), dann steht gegenüber der kühle gotische Palazzo Comunale, offensichtlich dem Palazzo Vecchio in Florenz nachempfunden. Von seinem schlanken Turm sollen noch die schneebedeckten Grate des Gran Sasso in den Abruzzen zu sehen sein. Zur Linken der Dom, wie das Rathaus noch 14. Jahrhundert, während

Montepulciano. Palazzo Tarugi

der Palazzo Tarugi rechts und die Familienburg der Contucci im Rücken, diese vom älteren Sangallo, jener wohl von Vignola, schon die Renaissance repräsentieren. Eine Bühne mit zwei Gesichtern: Für den Cantiere hergerichtet, ein Theatersaal, von raffinierten Lichtbündeln eingekerkert, ganz dem Neuen zugewandt; zu anderer Zeit das Podium für den Auftritt von Bürgern und Fremden, gerahmt in die strenge Schönheit von Tradition.

Pesaro

Die dichte Kette von Badeorten, die an der Po-Mündung beginnt und inzwischen schon bis südlich der Abruzzen reicht, die Adriatische Riviera also, bekommt hinter den Hügeln von Gabicce einen neuen Ton. Man ist in den Marken, jener landwirtschaftlich reichen Küstenregion, die seit den Tagen des Heiligen Römischen Reiches Deutscher Nation im Mittelalter immer noch den deutschen Namen trägt. Hier ist Italien selbst im Sommer fast völlig unter sich. Auch Pesaro, die erste Station nach Süden hin, hat zunächst ganz auf seine Qualitäten als Erholungszentrum gesetzt. Die zahllosen Hotels heißen »Miramare« oder »Mediterraneo«, eine kilometerlange Strandpromenade verheißt alle Ferienfreuden, und auch wer mehr verlangt als See und Sonne, kann auf seine Kosten kommen.

Die Altstadt atmet, bei aller Betriebsamkeit, noch immer den Hauch einer kleinen Residenz der Renaissance. Im Herzogspalast an der weiten Piazza del Popolo hat 1494 die berühmt-berüchtigte Lucrezia Borgia gewohnt, gerade vierzehnjährige Braut des Stadtherrn von Pesaro, Giovanni Sforza. Ins Postamt geht man durch ein schön geschwungenes gotisches Portal der Venezianer Brüder Delle Masegne von 1395, das einmal in die Kirche San Domenico führte. Die archäologischen Sammlungen des Museo Oliveriano in

Palazzo Ducale

Renata Tebaldi in der Titelrolle von Verdis Oper »La Traviata«

der Via Mazza zeigen die berühmte zweisprachige, etruskisch-lateinische Inschrift, die einiges zur Deutung des versunkenen Volkes beigetragen hat. In der Städtischen Pinakothek hängt, zwischen frühen Venezianern, das großartige Altarbild der Marienkrönung des Giovanni Bellini, das als »Pala di Pesaro« von der Kunstgeschichte gepriesen wird, und die Keramikabteilung ist nächst dem Museum in Faenza eine der farbigsten Mittelitaliens.

Das sind freilich – wie sollen wir's nennen – Zugaben. Denn seit einigen Jahren hat sich die Stadt einer anderen Attraktion erinnert, die zwar immer mit lokalem Stolz gepflegt, nun aber so recht ins Blickfeld gerückt wurde. Ist doch hier vor zweihundert Jahren, am 29. Februar 1792, Gioacchino Rossini geboren, und alljährlich im August feiert ein Rossini-Festival den Mann, der in der ersten Hälfte des 19. Jahrhunderts als der unbestrittene Fürst der italienischen Musik, und das hieß damals: der Oper, galt. Dabei werden dem sommerlichen Touristenpublikum durchaus nicht nur die Rosinen aus seinem unerschöpflichen Œuvre präsentiert. Man bemüht sich um Vergessenes, bringt sorgfältig revidierte, von Tausenden von Fehlern gereinigte Ausgaben heraus, und immer mehr musikalische Prominenz setzt sich dafür ein.

Rossini ist übrigens nicht der einzige Stern am Opernhimmel aus Pesaro. Auch Renata Tebaldi stammt hierher, die hervorragende Verdi- und Puccini-Sängerin, die »Engelsstimme« (»voce d'angelo«), um unsere Jahrhundertmitte schärfste Konkurrentin der Callas, eine Frau von sympathischer Zurückhaltung, ohne Affären und mit Mutterwitz begabt. Als ein Reporter sie fragte, wen sie für die größte lebende Sopranistin halte, antwortete sie ohne Zögern: »Mich natürlich.« Und als er sie verblüfft anstarrte: »Ich bin 1,78 groß...«

Das Geburtshaus des Maestro, Via Rossini 34, dicht beim Dom, zeigt das typische Bürgerquartier der Zeit: enge Stiegen, kleine Puppenstubenräume – untere Mittelklasse, würde man heute sagen. Die Eltern, Giuseppe und Anna Rossini, er im nahen Gemüsestädtchen Lugo zu Hause, im Doppelberuf als Trompeter der Stadtkapelle und Aufseher im Schlachthof, sie, die Bäckerstochter aus Pesaro, als tingelnde »Primadonna« auf den kleinen Bühnen der Umgebung (sie kannte keine Noten!), sie hatten ihr Auskommen. Vom Interieur der zwei Zimmerchen, die sie bewohnten, ist einiges erhalten, ein paar Briefe und Dokumente hängen um das Porträt, das Gustave Doré von dem berühmten Sohn gemalt hat. In der Ecke steht auch noch das alte Spinett, auf dem ein gewisser Giuseppe Prinetti dem kleinen Gioacchino die ersten, sicher recht rudimentären Grundlagen der Tonkunst beibrachte. Immerhin hat das Bürschchen mit neun Jahren an der Bratsche in Vaters Orchester gesessen, schon zuvor wird es in der Haushaltsliste als »listero« geführt, das wohl Triangelspieler bedeutet – es scheint so etwas wie das Maskottchen der Banda gewesen zu sein. Wenn die Eltern auf Opernreisen unterwegs waren, lebte es bei der Großmutter, der Bäckerin. Die Gemeindeschule hat ihm wenig Neigung attestiert: faul, ungehorsam, zu Streichen aufgelegt. Vierzig Jahre später war er Millionär – (fast) allein durch seine Musik.

Diese Karriere, die ihresgleichen sucht, verdient ein paar Worte mehr. Am 3. November 1810 hatte sie mit dem *Heiratswechsel* des Achtzehnjährigen im Teatro San Moisè zu Venedig begonnen, und dann geht es Schlag auf Schlag: 29 Opern in 13 Jahren, in einem nicht weniger als fünf, und fast immer ist der Erfolg auf seiner Seite. Darunter zählt auch der unvergängliche *Barbier von Sevilla*, am 20. Februar 1816 unter dem Titel *Almaviva oder Die unnütze Vorsicht* im römischen Teatro Argentina uraufgeführt. Unter den Kompositionen dieser italienischen Periode sind auch jene vier Jubelkantaten, die Österreichs Staatskanzler Fürst Metternich, der Spiritus rector der politischen Reaktion, nach Napoleons Sturz bestellt hatte. Sie werden dem Maestro später in Bologna noch viel Ärger bereiten. Schließlich die fünf großen Opern sowie das Stabat der Pariser Zeit – und der Entschluß des Sechsunddreißigjährigen, auf dem Gipfel des Ruhms aufzuhören. »Sie wissen, daß ich 1828 meine Lyra in Paris zurückließ und sie nicht mehr stimmte«, heißt es später an einen Freund, der ihn zu neuen Taten ermuntern will.

Ein Vielschreiber, der mit Glück den Nerv seiner Gegenwart traf? Rossini arbeitete leicht und, wenn's die Verträge erforderten, verblüffend schnell. Da zahlte sich das jahrelange Gesangsstudium in Bologna aus, denn die Oper war noch ganz und gar auf die Wirkung der menschlichen Stimme zugeschnitten. Doch pure Dutzendware (die er auch geliefert hat) purzelt unweigerlich durch das Sieb der Zeit. Daß so manches von ihm überlebt hat, anderes gerade von uns wiederentdeckt wird, kann nicht Zufall sein. Im übrigen wußte Rossini durchaus, was er wollte. Am Anfang des 19. Jahrhunderts italienischen Primadonnen haargenau vorzuschreiben, was sie gefälligst zu singen hätten, das war schon unerhört. Und man soll auch nicht vergessen, daß dem heiteren Genre vom Schlage des *Barbier*, dessen wir uns zuerst erinnern, wenn sein

Pesaro. Geburtshaus Rossinis

Gioacchino Rossini

Name fällt, ebenso viele ernste Opern gegenüberstehen, mit dem Welterfolg des *Wilhelm Tell* als Schlußpunkt. Damals schon (1829) hat er offenbar gespürt, daß das Ancien régime auch auf der Musikbühne zu Ende ging. Später, als ihn jahrelang nervöse Erschöpfung und Schlaflosigkeit plagten, ist vom »Einbruch des Gewaltsamen und des Geschreis« in die Oper die Rede. In dem – lateinisch geschriebenen – Brief an einen ungarischen Adligen steht dann: »Ich, der letzte der Klassiker«, und es ist keineswegs nur ironisch gemeint.

Einen griffigen Abglanz von alledem findet der Liebhaber im städtischen Konservatorium, das natürlich nach dem Maestro genannt ist. Das klassizistische Haus an der Piazza Olivieri, eine der größten Musikschulen der Halbinsel, ist sozusagen sein letztes Werk. Nach dem Tode seiner zweiten Frau Olympe wurde es 1882, den Bestimmungen seines Testaments zufolge, großzügig ausgestattet, als Liceo Musicale eröffnet. Eine Zeitlang war Pietro Mascagni hier Direktor, unter den Schülern ist der in Italien geschätzte Opernmeister Riccardo Zandonai. Das Liceo verwaltet in der Bibliothek neben Briefen und Dokumenten handschriftliche Partituren und Erstdrucke Rossinis, darunter die *Armida*, die *Frau vom See*, den *Mohammed*, alle einst für Neapel geschrieben, wo der legendäre Theaterunternehmer Barbaja, zuerst Kellner, dann Zirkusdirektor, schließlich Impresario, seinerzeit die Crème der italienischen Opernkomponisten unter Vertrag hielt. Auch die »Sünden des Alters« sind zu sehen, jene liebenswürdigen Werkchen der letzten Lebensjahre aus dem stets von Kollegen und Verehrern belagerten Salon in Paris-Passy. Ein ganzer Schaukasten voller Orden, manch exotisches Stück dazwischen, dokumentiert den Ruf des Meisters auch bei Päpsten und Königen. Das Porträt an der Wand, aus purer Seide gestickt, soll einen beträchtlichen Wert haben, der Kustode nennt mit gebremstem Stolz eine Zahl mit vielen Nullen. Und daneben die Postkarte, auf der Rossini einer alten Anbeterin auf ihren Wunsch nach einer Locke seine angeblich letzten Haare schickte – er, der seit langem schon eine Perücke trug.

Sein pompöses Standbild vor dem Gebäude hat er übrigens nie gesehen. Als es 1864 enthüllt wurde, blieb er, inzwischen ein rüstiger Siebziger, in Passy. Seine Heimatstadt hat er nur ein einziges Mal wieder besucht: zur Eröffnung des umgebauten Theaters am 10. Juni 1818, wo er in einer Villa des Grafen Perticari auf den Hügeln um Pesaro wohnte. Das Haus an der Piazza Lazzarini, heute Teatro Rossini und Ort mancher Wiederentdeckung, ist wie viele italienische Provinzbühnen äußerlich unscheinbar, hat aber eine lange Geschichte. Der erste Bau, Sonnentheater geheißen, stammte erstaunlicherweise schon von 1637, als die Kunstform Oper kaum den Kinderschuhen entwachsen war. Der Neubau wurde mit der *Diebischen Elster* eingeweiht, die wenige Monate zuvor an der Mailänder Scala ihre Uraufführung erlebt hatte und erst heute wieder gern hervorgeholt wird. Für die Hauptrolle der diebstahlverdächtigen Magd schlug der Komponist die spanische Sopranistin Isabella Colbran vor, »ein tüchtiges Subjekt«, wie es in dem Empfehlungsbrief heißt. Er hatte sie in Neapel kennengelernt, wo sie zuerst die Geliebte Barbajas, dann die Favoritin des Königs war – vier Jahre darauf wurde sie Rossinis erste Frau.

Wanderer, kommst du nach Pesaro, dem Meister wirst du nicht entgehen, auch wenn es nicht seine Musik ist, die dich hertreibt. Denn außer Theater und Konservatorium, Hotel und Bar, die seinen Namen annektiert haben, ist hier auch die Kunst der Küche ganz und gar auf ihn eingestiegen. Und das nicht einmal ohne Grund. Man kennt ja Rossinis Freude am guten Essen, sicherlich ein Erbe seiner romagnolischen Vorfahren, und mindestens eine seiner »Kompositionen« auf diesem Gebiet, das Tournedos à la Rossini, ist ebenso berühmt wie der *Barbier*. Im Briefwechsel tauchen immer wieder Danksagungen für die »feinen fleischgefüllten Nudelhütchen«, für Trüffeln, Truthennen und Straßburger Pasteten auf, die ihm Freunde zuschicken, oft in poetisch-ironischen Wendungen wie den »Blumen aus dem Gorgonzola-Garten«. Ein befreundeter Lieferant erhält die Bitte um Nachschub mit der Anrede: »Der sogenannte Schwan von Pesaro an den Adler der Estensischen Delikatessenhändler«. Inzwischen hat die Pesareser Gastronomie eine ganze Speisekarte unter seinem Etikett entwickelt, Fleischbrühe mit Einlage und Wachtelsuppe, Risotto, getrüffelte Makkaroni und Krebse – alles à la Rossini. Man darf zwar bezweifeln, ob jede dieser Köstlichkeiten wirklich in der Küche des Maestro kreiert wurde, dennoch: Guten Appetit.

Recanati

Dort, wo die östlichen Ausläufer des Apennin mit sanften Hügeln gegen die mittlere Adria vorstoßen, in jener nach den Lehnsherrschaften der deutschen Kaiser noch heute »die Marken« benannten Region, liegt, ein gutes Dutzend Kilometer hinter der Küste, die Stadt Recanati. Wie so viele dieses fruchtbaren Landstrichs, der, kommt man von den lärmenden Stränden der Romagna her, ruhig und heiter erscheint, hat sie eine lange Geschichte. Doch die Marken standen jahrhundertelang im Schlagschatten der großen Politik; nichts, was die Geschichtsbücher ziert, hat sich seit dem frühen Mittelalter hier zugetragen. Und so bliebe auch Recanati eine vergessene Landstadt, wären da nicht zwei Männer geboren, die, jeder auf seinem Felde, den Namen ihres Heimatortes in die Lexika befördert haben: Giacomo Leopardi und Beniamino Gigli.

Der adelige Dichter und der Schusterssohn auf der Opernbühne – größere Gegensätze sind kaum vorstellbar. In Marmor gemeißelt, mit gesenktem Kopf, steht der Graf vor dem pompösen Rathaus, und neugierige Fremde suchen vergeblich, mit dem schlichten Namen am Fuß Erinnerungen zu verbinden. Daß er in Italien als der größte Lyriker seit Petrarca gilt, ist jenseits der Grenzen weithin vergessen. Ein Romantiker mit klassischem Formsinn, hat er das

Recanati. Piazza mit Stadtturm

Lebensgefühl seiner Epoche in strenge, von Schwermut durchtränkte Verse gegossen, hat die Vergänglichkeit des Ruhms beklagt und von der unerfüllbaren Sehnsucht nach einer schöneren Welt geträumt. Als er, von Kind an kränkelnd, mit kaum 39 Jahren in Neapel starb (1837), war auch die Blaue Blume verwelkt. Daß die Hügelkuppe, die ihn zu dem berühmten Gedicht über das Unendliche inspirierte, davon den Namen trägt, daß ein Institut für Leopardi-Studien seine Werke auslegt und der bescheidene Palazzo der Familie am Platz mit der merkwürdigen Bezeichnung »Dorfsamstagsplatz« (»Piazzuola Sabato del Villaggio«) gepflegt wird, das geht, so scheint's, heute nur noch Spezialisten und Literaturfreunde an.

Und die sind so zahlreich nicht in dieser Stadt, die von der reichen Landwirtschaft der Umgebung, von Möbeln, Kämmen, Wurzelpfeifen und Zement lebt. Recanati streckt sich lang auf einem gewundenen Hügelfirst, ein typischer »Balkon« der Marken, an die 300 Meter hoch, von dessen ragenden Stützmauern man weit über die welligen Äcker und Wiesen schaut. Die Künste haben da wenig zu bestellen. Zwar gibt es das Teatro Persiani, ein hübsches kleines Logenhaus an der Hauptstraße, benannt nach einem längst vergessenen Opernkomponisten der Donizetti-Ära, der aus Recanati stammte. Doch es ist zum Kino degradiert – eine Schande, schimpft die schwarzhaarige Ballettmeisterin, die sich mit einer Tanzschule in den einstigen Probenräumen eingenistet hat –, weil die privaten Besitzer die höhere Rendite vorziehen. Aber wen auch immer man nach Beniamino Gigli fragt, den Zufallsnachbarn in der Bar, die Frau im Zeitungskiosk, der weiß Auskunft zu geben, prompt und mit einem Anflug von Stolz. Daß er ein Tenor war, freilich ein König unter seinesgleichen, das ist im (einstigen) Opernland immer noch ein Adelsprädikat.

Giglis Geburtshaus steht im äußersten Westen, im Castelnuovo-Viertel unterhalb des Colloredo-Parks, das als ältester Teil der Stadt gilt, nahe der einfachen Marienkirche, deren ländlich-solide Romanik aus dem 12. Jahrhundert herrührt. Der Zufall will's, daß in dem zweistöckigen Kleinbürgerhaus mit dem unregelmäßigen

Recanati. Giglis Geburtshaus

Untergeschoß noch eine Lokalberühmtheit geboren wurde, die es bis zum Kardinal-Staatssekretär unter Papst Leo XIII. brachte, der Kardinal Lorenzo Nina. Der kleine Beniamino, jüngstes von sechs Kindern, hat nicht lange in der Schusterstube von Vater Domenico spielen können. Die Zeit der handgefertigten Fußbekleidungen, in seinem Geburtsjahr (1890) auf dem Lande noch gang und gäbe, ging rasch zu Ende, der ohnehin karge Verdienst versickerte völlig, der Vater verdingte sich als Glöckner an der Kathedrale San Flaviano, man zog zum Domplatz um.

Auch dieses Haus steht noch, kaum verändert, schräg gegenüber der eher bescheidenen Hauptkirche. In seiner Autobiographie beschreibt der Sänger so gemüt- wie humorvoll, wie er als Kind im Schatten des Doms zur Musik kam. Schon mit fünf Jahren soll er den Handwerkskollegen des Vaters in ihren Verliesen Volkslieder vorgeträllert haben. Nun wurde er Chorknabe in der Schola Cantorum, bekam erste Unterweisung und kletterte zum Glockenstuhl hinauf, um hoch über der Stadt seine neuerworbenen Fähigkeiten hinauszuschmettern. Den »canarino del campanile« haben sie das Bürschchen genannt, den Singvogel vom Glockenturm. Kurioserweise lernte er als Heranwachsender, im »Hauptberuf« schon (nach erfolgloser Zimmermanns- und Schneiderlehre) Gehilfe in einer Apotheke, das Saxophon spielen für das Jugendorchester einer privaten Musikschule. Das Instrument findet sich, zur Verblüffung des Betrachters, der derlei nicht erwartet, in der Sammlung von Erinnerungsstücken des kleinen Gigli-Museums im Rathaus, von der noch zu reden sein wird. Bei späteren Besuchen in der Heimat, als er schon ein berühmter Mann war, hat er es gern hervorgeholt und mit der Banda, der Stadtkapelle, zusammen musiziert. In jene Jahre fällt auch sein erster Bühnenauftritt – ausgerechnet in der weiblichen Hauptrolle (Alt!) einer Operette *La Fuga di Angelica* (»Angelika reißt aus«, 1905), die Studenten im nahen Macerata organisiert hatten. Die Eltern waren entsetzt.

Daß aus solchen Voraussetzungen einmal eine Weltkarriere werden würde, daß der rundliche Jüngling, der bei Signor Verdecchia Flaschen etikettierte und Botengänge versah, es sich einmal würde leisten können, einen 300 000-Dollar-Vertrag mit der legendären Metropolitan-Oper ohne Gewissensbisse zu zerreißen, das konnte niemand ahnen, am wenigsten er selbst. Auch heute noch, bald hundert Jahre später, weht durch die Straßen und Gassen von Recanati ein Hauch von gelassener Genügsamkeit. Hektik ist nicht gefragt, Aufwand und Allüre sind ohnehin der Marchigianer Sache nicht. Versucht man, die Zeit zurückzudrehen, denkt man die Autos weg und die wenig ins Auge fallenden Neubauten des historischen Zentrums, dann mag die verspätete Biedermeier-Atmosphäre auch ein Licht werfen auf den Künstler, dem in der ersten Hälfte unseres Jahrhunderts die Alte und die Neue Welt zujubelten.

Kein Zweifel, die ungeachtet des ärmlichen Lebenszuschnitts beschauliche Enge der Kleinstadt hat Gigli für sein ganzes Leben geprägt. Mit dem Bildungsfundus eines mäßigen Volksschülers im Gepäck und den musikalischen Kenntnissen, wie sie die Praxis der Kirchenmusik am Dom vermittelte, war der Siebzehnjährige zum Gesangstudium nach Rom aufgebrochen, in der Tasche ein paar geborgte Lire und die Empfehlung eines Kochs, der ihm von seinen Beziehungen zu den Meistern der Singkunst vorgeflunkert hatte. Und so atmet denn vieles, was er später tat oder guthieß, eine liebenswerte Unbefangenheit: die schluchzenden Melodien seiner Filme wie die Riesenvilla auf dem Castelletto-Hügel, die Gastspiele vor Nazi-Größen in Berlin wie das ägyptische Grabmal auf dem Friedhof von Recanati.

Aber solchen Schwächen steht auf seinem ureigenen Felde eine Leistung gegenüber, die schon vom Umfang her bewundernswert ist. Es genügt nicht, mit einem Paar außergewöhnlicher Stimmbänder geboren zu sein. Um dieses kostbare und empfindliche Instrument, eine wahre Jahrhundertstimme, zur Vollendung zu bilden und bei jedem neuen Auftritt vollendet zu beherrschen, war ein Maß an Arbeit, ein Maß an Selbstzucht nötig, dem nur wenige gewachsen wären. Gigli hat sein Talent, wie er es nannte, im genauen Wortsinne als Gottesgabe empfunden, und das hieß für ihn: als Auftrag und Verpflichtung. Man kann bezweifeln, ob er die musikalische Revolution, die sich während seiner Laufbahn vollzog, überhaupt zur Kenntnis nahm – die extremen Bedingungen, die ihm als Sänger der Spitzenklasse gestellt waren, hat er mit allem Einsatz erfüllt.

Natürlich war auch Ehrgeiz im Spiel. Als junger Mann im Schatten Carusos aufgestiegen, war er an ihm gemessen worden (obwohl die beiden schon vom Stimmtyp her nur schlecht zu vergleichen sind). Nach dessen frühem Tod (1921) wollte er als die Nummer eins seines Fachs bestätigt sein. Doch der tiefere Antrieb war für ihn immer jene unbändige und, wenn man will, naive Lust zu singen, die ihm sozusagen von oben verordnet schien. Welcher Tenor geht wohl nach einem Konzertabend auf die Straße, um vor der wartenden Menge sein komplettes Programm noch einmal zu absolvieren? Daß sein Rang als Erster des italienischen Rollenfachs sich kräftig in Dollars und Lire niederschlug, daß er in späteren Jahren damit wohl gelegentlich zu wuchern wußte, spricht schwerlich gegen ihn. Er hat sein Geld auch mit vollen Händen ausgegeben. Wovon in Recanati einiges zu sehen ist.

Im Süden der Stadt dehnt sich ein Sportfeld, natürlich Gigli-Stadion geheißen. Daß es in der Stadtmitte einen Gigli-Platz gibt und eine Bronzebüste in der kleinen Parkanlage, versteht sich. Schon in den zwanziger Jahren hatte der Sänger ein paarmal für seine von großer Opernkunst nicht eben verwöhnten Landsleute im Teatro Persiani gesungen, u. a. den Rudolf in Puccinis *Bohème*. Zehn Jahre später organisierte er für sie auf seine Kosten in eben jener Arena ein Sommerfestival und eröffnete es selbst in der Titelrolle des *Andrea Chénier* seines Freundes Umberto Giordano. Noch im Sommer 1954, drei Jahre vor seinem Tode, ist er hier aufgetreten – das letzte Mal überhaupt.

Und dann ist da noch die Villa auf halbem Wege von Recanati zur Küste. Das weiträumige Gelände in der Gemarkung, die seit alters her Castelletto hieß, hatte Gigli schon von den ersten großen Erfolgen gekauft – ähnlich seinem geliebten Verdi wollte er sich einmal in der Heimat zur Ruhe setzen. Als er dann 1937 zur Einweihung des Hauses von einer ausgedehnten Saison anreiste, ist er wohl nicht wenig erschrocken. Allzu üppig waren dem Bruder Catervo, dem er die Ausführung überlassen hatte, die Pläne ins Kraut geschossen. Doch zugleich klingt aus seiner Beschreibung der kaum verhohlene Stolz des Mannes, der seine ärmlichen Anfänge nie vergessen hat: 60 Zimmer und 23 Bäder, Terrassen und ein kleiner Turm, von dem aus man das Meer sehen kann, dazu Äcker und Weinberge und sieben Bauernhöfe. Sein kleines Reich zu genießen blieben ihm später kaum mehr als drei Jahre.

Die Villa ist vor einiger Zeit in andere Hände übergegangen und nicht mehr zu besichtigen. So bleibt, wer nach greifbaren Relikten dieses Lebens Ausschau hält, auf die Hinterlassenschaft verwiesen, die die Familie, vor allem die Tochter Rina, selbst Sopranistin und oft genug Bühnenpartnerin des Vaters, der Stadt zur Verfügung gestellt hat. Die Sammlung von Erinnerungsstücken, als »Museo Gigli« im weitläufigen Rathaus etwas stiefmütterlich untergebracht, vereint wie meist in solchen Fällen Signifikantes und Kurioses. Es gibt den Schminktisch mit Pasten und Pinselchen, es gibt das erwähnte Saxophon, eine messingblinkende Grubenlampe, die

Benjamino Gigli in dem Film »Ave Maria«

ihm italienische Bergleute in Brüssel verehrten, und einen zierlichen Spazierstock mit silberner Krücke aus dem Besitz Verdis, Geschenk der Erben an den Sänger des Manrico und des Radames. In der bunten Kollektion von Orden und Ehrenzeichen aus vieler Herren Länder entdeckt man auch ein Dekor aus Hitlers Berlin, vier Hakenkreuze in den Ecken – nein, ein Toscanini, der für seine politische Überzeugung die Karriere aufs Spiel setzte, war der rundliche Mann aus Recanati nicht. Er genierte sich keineswegs, die Massen im Berliner Sportpalast, Göring und Goebbels voran, mit dem gehauchten »Ave Maria« zur Raserei zu bringen.

Die zahlreichen Rollenfotos, die aufgereihten Kostüme zeigen den Sänger zumeist in Partien des italienischen Repertoires – ein deutlicher Hinweis auf seinen Stimmtyp, der wesentlich dem lyri-

Recanati. Giglis Grabmal

schen Genre zuneigte, weshalb der Vergleich mit Caruso von vornherein hinkt. Das prächtige Lohengrin-Kleid in der einen und der riesige Schild des Gralsritters in der anderen Ecke wirken in dieser Gesellschaft fast exotisch. Daß die eifrige Kustodin, Ehrfurcht in der Stimme, inzwischen die große Arie des Lyonel aus Flotows unverwüstlicher *Martha* vom Band laufen läßt, bestätigt den Eindruck nur. Nicht umsonst ist ja Gigli dem deutschen Musikdrama in weitem Bogen aus dem Wege gegangen, er wußte, was er tat. Doch es steckt auch noch mehr dahinter. Kritiker, die sich nicht nur vom Zauber dieser Stimme einfangen ließen, haben seine Darstellung auf der Bühne dilettantisch genannt. Das mag zunächst Unbeholfenheit gewesen sein; doch auch nach vierzig Jahren Erfahrung an der Rampe blieb ein Rest. Dramatik war einfach seine Sache nicht, in seiner Brust tobten keine Dämonen. So ist denn der täppische Bauernbursch Nemorino aus Donizettis *Liebestrank*, den er noch als Sechziger betörend sang, seine beste Rolle gewesen, und wer sie je gehört hat, wird sie nicht vergessen.

Das Bild dieses Mannes, aus Naivität und hochgradigem Spezialistentum, aus Gläubigkeit und Heimatliebe, Selbstbewußtsein und eiserner Disziplin wunderlich gemischt, scheint sich noch einmal zu bestätigen, wenn man zu seinem Grab auf dem Hauptfriedhof am östlichen Ende der Stadt wandert. Die steile Pyramide, die es vor der Kulisse haushoher Zypressen umschließt, flankiert von den bronzenen Gestalten des Glaubens und der Hoffnung, die der Bildhauer-Bruder entwarf, wirkt in der Umgebung braver klassizistischer Familienschreine so theatralisch wie kindlich. Es fällt schwer, beim ersten Anblick ein Lächeln zu unterdrücken, so unpassend das auch sein mag. Ich habe nicht mit Sicherheit klären können, wie weit der Sänger selbst an der Gestaltung beteiligt war, Wünsche haben jedenfalls vorgelegen. Wie auch immer – die Aida-Reminiszenz inmitten der marchigianer Reb- und Weizenhügel läßt keinen Opernfreund ungerührt.

Jesi

Kennen Sie Jesi? Die meisten Italienfreunde (und selbst Italiener) werden die Frage verneinen müssen. Dabei hat die Mittelstadt in der Region Marche, dem fruchtbaren Hügelland zwischen Adria, Abruzzen und den Fleischtöpfen der Romagna, eine verblüffende Beziehung zur deutschen Geschichte. Hier wurde, so sagt man, am 26. Dezember 1194 auf dem Platz, der heute seinen Namen trägt, in einem Zelt »coram populo«, vor allem Volke, der Knabe geboren, der als Friedrich II. von Staufen, deutscher Kaiser, Herrscher des Südreichs der Normannen, König von Jerusalem, zum letzten Mal Italien und Deutschland von der Nordsee bis vor die Tore Afrikas unter einer Krone vereinigte.

Die Sache ist offiziell nicht belegt, doch vieles spricht für ihre Wahrscheinlichkeit. Friedrichs Mutter, Constanze von Hauteville (Altavilla), Tochter des letzten Normannenkönigs Roger in Palermo und Frau des deutschen Kaisers Heinrich VI., war nicht mehr die Jüngste, als der für die Erbfolge so wichtige Sohn auf einer Reise zur Welt kam. Sie und mehr noch der Kaiser mußten größten Wert darauf legen, daß an der Legitimität des Kindes kein Zweifel aufkam. Friedrich selbst hat die Stadt dann mit ungewöhnlichen Privilegien ausgestattet und später in dem berühmten »Brief an die Jesiner« so etwas wie ein politisches Testament hinterlassen – hat er

Blick auf Jesi

eine Legende pflegen wollen? Wie auch immer, die Stelle des (wirklichen oder angeblichen) Ereignisses bezeichnet heute ein Obelisk mit acht Löwinnen aus istrischem Marmor; am Palazzo Ripanti, dort, wo sich einst der Cardo und der Decumanus kreuzten, die beiden Hauptstraßen der alten Römerstadt Aesis, hängt die obligate Marmortafel, und eine farbenbunte Darstellung des Vorgangs, allerdings späteren Datums, gibt es auch. Kein echter Jesiner wird an ihrer Authentizität zweifeln.

Die Stadt, die zu Recht auf ihre Festungswerke und ihre Vergangenheit stolz ist, hat allerdings das Andenken berühmter Söhne nicht immer so pfleglich behandelt. Das gilt – oder galt – vor allem für Giambattista Pergolesi, den großen Barockmeister, Autor des heiteren Operchens *La serva padrona* (»Die Magd als Herrin«), das heute wieder hervorgeholt wird, der hier am 4. Januar 1710 geboren ist. Sein erster moderner Biograph, Radiciotti, hatte noch 1905 zu beklagen, daß in Jesi nichts an den Mann erinnere, der schon im Urteil der Zeitgenossen in der ersten Reihe der Komponisten der sogenannten neapolitanischen Schule stand.

Inzwischen hat man ihn auch zu Hause entdeckt. Es gibt eine Pergolesi-Straße, auf einem grünen Plätzchen steht er selbst, in Marmor geschlagen, mit sanfter Geste die Musen des Gesanges und der Instrumentalmusik beschwörend, die an einem zähnebleckenden Spinett lehnen; das Opernhaus am Platz der Republik, ein bildhübsches klassisches Logentheater mit vier Rängen, kürzlich nobel restauriert, trägt natürlich seinen Namen. Und man nimmt sich seiner Musik an: Ein Pergolesi-Festival hat in fünf Jahren sämtliche Werke vorgestellt, äußerer Anlaß der 250. Todestag des Maestro, und Musikforscher aus aller Welt sind dabei, sein Œuvre von den zahllosen falschen Zuschreibungen zu reinigen, die seinen Nachruhm mehr verdunkelt denn gefördert haben.

Damit zugleich bahnt sich eine Neubewertung des verbliebenen, gar nicht so kleinen Werkes an, das der junge Mann – er wurde nur 26 Jahre alt – geschaffen hat. Deutlicher als zuvor sieht man, daß mit ihm das Ende einer großen Epoche eingeläutet wurde: des südlichen, allzu pompös gewordenen Barock. Und man erinnert sich,

Jesi. Palazzo Ripanti

daß diese Stilbezeichnung später lange Zeit als eine Art Schimpfwort galt. Pergolesis Abkehr von hundert Jahren Tradition und Konvention ist auch keine Frage der musikalischen Gattungen, wenngleich seine Buffo-Opern sie am deutlichsten vollziehen und am stärksten weitergewirkt haben. Die Mittel, die er benutzt, und vor allem die, die er nicht mehr benutzt – exaltierte Melodik, überladene Harmonien, steifes, schematisches Formgerüst –, kennzeichnen auch die reife Kirchenmusik, die Kantaten, Sonaten und Concerti.

Schlendert man in Jesis Altstadt die Pergolesi-Straße entlang, so öffnet sich, linkerhand gegenüber dem mächtigen Palazzo della Signoria, dem alten Rathaus, ein enges Plätzchen. Hier hat, sagt man, bis zum Ersten Weltkrieg das Geburtshaus des Maestro gestanden, es wurde wegen Baufälligkeit abgerissen, nur ein Gedenkstein erinnert daran. Eine andere Überlieferung nennt das Eckhaus an der schmalen Via Conti, hinter der nördlichen Stadtmauer – doch sie ist noch unsicherer. Keine Spuren also. Wie dem auch sei, Pergolesi ist in einer Umgebung aufgewachsen, die die Phantasie eines aufgeweckten Knaben beflügeln mußte. Die ragenden Festungswerke rundum, die teils altersgrauen, teils prächtigen Stadtpalais des vermögenden Landadels, die kirchenmusikalischen Traditionen des Doms und die erstaunlich rege Opernpflege im Rathaus, auf die die Jesiner offenbar großen Wert legten – all das muß eine Atmosphäre geschaffen haben, deren Nachhall man noch jetzt zu spüren meint.

Die Familie hieß eigentlich Draghi. Der Großvater war aus dem Städtchen Pergola zugewandert, drei Dutzend Kilometer weiter im Innern, und die Leute haben den Neuen einfach il Pergolese genannt, den Mann aus Pergola. Der Vater unseres Komponisten war Geometer, der Beruf ergab wohl auch Beziehungen zu den adeligen Grundherren, die dem Knaben später zugute kamen. Giambattista selbst ist in den Akten des Konservatoriums von Neapel zunächst unter dem Namen Jesi geführt, später hat er sich konsequent Pergolesi genannt. Er war von klein auf kränklich – offenbar ein Familienerbteil, alle drei Geschwister starben im frühen Kindesalter –,

Giovanni Battista Pergolesi. Karikatur von Leone Ghezzi (1736)

er schleppte das linke Bein nach, was auch die wahrscheinlich einzige authentische Zeichnung des römischen Karikaturisten Ghezzi zeigt. Ärzte, Kuren und Medikamente haben ihn sein kurzes Leben lang begleitet. Am 14. oder 15. März 1736 ist er im Konvent der Franziskaner zu Pozzuoli bei Neapel gestorben, wie man heute annimmt, an Rückenmarkschwindsucht. Sein Grab ist verschollen, nur ein späteres Kenotaph bezeichnet die ungefähre Stelle neben der Kathedrale.

Das ist so merkwürdig wie bezeichnend. Denn als Pergolesi starb, war er unter Musikfreunden bereits eine italienische, wenn nicht europäische Berühmtheit. Er hatte, fast noch ein Kind, am Conservatorio dei Poveri di Gesù, der Armen in Christo, in Neapel bei ersten Meistern wie Francesco Durante studiert, hatte mit kaum 22 Jahren seinen ersten Opernerfolg verbucht und war von

Hof und Hochadel der Hauptstadt des Königreichs beider Sizilien ein bißchen gehätschelt worden, erst Kapellmeister des Fürsten von Stigliano, dann des Herzogs von Maddaloni. Er hatte in weniger als fünf Jahren ein nach Gewicht wie Umfang bedeutendes Werk geschrieben, in dem die Kirchenmusik nicht den geringsten Platz einnimmt – und war doch immer nur der Musik-Bedienstete seiner Herren geblieben. Als die Beisetzung, der Arzt und ein paar Requiems bezahlt waren, blieben der Tante, die ihm den Haushalt geführt hatte, nur wenige Scudi übrig. Unwillkürlich denkt man an das Schicksal Mozarts.

Und angefangen hatte alles im kleinen, stolzen Jesi. Im Dom beim ersten Altar rechts vom Eingang, steht noch der Renaissance-Taufbrunnen, an dem der Knabe auf die Namen Giovanni Battista getauft wurde. Es gibt auch ein Dokument darüber, das – Hinweis auf das Ansehen der Familie – die adeligen Paten nennt. Schräg gegenüber der Kathedrale steht am Platz Friedrichs II. der ehemalige Konvent San Floriano, ein stämmiger Bau in schönen Proportionen, heute als Festsaal benutzt: Hier haben zwei Franziskaner-Patres den Jungen in Grammatik, Latein und den Grundlagen der Musik unterrichtet, während auf der gegenüberliegenden Seite im Palazzo mit den beiden Säulen der Graf Ripanti, Musiknarr und Liebhabergeiger, ihm das Violinspiel beibrachte. Bis er eines Tages – Giambattista war zwölf oder dreizehn Jahre alt – erklärte, ihn nichts mehr lehren zu können. Jetzt sei es an der Zeit, bei Meistern in die Schule zu gehen.

Das war leichter gesagt als getan. Doch noch einmal ergaben sich nützliche Querverbindungen. Der Jesiner Marchese Cardolo Pianetti, in einem alten Palais an der Porta Valle zu Hause, war Militärarchitekt, Festungsbauer des Königs von Neapel, er hatte, durch dessen verwandtschaftliche Beziehungen zu Habsburg, auch sozusagen internationale Kontakte zum Wiener Kaiserhof, der ihn mehrfach auszeichnete. Er nahm den jungen Pergolesi mit in die Stadt am Vesuv und setzte durch, daß er gegen alle Spielregeln in eines der damals vier Konservatorien aufgenommen wurde, die, eigentlich Waisenhäuser, für ihre musikalische Ausbildung gleichermaßen berühmt waren. Dort ist er etwa neun Jahre geblieben, zuletzt als eine Art Hilfslehrkraft, und hat noch während des Studiums, zunächst mit kirchenmusikalischen Werken, erstes Aufsehen erregt.

Es gehört zu den Eigenheiten der älteren Musikgeschichte, daß das menschliche Profil auch bedeutender Künstler zuweilen weithin im dunkeln bleibt. Pergolesi wird von Zeitgenossen lediglich als bescheiden und zurückhaltend bezeichnet, zwei Eigenschaften, auf die sich die Leute aus den Marken auch heute einiges zugute halten. Königin Maria Amalia nannte ihn einen großen Menschen, der Präsident de Brosses, schreibwütiger Chronist der Musik seiner Zeit, »mein armer Lieblingskomponist«. Auch der Marchese di Villarosa, erster Liebhaber-Historiker der neapolitanischen Musik, weiß nur dies: Der junge Künstler sei heiter, doch nicht zu Scherzen aufgelegt gewesen, zurückhaltend, überaus bescheiden und »ergeben in seinen frühen Tod«. Die Liebesaffäre mit Maria Spinello, der Fürstin von Cariati, die Florimo mehr als hundert Jahre später in seiner Geschichte der Schule von Neapel erwähnt, ist nirgendwo auch nur andeutungsweise belegt – sie wäre in der klatschsüchtigen Hauptstadt nicht unbemerkt geblieben.

Zwei Bilder in Jesi geben ein wenig mehr Auskunft: Obwohl höchstwahrscheinlich keine »echten« Porträts, dazu verschiedener Herkunft, zeigen sie übereinstimmend einen jungen Mann mit dem unverkennbaren Zug des Leidens, in sich gekehrt, ohne Allüre. Daß er zwei der (musikalisch) geistvollsten Komödien der Opernliteratur geschrieben hat, wird niemand ahnen. Die Bilder hängen im letzten Saal der Städtischen Pinakothek im Palazzo Pianetti. Nein, nicht dem jenes Marchese Cardolo, sondern einem langgestreckten Bau in der Straße des 15. September, vom Erben des Pergolesi-Gönners um die Mitte des 18. Jahrhunderts errichtet, im Innern feinstes Rokoko mitteleuropäischer Prägung, an Geschmack und handwerklicher Raffinesse einmalig in Mittelitalien. In der Gemäldesammlung sind neben Meistern aus den Marken vor allem mehrere Bilder von Lorenzo Lotto zu bewundern, die der renommierte Venezianer für Jesiner Kirchen und Bruderschaften gemalt hat, darunter zwei Spitzenwerke: die »Thronende Jungfrau« von 1526 und der Santa-Lucia-Altar aus seiner reifsten Zeit.

Und wenn von Bildern die Rede ist, sollte auch jenes Porträt nicht vergessen werden, das im Palazzo del Comune gehütet wird, dem stämmigen Gemeindehaus am Eingang zur ältesten Altstadt. Es stellt den Komponisten Gasparo Spontini dar, der Maestro hat es auf der Höhe seines Ruhms um 1820 in Paris malen lassen und seiner Heimatstadt geschenkt. Er war 1774 im nahen Dorf Majolati als Bauernsohn geboren, in Jesi aufgewachsen und im Alter hierher zurückgekehrt, vielfach dekoriert, reich, in den Grafenstand erhoben – und verbittert. In Paris hatte er rauschende Erfolge erlebt, in Berlin war er zehn Jahre lang Generalmusikdirektor der Königlichen Oper gewesen, der erste Künstler, der diesen Titel trug, ein strenger Orchestererzieher und neben Carl Maria von Weber der erste Taktstockdirigent. Doch auch seine besten Werke, pathetische große Opern französisch-kaiserlichen Zuschnitts, in denen er die Gluckschen Reformen weiterzuentwickeln meinte (*Die Vestalin*, 1807; *Fernando Cortez* 1809; *Olympia*, 1819), hatten sich schon zu seiner Zeit überlebt, nicht zuletzt durch den Aufbruch der deutschen Romantik (*Der Freischütz*, 1821). So ist er – und deshalb begnügen wir uns mit der knappen Erinnerung – durch das Sieb der Geschichte gepurzelt.

Palestrina

PALESTRINA? Ja, natürlich, ein bedeutender Kirchenmusiker, Ende der Renaissance, viele Messen hat er komponiert, die auch heute noch zu kirchlichen Festtagen (und bei guten Chören) gesungen werden, und viele Madrigale. Einer also, der nach vierhundert Jahren noch »gegenwärtig« ist. Daß Palestrina aber aus Palestrina stammt, ist wenigen gegenwärtig. Woher also kam der Mann, der zu seiner Zeit als Meister aller Meister gefeiert wurde und der es – was immer man davon halten mag – in unserem Jahrhundert sogar zum Titelhelden einer Oper gebracht hat?

Das Städtchen liegt knappe vierzig Kilometer ostwärts von Rom, malerisch an den Hang des Colle Ginestro geklebt, eines letzten Ausläufers des mittleren Apennin, vor sich ausgebreitet die lazische Ebene zwischen den Albaner- und den Lepiner-Bergen. Daß es älter ist als die Ewige, die Haupt- und Weltstadt, wesentlich älter, das haben Funde in der Nekropole am Fuße des Hügels ebenso eindeutig erwiesen wie die mächtigen Zyklopenmauern, die sich noch da und dort zur Höhe hinaufwinden. Fast drei Jahrtausende Geschichte sind hier gespeichert, und so ist der Mann, den wir Palestrina zu nennen uns gewöhnt haben, nicht die einzige Attraktion. Übrigens ist selbst die Kunde, daß er hier geboren wurde, nicht eindeutig belegbar. Gewiß, die Familie war in Palestrina zu Hause, der Komponist hat zeitweilig hier gelebt, doch die Dokumente fehlen, während in der Volkszählung von 1525, dem Jahr, das man als wahrscheinliches Geburtsjahr errechnet hat, in Rom ein Sante de Prenestina samt Familie verzeichnet ist – und Pierluigis Vater hieß Sante. Gleichviel, Jugend (bis auf einige Zeit als Sängerknabe in Rom) und erste Mannesjahre des späteren Meisters gehörten zweifellos Palestrina und haben jenen Typus geformt, der auch als arrivierter, ja umworbener Künstler dem heimatlichen Lebenskreis verbunden blieb.

Da steht er nun, in Marmor geschlagen, auf hohem Piedestal inmitten des einzigen größeren Platzes der Stadt. Erst 1921 hat man sich aufgerafft, ihn so zu ehren – eine der mancherlei Sünden wider den Geist der Geschichte, die hier begangen werden. Doch für die meisten Besucher, die zumal an den Wochenenden einfallen, scheint die ragende Gestalt mit dem Notenbündel nur eine Größe zweiter, ja dritter Ordnung zu sein. Kein Wunder, der Ort selbst ist auf seine Weise einzigartig. In vier langen, schmalen Terrassen steigt er bergan, eine jede mit Rampen und Stiegen der nächsten verbunden, von gewaltigen Stützmauern und stämmigen Arkaden getragen bis hinauf zum barocken Palazzo der Barberini-Familie, der heute als Museum dient. Die ganze Altstadt war einmal eine einzige riesige Tempelanlage der Fortuna Primigenia, der Göttermutter des lateinischen Olymp. In den ersten christlichen Jahrhunderten verlassen, dann überbaut, ist sie erst durch die Narben des Zweiten Weltkriegs wieder zutage gekommen und bildet nun, teilweise hervorragend restauriert, das aparte Skelett eines aus Antike, Mittelalter und neuester Zeit zusammengewürfelten Bergstädtchens. Archäologie ist »in«, zumal wenn sie der Bestätigung der eigenen Wurzeln dient, das Museum mit der geschwungenen Freitreppe und dem prachtvollen Nil-Mosaik kann sich über mangelnden Zuspruch nicht beklagen. Die Lage tut ein übriges.

Die hatte es schon den Kaisern Augustus und Hadrian angetan, die am Fuße des Heiligtums, zu dem obendrein ein sehr gefragtes Orakel gehörte, ihre Villen hatten. Und selbst im Niedergang hat sie noch Wirkung gezeigt. Am Anfang unseres Jahrhunderts, lange bevor die Glücksgöttin aus dem Schutt wiedererstand, haben Thomas und Heinrich Mann, damals noch nicht feindliche Brüder, für

Palestrina. Heiligtum der Fortuna Primigenia

einige Zeit in Palestrina Wohnung genommen. Das Echo des Aufenthaltes ist bis in den *Doktor Faustus* nachzuweisen, der den Teufelspakt in einer Casa Menardi abschließt – nachempfunden dem Haus, in dem die Brüder wohnten. Dort hat man nach Thomas ein Sträßchen, mehr eine Stiege benannt, nach Heinrich einen umfriedeten grünen Fleck, Piazza geheißen. Wenig unterhalb steht seit kurzer Zeit ein niedriger brauner Bau, schwere Gitter davor: Ersatz für Pierluigis zerstörtes, angebliches oder wirkliches Geburtshaus.

Denn soviel ist immerhin sicher, daß dort die Familie Pierluigi zu Hause war. Der Komponist, den wir also eigentlich Giovanni Pierluigi nennen müßten, hat, während seine Manuskripte nie gezeichnet sind, auf Quittungen und Briefen als Giovanni Petraloysio Prenestino unterschrieben, in jenem Gemisch aus Italienisch und Lateinisch, das um 1550 noch üblich war. In den Schriften der Zeit heißt er einfach Il Palestrina, kurioserweise auch Palestina. Doch bis man von ihm reden wird, sollen noch Jahre vergehen. Erst 1544 taucht die erste Urkunde auf, die ihn bestätigt: die Bestellung des (schätzungsweise) Neunzehnjährigen zum Organisten und Kapellmeister an der Kathedrale Sant'Agapito in seiner Heimatstadt. Die Position war gewiß nicht großartig, Palestrina hatte damals kaum mehr als zweitausend Einwohner, und das musikalische Leben des Städtchens, ausschließlich auf die Kirche fixiert, muß man sich sicherlich sehr bescheiden vorstellen. Entsprechend dürfte auch das Salär gewesen sein, denn Pierluigi wurde mit den Einnahmen eines Kanonikats entlohnt.

Immerhin hat er das Amt mehr als sieben Jahre lang ausgefüllt, und offenbar zur Zufriedenheit seiner Oberen. Denn als der Kardinal-Bischof von Palestrina, Giovanni Maria del Monte, als Papst Julius III. den Stuhl Petri bestieg, hat er sich, so scheint es wenigstens, seines jungen Domorganisten erinnert und ihm 1551 die angesehene Kapellmeisterstelle an der Cappella Giulia in Rom verschafft. Der junge Mann war inzwischen schon verheiratet mit einem wohlhabenden Mädchen, wie er denn auch im späteren Leben sich durchaus auf weltliche Dinge verstand. In der Hauptstadt werden wir ihm wiederbegegnen, und dort wird ihm die Ehe noch einigen Ärger bereiten (siehe auch das Kapitel »Rom«).

Der Dom, benannt nach einem aus Palestrina gebürtigen Märtyrer des 3. Jahrhunderts, hat den Krieg leidlich gut überstanden. Er steht auf der zweiten Terrasse, die praktisch die Hauptstraße des Ortes ist, und an seiner Eingangsfassade kann man ablesen, daß er einmal nicht nur an der Stelle eines antiken Tempels errichtet, sondern geradezu in seine Reste hineingebaut wurde – in der Frühzeit des Christentums ebenso praktisch wie ein betontes Symbol für den Sieg der neuen Religion. Das Innere unterscheidet sich kaum von den vielen nach barockem Geschmack umgestalteten Provinzkirchen, nur eine stämmige Marmorgruppe läßt aufmerken: die Kopie jener späten »Pietà« Michelangelos, die, angeblich unvollendet, erst im Palazzo Rondanini zu Rom die Kunsthistoriker rätseln ließ und jetzt im Mailänder Sforza-Kastell steht. Erinnerungen an Pierluigi? Der Priester zuckt bedauernd die Schultern. Die Kathedrale besaß einige Manuskripte, es gibt sie nicht mehr – und es

Giovanni Pierluigi, genannt Palestrina. Radierung von Friedrich Böttcher nach einem Gemälde des 16. Jahrhunderts

Autograph Palestrinas. Aus dem Hymnus »Vexilla regis prodeunt«

bleibt offen, ob der Bombenkrieg oder die Vatikanische Kulturverwaltung die Kirche dieser Reliquien beraubt hat.

Immerhin gibt es einen Palestrina-Chor, der pflegt des Meisters Werke, die, zum Glück für ihn, durchweg ohne Instrumente auskommen. Was es indessen nicht gibt, ist ein für musikalische Aufführungen geeigneter Raum. Es bleibt bislang bei den Kirchen oder der winzigen Terrasse im Innenhof jenes dubiosen Geburtshaus-Neubaus, der seinerseits erst wenige Jahre alt ist. Ein weiteres Versäumnis, sagen die Eingeborenen, wie die Vernachlässigung der Reste des unteren Tempels hinter dem Dom, dort, wo das antike Orakel seinen Sitz hatte. Welch aparte Kombination: eine der ältesten Kirchen Mittelitaliens dicht neben der Höhle der Weissagungen, die erst gegen Ende des 4. Jahrhunderts, als die »Konkurrenz« schon mächtig gewachsen war, als Götzendienst verboten wurden.

Daß ein Mann, den sie den »Erretter der Kirchenmusik« nannten, der schon zu Lebzeiten das genoß, was man später Weltruf heißen wird, in seiner Heimat kaum sichtbare Spuren hinterließ, darf nicht wundern. Auch in Rom, wo er den Großteil seiner Mannesjahre verbrachte, sind, wie man noch sehen wird, handgreifliche Erinnerungen mehr als spärlich, die musikalischen natürlich ausgenommen. Aus Briefen und Dokumenten weiß man jedoch, daß Pierluigi ungeachtet der immensen, fast ausschließlich für die Kirche bestimmten künstlerischen Produktion ein (fast) normales Familienleben führte und sich als guter Hausvater mit Erfolg um die Vergrößerung des ererbten Besitzes in Palestrina bemühte. Das setzte seine Anwesenheit am Heimatort voraus, was bei der Entfernung von Rom und zumal während der vier Jahre beim Kardinal Ippolito d'Este, abwechselnd in Rom und im nahen Tivoli, keine Schwierigkeit bot. Von den drei Söhnen aus erster Ehe hat nur der Jüngste, Iginio, den Vater überlebt, der bald, und offenbar mit Recht, als reicher Mann galt. Auch die zweite Heirat mit einer vermögenden Pelzhändlerswitwe aus Palestrina zeigt die ständigen Kontakte mit der Geburtsstadt. Und schließlich, am Ende eines langen und überaus erfolgreichen Lebens, der Wunsch zurückzukehren, die letzten Jahre an der Provinz-Kathedrale neben der

Orakelhöhle zu amtieren, von der er einst ausgezogen war. Es kam nicht mehr dazu. Bevor die Verhandlungen abgeschlossen waren – Pierluigi war ein zäher und selbstbewußter Partner –, starb er am 2. Februar 1594 in Rom.

Damals hatte Pierluigi 23 Jahre lang die renommierteste Stellung innegehabt, die die katholische Kirche in musicis zu vergeben hat: Kapellmeister am Petersdom. So muß seine Absicht, an die vergleichsweise unscheinbare Kathedrale von Palestrina zurückzukehren, uns die Stadt mit anderen Augen sehen lassen. So sollte man wenigstens meinen. Doch das will nicht recht gelingen. Auf der Piazza Regina Margherita stehen dicht bei dicht in Reih und Glied die Blechrösser der neuen Zeit, Pierluigis Denkmal geradezu symbolisch einkesselnd. Es gibt, außer der erwähnten Chorvereinigung, eine Stiftung und ein Studienzentrum mit seinem Namen, lebendige musikalische Aktivitäten indes, die über die Stadt hinaus ausstrahlen, sucht man vergebens. Ein Häuflein engagierter Bürger bemüht sich, etwas in Gang zu bringen, doch vorerst fehlen so ziemlich alle Voraussetzungen, Palestrina in Palestrina zu feiern – wie es, zum Beispiel, die Leute von Pesaro mit ihrem Rossini tun. Und der war »nur« ein Opernschreiber.

Rom

Die Kapitale Italiens, gern Ewige Stadt genannt, inzwischen drei Millionen Einwohner, als Musikstadt zu bezeichnen wäre gewiß übertrieben, Musik ist nur eine Seite ihrer kulturellen Partitur, beileibe nicht die dominierende. Doch man vergißt es allzuleicht: Rom ist nicht erst knapp anderthalb Jahrhunderte, seit der Einigung der Halbinsel, Regierungssitz mit allem, was an politischen Aufgaben dazugehört, Repräsentation eingeschlossen. Er war es schon seit dem Mittelalter, nachdem der Kirchenstaat sich formiert hatte und die Päpste auch als weltliche Herren eine fürstliche Hofhaltung unterhielten, die wie jede andere Künstler aller Sparten und eben auch Musiker an sich zog. Die doppelte Attraktion des päpstlichen Zentrums und des politischen Schwerpunkts, deren eines das andere stützte, hat bewirkt, daß, wer auch immer auf dem Wege zur künstlerischen Meisterschaft war oder sie bereits errungen hatte, auch in Rom vorsprach – bis zu jenem schrecklichen Jahr 1870, da die Stadt, letzte Bastion feudaler Herrschaft, erobert wurde und der Papst sich als »Gefangener Italiens« in die Engelsburg zurückzog.

Einem, der in der Hoch-Zeit päpstlichen Glanzes hier seine Kunst betrieb, sind wir in seinem Heimatort Palestrina begegnet, dessen Name ihm schon zu Lebzeiten angeheftet wurde. Es ist ge-

Rom. Blick auf die Kuppel der Peterskirche

wiß lange her, doch muß man von ihm sprechen. Nicht nur, daß sein Werk in seinem, dem 16. Jahrhundert, bereits als ein Gipfelpunkt musikalischer Künste galt, und nicht nur im kirchlichen Raum – er hat seine Komponisten-Kollegen bis fast in unsere Zeit hinein als Herausforderung beschäftigt. Könnte es einen modernen Palestrina-Stil geben? Die Frage hat sich wohl erst durch die Entwicklung der letzten Jahrzehnte erledigt.

Als Pierluigi 1594 starb, trauerte die Kirche, trauerte Rom und die damalige Musikwelt. Seine Beisetzung in Sankt Peter, mit ungewöhnlichem Pomp, unter Mitwirkung Hunderter Sänger, war ein verspäteter Triumphzug. Wer heute in der Eingangshalle der größten Kirche der Christenheit die vielsprachigen Nonnen und Kapläne des Informationsstandes nach seinem Grabe fragt, erntet Verlegenheit. Es ist bei einer der zahlreichen Veränderungen in der hundertjährigen Bauzeit verlorengegangen. Auch das Haus im Vatikan, in dem Palestrina wohnte, existiert längst nicht mehr. Einzig eine Marmortafel an dem Palazzo linkerhand der Piazza Santa Maria, an der Ecke des Vicolo del Perugino hinter der Sakristei – Zutritt nur mit Sondergenehmigung – bezeichnet den Ort, da der »Erretter der Kirchenmusik«, wie er schon damals gepriesen wurde, fast siebenundzwanzig Jahre lang gelebt und komponiert hat.

Wie Palestrina zu diesem Ehrennamen kam, ist eine Geschichte für sich. Im Verlauf des langen Konzils von Trient, das im wesentlichen der Verteidigung der traditionellen Lehre gegen die Neuerungen der Reformatoren diente, kam auch die Musik zum Gottesdienst ins Gerede. Sie dürfe nicht nur leerer Ohrenschmaus sein, nicht das Textwort überwuchern, war die Maxime. Zwei Kardinäle forderten gar, den »skandalösen Lärm« der Polyphonie gänzlich zu verbieten. Zur Probe ließ man vor Papst Marcellus einige Messen von Orlando di Lasso und Palestrina singen, die sich indes als so mustergültig in der Textbehandlung erwiesen, daß der Antrag abgelehnt wurde. Daraus entstand flugs die Legende vom römischen Tonsetzer, der mit der sogenannten Marcellus-Messe den Papst überzeugt und die mehrstimmige Kirchenmusik rettet. Hans Pfitzner hat den Stoff im Ersten Weltkrieg (1917) zum

Gegenstand einer tiefsinnigen, heute nur noch selten gespielten Oper gemacht.

Damals, um die Mitte des 16. Jahrhunderts, hatte der Mann aus der Kleinstadt in der Ciociaria eben seine große Karriere begonnen: Sänger der Cappella Giulia im Petersdom, musikalischer Leiter der Lateran-Basilica, dann von Santa Maria Maggiore und schließlich zurück nach San Pietro, wo die Cappella Sistina heute noch sein Werk eifersüchtig vor allen Neuerungen behütet – mehr konnte Rom niemandem bieten. Daß nach vierhundert Jahren die greifbaren Lebensspuren selbst im Vatikan so spärlich sind, wen wundert's. Anderen ist es nicht anders ergangen. Man weiß, daß Orlando di Lasso, der Niederländer in Münchener Diensten, 1574 den päpstlichen Orden vom Goldenen Sporn erhielt, wie später Gluck (1756) und der vierzehnjährige Mozart auf der ersten Italienreise (1770). Vater Leopold hat es enthusiastisch nach Salzburg berichtet, der Sohn sich vom Prunk der Audienz nicht verblüffen lassen und später den Titel eines Cavaliere kaum je benutzt. Der Gasthof an der Piazza Nicosia, in dem Vater und Sohn damals wohnten, ist längst Neubauten gewichen. Natürlich hat der Vatikan nicht nur Maler, Bildhauer, Architekten zum Ruhme der Kirche angeheuert, auch die Liste der Musiker ist lang und eindrucksvoll. Freilich waren nicht alle Päpste der holden Kunst so zugetan wie jener Clemens IX., der, als er noch der Kardinal Rospigliosi war, um die Mitte des 17. Jahrhunderts als Roms bedeutendster – Opernlibrettist galt, dicht gefolgt übrigens von seinem Kollegen Ottoboni, dem Neffen Alexanders VIII. Der ließ sich in seinem Palazzo, der nachmaligen Cancelleria am Corso Vittorio Emanuele, nicht nur von Filippo Juvarra ein Theaterchen einbauen, sondern engagierte als Chef seiner Privatkapelle den führenden Geiger, Komponisten und Erfinder des barocken Concerto grosso: Arcangelo Corelli, mit dem ihn fast so etwas wie Freundschaft verband. Der wiederum ließ auch Vater und Sohn Scarlatti für den Kardinal musizieren – welch eine Zeit, welch eine Stadt.

Die rosigen Zeiten sind dann ziemlich rasch zu Ende gegangen. Der junge Mann, der, kaum dem Wunderkindalter entwachsen, im

Hause Nr. 5 an der Piazza di Spagna den Winter 1830/31 über eifrig komponierte, hatte ganz anderes zu vermelden. Das Opernorchester musiziere, schrieb er an die Familie, wie im letzten bayerischen Dorf, die Solisten seien von dritter Güte. Auch die Kirchenmusik, die er vor allem im Petersdom studierte, fand er äußerst mittelmäßig; er bemängelte die unsinnigen Verzierungen, mit denen die päpstlichen Sänger die alten Meister zu verschönen meinten, und daß sie Bachs Matthäuspassion für unaufführbar hielten, das Werk, das er selbst eben erst mit der Berliner Singakademie wiedererweckt hatte, schien ihm der Gipfel der Ignoranz. Der fleißige Briefschreiber: FELIX MENDELSSOHN BARTHOLDY.

Damit sind wir wieder im Bannkreis des Petersdoms. Einer der letzten Großen der Musikgeschichte, der hier Station machte, Station im wahren Sinne nach einem ruhelosen Virtuosenleben, war FRANZ LISZT. Er hatte schon 1839, auf der ersten und mißglückten Italientournee, im Teatro Argentina gespielt, zu Gast im Palazzo Galitzin nahe der Ripetta. Erst zwanzig Jahre später kehrte er zurück, teils auf Wunsch der Fürstin Sayn-Wittgenstein, die vom Papst die Lösung ihrer russischen Ehe erhoffte, um den Künstler heiraten zu können, teils aus jener von Jugend auf spürbaren Neigung zum religiösen Mystizismus. Zunächst wohnte er im Olivetanerkloster auf dem Monte Mario neben der Kirche der Madonna del Rosario, und sommers mehrfach in der Villa d'Este des Kardinals Hohenlohe in Tivoli. Dieser, ein kluger Mann, wußte die Heirat mit der Fürstin ungeachtet des päpstlichen Dispenses zu verhindern. Übrigens hatte der Maestro alsbald einen Kreis von jungen Pianisten um sich. In der Wohnung seines Lieblingsschülers GIOVANNI SGAMBATI an der Piazza di Spagna gab er einmal wöchentlich Unterricht, man sprach direkt von einer italienischen Liszt-Schule. Der vielseitig begabte Sgambati setzte sich sehr für die Instrumentalmusik ein, die im opernnärrischen 19. Jahrhundert in Italien ganz darniederlag – die Gesellschaft hatte »einen heiligen Schrecken vor dem bloßen Namen klassischer Musik«, schreibt ein zeitgenössischer Beobachter. Richard Wagner, der 1876 nach dem finanziellen Desaster der ersten Bayreuther Festspiele nach Italien

Franz Liszt.
Pastellbild von
Franz von Lenbach

Felix Mendelssohn Bartholdy.
Zeichnung von
Johann Peter Lyser

geflohen war und von der deutschen Kolonie in Rom enthusiastisch gefeiert wurde, ließ sich von dem jungen Mann so beeindrucken, daß er den Verleger Schott in Mainz überredete, zwei von dessen Quartetten zu drucken.

Daß Papst Pius IX. Liszt in seiner Klause besuchen kam, dürfte kaum dem Ruhm des Virtuosen zuzuschreiben sein. Seine Hinwendung zur Kirchenmusik, schon in Weimar angebahnt (Pater noster, Responsorien, Graner Messe), trat jetzt deutlich zutage. Dabei war die »Lisztomanie«, wie Heine die überschwengliche Verehrung schon in Paris genannt hatte, noch kaum abgeklungen. August Wilhelm Ambros, der erste deutschsprachige Musikhistoriker, schrieb damals: Hätte Liszt die Antipoden besucht, so wäre anzunehmen, daß »selbst dort tätowierte Enthusiasten ihre letzte Cocosnuß an ein Concertbillett gewendet haben würden«.

Wer die Vatikanischen Museen aufmerksam durchstreift, kennt auch die lange Treppe, die zu den sogenannten Loggien Raffaels im zweiten Stock des Papstpalastes hinaufführt, jenem Arkadengang mit den vier Dutzend biblischen Szenen. An ihrem Ende rechts liegen die Räume, die für lange Zeit Liszts Asyl wurden, nachdem er im Kloster der Lazaristen auf dem Monte Mario die Tonsur und die niederen Weihen – zum Kleriker, nicht zum Priester – empfangen hatte. Auch ein Musiksaal stand ihm im angrenzenden Bibliotheksflügel zur Verfügung. Später wurde das feudale Asyl von einer Reihe stattlicher Zimmer im Kloster Santa Francesca Romana auf dem Forum abgelöst, jenem schlichten Zweckbau zwischen der Maxentius-Basilica und dem Colosseum auf den Trümmern des riesigen Venustempels, wo heute die renommierte Kammermusikvereinigung »I Solisti di Roma« ihren Sitz hat. Auch wenn man bedenkt, daß Liszt in diesen fast zwanzig Jahren ständig zwischen Rom, Weimar und Budapest hin- und herpendelte – er nannte es sein »dreigegabeltes Leben« –, müssen am Petersplatz wie am Forum viele musikalische Gedanken gereift sein. Um so merkwürdiger, daß die Ernte stets anderswo eingebracht wurde.

Musik im Vatikan, das ist, versteht sich, weit mehr als Palestrina und der »Außenseiter« Liszt. Papst Gregor I. hatte schon ums Jahr 600 die Schola Cantorum, den ersten Kirchenchor, gegründet. Was man den Gregorianischen Choral nennt, das bekam durch ihn in Jahrhunderten seine Form. Als dann das Zeitalter der Mehrstimmigkeit anbrach und das Geflecht der Notenlinien immer dichter wurde, half man sich auch in der Kirchenmusik dadurch, einzelne Stimmen von Instrumenten spielen zu lassen, eine in der weltlichen Musik der Renaissance durchaus übliche Praxis. Einzig die Cappella Sistina, so hieß inzwischen der in erster Linie für die Papstkapelle bestimmte Chor, für jenes durch Michelangelo berühmt gewordene Gehäuse also, hat das bis heute nicht mitgemacht. Er musiziert, etwa dreißig Sänger stark, immer nur »a cappella«, ohne Instrumente, wie er sich auch ausschließlich dem Werk Palestrinas und seiner römischen Zeitgenossen (Festa, Animuccia, Soriano) widmet. Die Mehrstimmigkeit brachte damals noch einen anderen Stolperstein: die hohe Lage der Oberstimme, die wir heute Sopran nennen. Und getreu dem Paulus-

Wort im 1. Korintherbrief, wonach die Frau in der Kirche zu schweigen habe, erhielt die Päpstliche Kapelle 1601 den ersten Kastraten, wie seine Kollegen ein Pater. Erst am Anfang unseres Jahrhunderts hat der damalige Leiter der Sistina, Lorenzo Perosi, auch ein bedeutender Komponist geistlicher Musik (1872–1956), den alten Brauch abgeschafft.

Roms Innenstadt, das Centro Storico, wimmelt, man weiß es, von ehrwürdigen Palästen, und viele von ihnen haben auch eine musikalische Vergangenheit. Da, wo die Via Condotti, Roms teuerste Einkaufsstraße, von der Spanischen Treppe her auf den Corso – eigentlich Via del Corso – stößt, steht als Nr. 418a der Palazzo Ruspoli. 1556 von dem Florentiner Ammannati erbaut, mit seinen drei Schaufassaden ein Unikum unter den Stadtpalais, hat er 1708 den jungen Händel als Gast des Marchese beherbergt. Der nachmalige Nationalheilige der englischen Musik schrieb dort unter anderem die beiden Oratorien *La Risurrezione* und *Il Trionfo del Tempo e del Disinganno*, die im großen Saal des Palastes erfolgreich und, wie aus den Haushaltsbüchern des Marchese hervorgeht, in außergewöhnlich starker Besetzung uraufgeführt wurden. Dirigent: Arcangelo Corelli. Händel, kaum 23 Jahre alt, hatte sich in Italien als Virtuose eingeführt. Er phantasierte zur Begeisterung der feinen Gesellschaft auf der großen Orgel in San Giovanni al Laterano und blieb bei einem vom Kardinal Ottoboni inszenierten, spektakulären Wettstreit mit Domenico Scarlatti auf diesem Instrument Sieger, während die adeligen Preisrichter dem Napoletaner am Cembalo den Vorzug gaben.

In diesen Jahrzehnten des Hochbarock wurde viel musiziert in Rom, freilich nur in Adelshäusern und bei den vielen frischernannten Kardinälen. Corelli, dessen Concerti grossi mit Recht auch heute bei renommierten Kammerensembles auftauchen, hat als erster die später so beliebten Streichermassen, bis zu hundert Violinen, dirigiert. In seinem umfangreichen kompositorischen Schaffen gibt es nicht eine einzige vokale Zeile. Seine Triosonaten – die ersten zwölf sind der Exkönigin Christine von Schweden gewidmet – und Konzerte verkörpern sozusagen den klassizistischen Zug

Arcangelo Corelli. Stich von Michiel van der Gucht nach einem Gemälde von Hugh Howard (um 1700)

des Barock: Bändigung der Phantasie, keine harmonischen Effekte, keine virtuosen Kunststücke. Als einziger Musiker ist Corelli im Pantheon begraben.

Diese Christine, Tochter Gustaf Adolfs, Tante des Großen Kurfürsten, nach der Abdankung konvertiert, hat in Rom manches bewegt. Im Palazzo Farnese hinterm Campo dei Fiori war ALESSANDRO SCARLATTI ihr Kapellmeister, sie hat Theater, Musiker und Literaten unterstützt und im gerade aufkommenden Opernfieber durchgesetzt, daß auf der Bühne auch Frauen Frauenrollen singen durften. Es ist die Zeit des Beginns einer öffentlichen Theaterkultur, ein halbes Jahrhundert später als in Venedig. 1679 eröffnet das Teatro Tordinona, ihm folgen Capranica, Pallacorda, Aliberti, Valle, Argentina und andere. Bis auf das Teatro Argentina existiert keines mehr. Neubauten schmücken sich mit den historischen Namen. Im alten Tordinona, das später Apollo hieß, wurde u. a. DONIZETTIS *Adelia* uraufgeführt, die der stets Verliebte für die 25jährige Primadonna GIUSEPPINA STREPPONI geschrieben hatte, Verdis spätere Lebensgefährtin. Auch dessen *Troubadour* und *Ein Maskenball* erblickten hier das Licht der Bühnenwelt. Der Maestro, von den Forderungen der Zensur aus Neapel vertrieben, wohnte derweil im Albergo Sole gegenüber dem Pantheon, wo schon der große Renaissance-Poet Ariosto geweilt hatte. Später machte sich das Theater durch die ersten Wagner-Aufführungen einen Namen, bis es der Uferbefestigung des Tiber weichen mußte. Das Valle wiederum, ursprünglich ein reines Schauspiel-, ja Komödienhaus, gewann in den Jahren vor der auch in Italien gescheiterten Revolution von 1848 eine gewisse politische Bedeutung, als es Opern wie VERDIS *Ernani*, *Nabucco* und *Die Räuber* zu patriotischen Veranstaltungen umfunktionierte.

Rom. Palazzo Farnese, Rückfront

Am Largo Argentina, gegenüber den Resten vierer Tempel, die älter sind als fast alles, was das Forum Romanum vorzeigt, liegt das gleichnamige Theater. Die klassizistische Fassade ist erst 170 Jahre alt, der Bau selbst mit seinen 186 Logen wurde schon 1738 eingeweiht und war bis ins 19. Jahrhundert die bedeutendste Spielstätte der Oper. Hier hat GLUCK, inzwischen nach langen Wanderjahren in Wien ansässig, seine Oper *Antigono* auf einen Text Metastasios einstudiert und war von seinem Gönner, dem Kardinal Albani, zum »Pfalzgrafen des Lateran und Kreuzherrn vom Goldenen Sporn« ausgezeichnet worden (1756). Das Argentina sah auch die Uraufführung des *Barbier von Sevilla*, eines jener Meisterwerke, die wie Verdis *Traviata* zuerst ausgepfiffen und dann bejubelt wurden. Der junge ROSSINI dirigierte am Cembalo und wohnte während der Proben im Vicolo dei Leutari nahe der Piazza Navona, eine Marmortafel am Palazzo Pagliarini zeigt es an. Auch VERDI hatte im Argentina um die Jahrhundertmitte zwei Premieren: *Die beiden Foscari* (1844) und *Die Schlacht von Legnano* (1849), heute fast vergessene Werke aus den Galeerenjahren, wie er die Zeit der raschen Auftragsarbeiten später nannte.

Wer jetzt in Rom eine Oper hören will, der muß das pompöse Haus in der Via Torino unweit des Hauptbahnhofs ansteuern, die einzig verbliebene Stätte fürs große Musiktheater. Vor wenig mehr als hundert Jahren hat es ein Hotelier erbauen lassen – welcher Touristikboß käme wohl heute auf diese Idee? Nach ihm hieß es Teatro Costanzi, bis der Stararchitekt der Mussolinizeit, Piacentini, es 1926 mächtig umbaute zum Königlichen Opernhaus. 1945 wurde das »Königlich« gestrichen, sonst blieb alles beim alten. Das Haus hatte schon um die Jahrhundertwende eine imponierende Zahl von Uraufführungen aufzuweisen, PUCCINIS *Tosca* (1900) ist darunter wie PIETRO MASCAGNIS *Cavalleria rusticana* (1890) und fünf weitere Opern des Mannes aus Livorno, den Verdi als den begabtesten unter seinen Nachfolgern ansah. Auch später hat man sich hier betont um die jeweilige Moderne bemüht, jene, die wir heute die klassische nennen. CASELLA und MALIPIERO, WOLF-FERRARI und STRAWINSKY wurden präsentiert, unter den Dirigen-

Pietro Mascagni

ten waren SAINT-SAËNS, TOSCANINI und KLEMPERER, DE SABATA, SERAFIN und MASCAGNI.

Dieser MASCAGNI verdient noch ein Wort. Jeder Opernfreund kennt seine *Cavalleria*, auch wenn manchem die Musik allzu robust und effektvoll daherkommen mag. Der Einakter, Ergebnis eines Wettbewerbs, schlug in der von *Tristan* und *Parsifal*-Klängen narkotisierten Musikwelt wie die sprichwörtliche Bombe ein und wurde sofort in ganz Europa nachgespielt. Nochmals Verdi: »Es ist also nicht wahr, daß die Tradition der italienischen Melodie zu Ende ist.« Vierzig Jahre nach der Premiere von 1888 zählte man bereits die 13 000. Aufführung! Keine von Mascagnis späteren Opern, unter anderen *Freund Fritz*, *Iris*, *Die Masken*, hatte mehr als flüchtigen Erfolg, dennoch blieb Rom gewissermaßen seine Hochburg. Daß er sich dann ziemlich naiv den Faschisten andiente, hat ihn die Achtung aller bedeutenden italienischen Kollegen gekostet. Seine letzten Jahre verbrachte der Achtziger isoliert und verstört in einem kleinen Zimmer des Hotels Plaza in der Via del Corso Nr. 126, dort ist er kurz nach dem Ende des Zweiten Weltkriegs gestorben.

Weiter den Corso entlang auf die Porta del Popolo zu begegnet linkerhand, hinter der Kirche San Carlo, ein merkwürdiges Bauwerk, das jedem Touristen vorgeführt wird. Das monumentale Rund, ursprünglich zu einem bewaldeten Hügel stilisiert, war nacheinander Mausoleum des Augustus und seiner Nachfolger, mittelalterliche Fluchtburg der Fürsten Colonna, Circus und schließlich Konzertsaal, bis Mussolini 1936 der »Entweihung eines Nationaldenkmals« ein Ende machte und den zweckentfremdeten Koloß schließen ließ. Für uns ist er ein Monument des Desinteresses, das lange Zeit die Instrumentalmusik aus Roms Kulturleben verbannte. Erst weit nach 1800 kam es zu zaghaften Versuchen, in Salons wie öffentlichen Konzerten »absolute« Musik zu integrieren. Da nimmt es fast wunder, daß das Pariser Conservatoire seine Rom-Preisträger für Jahre in die Villa Medici schickte, unter ihnen Berlioz, Gounod, Bizet und Debussy, der allerdings, von der Stadt »erdrückt«, beizeiten floh. Bis 1876 gab es in der Großstadt Rom keine öffentliche Musikschule, die berühmte Accademia di Santa Cecilia in der Via Vittoria Nr. 6, schon 1556 als Päpstliche Congregation gegründet, hat erst in unserem Jahrhundert ihren Ruf aufpoliert.

Vielleicht hat's noch niemand bemerkt: Der römische Spaziergang traf bisher unter den Sternen und Sternchen der Musikgeschichte keinen einzigen Römer von Geburt. Die unmittelbare Gegenwart, die ja nicht unser Thema ist, kennt manchen Namen von Rang, zumal ausübender Künstler. Die Vergangenheit hat da in der Tat wenig aufzuweisen, einige kaum noch bekannte Meister des Frühbarock wie Peri, Landi, die beiden Anerio ausgenommen. Auch der Mann, der Roms Schönheiten in schwelgerischen Orchesterfarben gerühmt hat (*Fontane di Roma*, *Pini di Roma*), der Komponist Ottorino Respighi (1879–1936), war kein Römer –

er stammte aus Bologna. Der in musicis zweifellos einflußreichste Römer war ein Nichtmusiker: PIETRO METASTASIO, der eigentlich Trapassi hieß und mit seinen viel dutzendmal komponierten Opernlibretti dem Musiktheater des ganzen 18. Jahrhunderts Stoff und Form gab. Ältere Liebhaber des Klaviers erinnern sich wohl der Sonaten und Etüden des Römers MUZIO CLEMENTI, der als Pianist, Komponist und Pädagoge ganze Generationen von Klavierspielern zum »Gradus ad Parnassum«, dem Weg zur Vollendung, geführt hat. Doch der Vielgewandte und Vielreisende, zu seiner Zeit eine europäische Berühmtheit, lebte und wirkte hauptsächlich in London, der elegante Verseschmied mit dem nach Humanistenart ins Griechische übersetzten Namen als Hofdichter in Wien.

Neben dem Teatro Argentina zweigt eine kleine Gasse ab, die Via del Sudario. Das Haus Nr. 45, gut fünfhundert Jahre alt, gehörte dem Straßburger Prälaten Burkhard, Zeremonienmeister Papst Alexanders VI. Nun beherbergt die Casa di Burcardo außer schönen alten Möbeln das Theatermuseum der italienischen Autorengesellschaft, und obwohl es hauptsächlich ums Sprechtheater geht, fällt doch manches Licht auch auf die Konkurrenz. Freilich, einen Musiker-Olymp gibt es dort nicht und nicht anderswo in dieser Stadt. Doch einen Treffpunkt der Olympier können wir wenigstens anbieten: das Café Greco in der Via Condotti nahe der Spanischen Treppe. Hier waren sie alle, MENDELSSOHN wie DONIZETTI, BERLIOZ wie LISZT, GRIEG wie WAGNER und wer sich sonst der Kunstelite zugehörig fühlte. Mendelssohn beklagte sich noch bitter über die deutschen Maler mit ihren großen Hüten und großen Hunden, die den damals einzigen Raum durch ständiges Pfeiferauchen einnebelten. Heute sieht man zwischen betont altmodischer Eleganz mehr Touristen als Römer, an den Wänden die Produkte der Prominenz von gestern und vorgestern. Und keine Hunde.

TVTELARI

Neapel

Daß man die Stadt am Golf gesehen haben muß, bevor man ruhig sterben kann, mag vielen Leuten heute nicht mehr einleuchten. Übervölkerung und Armut, Verfall und Kriminalität haben das romantische Bild des 19. Jahrhunderts gründlich verdüstert. Selbst das berühmte Panorama ist durch eine beispiellose Bauspekulation nach dem Zweiten Weltkrieg ruiniert worden, Hochhäuser und Wohntürme rundum. Gleichwohl bleibt Neapel eine, freilich recht heruntergekommene, Schatzkammer der Künste, vom Castel Nuovo mit dem Triumphzug Alfons' I. unten am Meer bis hinauf nach Capodimonte, von den an die fünfhundert Kirchen mit ihren Caravaggios, Giordanos, Solimenas, Pretis gar nicht zu reden. Und es bleibt, mag auch das weniger ins Auge fallen und der angestaubte Ruhm von gestern und vorgestern erst in unseren Tagen wieder aufgefrischt werden, eine der Hauptstädte der Musik.

Mitten in der ältesten Altstadt, zwischen Piazza Dante und Dom, umgeben von engen Gassen, die mit dem Auto anzusteuern ein hohes Maß an Tollkühnheit erfordert, liegt unter altersschwarzen Kirchen, Palazzi und Wohnhäusern das Conservatorio San Pietro a Maiella, Neapels Musikhochschule. An- und hineingebaut in Kloster und Kirche jenes Eremiten aus den Abruzzen, der

Neapel. Piazza Cardinale Riario Sforza

als Zölestin V. ein Jahr lang die päpstliche Tiara trug, ist es das letzte überlebende von vier großen Konservatorien, die seit dem 16. Jahrhundert, zunächst als Waisenhäuser mit Schule und Handwerkslehre, allmählich immer stärker als Ausbildungsstätten für den musikalischen Nachwuchs Entscheidendes zum Ruf Neapels beigetragen haben. Die Zahl ihrer Schüler ging in die Tausende, und immerhin zwei Dutzend von ihnen sind in die Musikgeschichte eingegangen. Erst unter Napoleons Bruder Joseph, dem glücklosen Kurzzeit-Herrscher, wurden sie zum Königlichen Musikkolleg zusammengefaßt, dessen Erbe nun die Hochschule ist – Erbe nicht nur im ideellen Sinne. Hinter diesen Mauern, rund um den schönen Arkadenhof mit der Büste eines sehr jugendlichen Beethoven und den schlanken, hohen Palmen, wird nicht nur gesungen und gefiedelt. Das Haus beherbergt den wesentlichen Nachlaß der vier Vorgänger-Institute, und das heißt: die bedeutendste Musikbibliothek Süditaliens und die wichtigste Quellensammlung der Jahrhunderte, in denen die »Neapolitanische Schule« die Musik Europas von Palermo bis London und von Paris bis Petersburg beherrschte. All die großen Namen, die heute noch den Liebhabern des Barock und der Vorklassik vertraut sind, Alessandro Scarlatti und Leo, Porpora und Durante, Piccinni und Jommelli, Pergolesi und Paisiello, Hasse und Cimarosa sind hier in Handschriften und Erstdrucken, Briefen und Dokumenten vertreten. Sie alle waren Schüler oder Lehrer eines der Konservatorien, und es ist ein eigenartiges Gefühl, vorsichtig über die verblassenden Noten etwa von Pergolesis *Magd als Herrin* von 1733 zu streichen, der bis heute lebendigen Urmutter der musikalischen Komödie. In einem der endlosen Gänge hängt auch, zwischen Künstlern und Gönnern, das wahrscheinlich einzige nach dem Leben gemalte Bild des jungen und jung gestorbenen Meisters.

Von der Bedeutung dieses Musikzeitalters, und damit von der Bedeutung Neapels machen wir uns kaum eine rechte Vorstellung. Musik war hier seit langem zu Hause. Schon die letzten Anjous unterhielten um 1400 eine Hofkapelle, Ferdinand I. von Aragón kaufte wenig später, gegen Ende des 15. Jahrhunderts Sänger und Instrumentalisten aus ganz Europa zusammen. Daneben blühte eine vielfältige Volksmusik, so kräftig, daß hundert Jahre danach der Vizekönig Pedro de Toledo die nächtlichen Ständchen verbieten mußte. Hinzu kam etwas anderes: Der Hof holte wie ein Magnet den Adel ganz Süditaliens an seinen Sitz. Die zahllosen Fürsten, Herzöge, Grafen zogen es vor, ihre Einkünfte aus den fernen kalabresischen Ländereien im Glanz der Hauptstadt auszustreuen. Um 1700 saßen in Neapel an 800 Adelsfamilien – bei einer Gesamtzahl von knapp 190 000 Einwohnern. Und die Vermögenden unter ihnen wollten es auch in der neuen Musikkultur mit dem Hof gleichtun, als Dienstherren, Auftraggeber, Mäzene. Damals spielten zeitweilig vier Opernhäuser nebeneinander. Als der junge Händel 1708 durch Italien zog, war es für ihn selbstverständlich, auch Neapel zu besuchen. Als famoser Orgel- und Cembalovirtuose wurde er in den Salons herumgereicht, der Vizekönig höchstpersönlich, Kardinal Grimani, schrieb ihm einen Operntext (*Agrippina*). Noch 1770, im Mai, machten Vater Leopold Mozart und Sohn Wolfgang dem Conservatorio ihre Aufwartung, der Vierzehnjährige spielte – und mußte den Ring von der linken Hand abstreifen, weil man die verblüffende Fertigkeit des Knaben mit ihm in Verbindung brachte. Ein Jahrhundert danach kommt ein anderer Großer aus dem Norden, allerdings nicht aus musikalischen Gründen: Richard Wagner. Die künstlerischen Anstrengungen und das katastrophale finanzielle Ergebnis der ersten Bayreuther Festspiele (1876) hatten ihn bis zur Erschöpfung beansprucht; Italiens »heidnische Heiterkeit« sollte ihn aufrichten. Man mietet die Villa Angri am Anfang der Strada Nuova del Posilippo, kurz vor der unförmig-unvollendeten Ruine des Palazzo di Donna Anna, es wird ein halbes Jahr (fast) ohne Musik. Und auf einem Ausflug hoch zu Wagen und Esel nach Ravello entdeckt Wagner im Park der Villa Rufolo das Inbild von Klingsors Zaubergarten.

Einer der letzten, die hier die Steigeisen zum Weltruhm erwarben, war Vincenzo Bellini. Mit einem Stipendium seiner Vaterstadt Catania hat er acht Jahre in Neapel studiert, erst im (aufgelösten) Collegio San Sebastiano, dann in der jetzigen Hochschule. Das war zunächst eine harte Kur: 4 Uhr 45 aufstehen, Messe, Schularbeiten, bis Mittag Musikunterricht; am Nachmittag zwei Stunden Allgemeinbildung, zwei Stunden Ausgang, Nachtmahl, Licht aus. Vincenzo brachte es bald zum »maestrino«, einer Art Tutor für die Jüngeren; das bedeutete manche Freiheiten und eine besondere Uniform, den langen blauen Rock mit den schwarz-silbernen Epauletten. 1825 wurde im Theaterchen der Schule seine erste Oper, *Adelson und Salvini*, aufgeführt.

Doch das Internat war nicht alles. Bellini beteiligte sich, mit anderen Schülern, an der Revolte der Carbonari, der Opposition gegen den Bourbonenkönig Ferdinand, was um ein Haar zum Ende seiner Laufbahn geführt hätte. Und natürlich war er verliebt, dreimal hielt er um die Hand seiner Maddalena an, dreimal wies ihn der Vater ab. Dann entschwand er, es war der 5. April 1827, nach Mailand, um die »Scala« zu erobern. Sein Zimmer im Conservatorio (das er auch 1832, bei dem Triumphzug in die südliche Heimat bewohnte) ist einem Umbau zum Opfer gefallen. Doch die Bibliothek besitzt die Originalhandschriften der *Zaira*, des *Piraten*, der *Norma* und das dicke Konvolut der Briefe an den Mitschüler, lebenslangen Freund und ersten Historiographen der Neapolitanischen Schule Francesco Florimo – Beichten eines zerrissenen Genies.

In unser Jahrhundert hinein ragt ein Schüler des Hauses, dessen Name noch auf den Theaterzetteln prangt, wenn ihm auch der ganz große Ruhm versagt blieb: RUGGIERO LEONCAVALLO, der Schöpfer des *Bajazzo*. Der Sohn eines Polizeirichters, 1858 in Neapel geboren, hochbegabt, doch unstet, hat schon achtzehnjährig das Weite gesucht. Sein buntes Leben als Opern- und Operettenschreiber, Liedbegleiter, Chef der ägyptischen Militärmusik und reisender Pianist führte ihn bis an den Hof Kaiser Wilhelms II. nach Berlin. Und der suggerierte ihm eine deutsch-vaterländische Oper *Der Roland von Berlin* nach Willibald Alexis ... Das war gewiß ein Schildbürgerstreich, doch eben darum ging es (fast) allen Komponisten Neapels seit zweihundert Jahren: einen Opernauf-

Ruggiero Leoncavallo

trag zu bekommen. Wichtigster Ort der Handlung war zunächst das kleine Hoftheater im Palast mit den riesigen Nischenfiguren und dem schmalen Rang, das noch heute gelegentlich genutzt wird. Noch im 17. Jahrhundert kamen nacheinander drei »bürgerliche« Häuser hinzu, das San Bartolommeo, das Fiorentini und das Teatro Nuovo, wo ALESSANDRO SCARLATTI mit seinen 115 Opern und seine ebenfalls höchst produktiven Zeitgenossen das neuheitensüchtige Publikum begeisterten, und nach dem Abbruch des ersten das 1737 neu erbaute San Carlo. Glaubt man den Berichten jener Jahre, dann sind Neapels Opernfans damals die undiszipliniertesten aller Zeiten gewesen. Gegen den Lärm im Zuschauerraum, ungenierte Unterhaltung, Gelächter, Zwischenrufe, habe die Bühne sich oft kaum vernehmlich machen können. Noch Vater Mozart hat sich darüber mokiert.

Seitwärts der weiten Piazza del Plebicito, deren Name an die Entscheidung Neapels für das neue Königreich Italien (1860) erinnert, und gegenüber den Glaskuppeln der Galleria Umberto I. liegt das Teatro San Carlo, das nunmehr einzige Opernhaus der Stadt, angelehnt an die Rückfront des Königspalastes. Der pompösen Auffahrt, geschaffen für die Nobelkutschen des Barock und bei heutigen Premieren von Hunderten nicht weniger nobler PS-Karossen belagert, entspricht das Innere. Breite Umgänge und spiegelglitzernde Foyers, ein Zuschauerraum von fast 1800 Plätzen ganz in Rot und Gold, sechs klassische Logenreihen, Medaillons unter den Rängen, die Bühne ungewöhnlich breit. Der Ausstattungsluxus und die raffinierten Details der großen »Sala« kontrastieren merkwürdig mit dem eher nüchternen Klassizismus der (nach einem Brand erneuerten) Fassade und des Vestibüls. Bei der Eröffnung am 4. November 1737 mit Karl von Bourbon in der Königsloge – man spielte *Achille in Sciro* von Domenico Sarro (1679–1744) – konnte zum ersten Male in Neapel das zahlende Bürgertum an einer Veranstaltung des Hofes teilnehmen – ein bewußter Akt soziokultureller Veränderung.

Die Ur- und Erstaufführungen, die hier herauskamen, sind kaum zu zählen, und es sind nicht wenige Meisterwerke darunter. Denken wir nur an die fünfzehn Jahre, da der legendäre Domenico Barbaja Impresario, d. h. Intendant auf eigene Rechnung war, zu Anfang des vorigen Jahrhunderts. Dieser merkwürdige Mann, aus Mailand gebürtig, zuvor Caféhauskellner, Zirkus- und Spielsaalunternehmer, hat nicht nur Rossini, Bellini und Donizetti die ersten Chancen gegeben, sondern auch Glucks *Iphigenie in Aulis*, Spontinis *Vestalin* und Webers *Euryanthe* riskiert. Im übrigen war das San Carlo immer ein »Sängertheater«. Stimmliche Akrobatik galt mehr als alles andere. Das Publikum war gefürchtet, nicht wegen seiner Sachkunde wie in Parma, sondern wegen seiner Launen – noch Caruso hat sie zu spüren bekommen. Seit dem Zweiten Weltkrieg ist das Haus zu einem der fortschrittlichsten Italiens geworden, Honegger und Hindemith, Berg, Prokofjew und Henze waren zuerst hier zu hören.

Neapel. Teatro San Carlo

Donizetti, dem Barbaja später auch den Weg an das von ihm gepachtete Wiener Kärntnerthor-Theater und damit an den Kaiserhof geebnet hat, wohnte ganz in der Nähe, in der Via Nardones. Die erste Seitenstraße der vor Menschen und Autos berstenden Via Roma auf den Vomero-Hügel hinauf ist einer jener steilen Altstadtsteige, die kaum einem Lieferwagen Raum geben. Zwischen die fünf- und sechsgeschossigen Mauern, die schmalen eisernen Balkone davor, dringt kein Sonnenstrahl (was hierzulande eher als Vorzug gilt). Das Haus Nr. 14 zeigt die obligate Marmortafel. Hier ist das junge Genie, frisch verheiratet, mit seiner Virginia zu Hause gewesen, hier sind nicht weniger als sechs seiner frühen Opern geschrieben worden, darunter auch der *Liebestrank*, der uns noch immer bezaubert, die inzwischen erfolgreich wiederentdeckte *Anna Bolena*, schließlich das Paradestück aller dramatischen Koloratursoprane, die *Lucia di Lammermoor.* Wahrscheinlich waren die ersten dieser Jahre in der Via Nardones Donizettis glücklichste Zeit. Doch dann häuften sich die Katastrophen. Virginia gebar ein verkrüppeltes Kind, dieses und zwei weitere starben früh, schließlich die Mutter selbst, die er, ungeachtet aller Seitensprünge, sehr geliebt hatte. Und während der Arbeit an *Lucia* meldeten sich die rasenden Kopfschmerzen und das unerklärliche Fieber – erste Vorboten der wohl in Bologna empfangenen Syphilis, der späteren Krankheit zum Tode. Andere hätte das umgeworfen. Donizetti blieb, wie immer auch erschüttert, der karrierebewußte und inzwischen erfolgsgewohnte Maestro. Erste Schwierigkeiten mit der Zensur (wie sie später auch Verdi mit dem Sujet des *Maskenball* hatte) und die kränkende Absage, als er sich um den Posten des Konservatoriumsdirektors bemühte, haben ihn nach Paris vertrieben.

Die Zahl der Musiker und Theaterleute, die in Neapel zu Ruhm und manchmal auch zu Geld kamen, ist Legion, besonders in jenen zwei Jahrhunderten, da die italienische Oper in ganz Europa absoluten Vorrang hatte. Ein Musterfall der Familienclan der Scarlatti: Nicht nur lieferten Vater Alessandro und Sohn Domenico die neuesten Stücke, zwei Brüder und eine Schwester san-

Alessandro Scarlatti.
Zeitgenössisches Gemälde

gen und spielten auch in vorderster Riege. Schon hundert Jahre zuvor war ein anderer Napoletaner aus der Reihe getanzt, Don Carlo Gesualdo, Fürst von Venosa, Freund Tassos, ältester Adel aus den Bergen hinter Salerno. Seine hocherotischen, von expressiver Chromatik überquellenden Madrigale hatten die Hofgesellschaft ebenso erschüttert wie der Mord an der ungetreuen Frau und dem Töchterchen – Explosionen eines genialen Psychopathen. Unter den zahlreichen Kastraten des 18. Jahrhunderts war auch jener Farinelli, der eigentlich Carlo Broschi hieß und aus Apulien stammte. Mit ungewöhnlichem Stimmumfang begabt, musikalisch hochgebildet, auch von Autoritäten der Zeit als bedeutendster seines Faches anerkannt, hat er sich in nur sechzehn Bühnenjahren ein Millionenvermögen ersungen, bevor er als europäische Berühmtheit auf dem luxuriösen Landsitz bei Bologna hofhielt.

Nicht zu vergessen schließlich der Tänzer und Ballettmeister Salvatore Viganò, dem, basierend auf der Tanzästhetik Noverres, die Verschmelzung von Ballett und Pantomime zum Choreographischen Drama gelang – mit solchem Publikumserfolg, daß man sich um 1800 in Wien »à la Viganò« kleidete und der junge Beethoven Klaviervariationen über eine seiner Piècen schrieb (zwölf Variationen über ein Menuett à la Viganò, 1795). Aus unserem Jahrhundert ist an den Komponisten Franco Alfano zu erinnern, 1876 auf dem Posillipo geboren und am San-Pietro-Konservatorium ausgebildet. Wenn seine Opern auch selbst in Italien nur mehr selten hervorgeholt werden, so bleibt sein Verdienst, als Schüler und Nachfahr Puccinis dessen *Turandot* mit Geschmack und Stilgefühl zu Ende geschrieben zu haben. Zwei Napoletanerinnen, Ebe Stignani (Mezzo) und Maria Caniglia (Sopran) haben in den dreißiger und vierziger Jahren an der Scala, am Covent Garden und der Met brilliert, Schallplatten bezeugen noch ihren Rang, der Pianist Bruno Canino ist einer der wenigen Spezialisten für Zeitgenössisches, Riccardo Muti schwingt den Stab über den besten Orchestern der Alten und der Neuen Welt.

Der Ausflug in Neapels Historie war notwendig, um die Bedeutung dieses oft unterschätzten Zentrums ins rechte Licht zu rücken. Deshalb verlassen wir nun die feine Gegend um das San Carlo und begeben uns an den Nordrand der Stadt, in das einfache Viertel, das Otto Calli heißt. Hier ist in der Straße San Giovannello, im ersten Stock des Hauses Nr. 7, der Mann mit der »Jahrhundertstimme« geboren, der König der Tenöre, Enrico Caruso. Es war der 27. Februar 1873. Die Umgebung läßt ahnen, daß die Traumkarriere, die hier begann, nicht eben vorgezeichnet war. Der Vater, Bauernsohn aus den kargen kampanischen Bergen, war Fabrikarbeiter, Mechaniker, schließlich Werkmeister. 17 (in Worten: siebzehn!) Kinder starben früh, erst Nr. 18, Enrico, überlebte. Ein ganz normales Kind sei er gewesen, fröhlich und verspielt, fleißig, zuweilen von plötzlichem Ernst und selbstbewußt. Inzwischen war man in die Via Sant'An-

Neapel. Carusos Geburtshaus

na alle Paludi umgezogen, in das Industrie- und Werkstättengebiet südlich des Hauptbahnhofs. Der kleine »Carusiello« ging zur Volksschule und nachmittags zum Kirchenchor hinterm Castel Capuano. Eine schöne Altstimme, ja, doch wie viele schöne Stimmen gab es hier! Da Vater Marcellino allzugern dem Wein zusprach, mußte der Zehnjährige die Schule verlassen und Geld verdienen: als Handlanger bei einem Mechaniker, dann in einem Eisenwerk. Zehn Jahre Schwerarbeit – und nach Feierabend mit eiserner Regelmäßigkeit Gesangsübungen, noch im Kirchenchor, später bei einem zweitrangigen Lehrer, bis die ersten kurzen Engagements in der Umgebung kamen. Diesem Sänger ist wahrhaftig nichts geschenkt worden.

Der märchenhafte Aufstieg über Mailand, Petersburg, Buenos Aires zur New Yorker Metropolitan Opera gehört nicht hierher.

Doch auch im Luxus der Lexington Avenue blieb Caruso immer der Sohn Neapels. Jedes Jahr besuchte er den Vater für ein paar Tage. Als schon arrivierter Künstler wollte er sich den Landsleuten vorstellen und nahm ein Gastspiel am San-Carlo-Theater an. Das war, wir haben es erwähnt, gefährliches Pflaster, und prompt gab es Pfiffe bei der Premiere. Caruso hatte versäumt, bei der dominierenden Clique Gutwetter zu machen. Er hat das San Carlo nie wieder betreten: »Nach Neapel komme ich nur noch, um Spaghetti zu essen«. Es sollte anders kommen. Nach dem Zusammenbruch im Winter 1920 in New York, nach mehreren schweren Operationen würde ein langer Aufenthalt in der Heimat Genesung bringen. Zwei ruhige Monate zwischen den Zitronengärten von Sorrent, die Vaterstadt mit dem Vesuv vor Augen, ließen Hoffnung aufkommen. Dann folgte ein Rückfall. Die alte Starrköpfigkeit des Kranken, der nie krank sein wollte, verzögerte die Diagnose. Als er zur Operation nach Rom aufbrach, war es zu spät. Man erreichte noch Neapel, flüchtete ins Hotel »Vesuvio« an der Via Partenope, der Prachtstraße am Ufer des Golfs. Dort ist der große Caruso am Morgen des 2. August 1921 gestorben.

Wir haben noch kein Wort über die napoletanische Volksmusik verloren, als deren Inbegriff in nordischen Breiten Lieder wie »Santa Lucia« umgehen. In der Tat war sie zu Anfang unseres Jahrhunderts noch lebendig, vielgestaltig und innovativ. Doch ach, motorisierter Straßenlärm und Walkman haben ihr fast den Garaus gemacht. Die Posteggiatori, jene kleinen Gruppen von Straßenmusikanten mit Gitarre, Mandoline und altertümlichen Geräuschinstrumenten, ziehen höchstens noch durch die Fremdenlokale am Castel dell'Ovo oder werden für Ausflugsfahrten angeheuert. Allenfalls in den Rufen der Straßenverkäufer in der Altstadt, der Obst- und Fischweiber auf dem Großen Markt ist noch ein Nachhall früherer Sangesfreude zu hören. Nur einmal im Jahr lebt die alte Canzonenseligkeit wieder auf: wenn am ersten Wochenende im September beim Piedigrottafest vor der Marienkirche am Eingang des großen Tunnels an der Mergellina der Tag des napoletanischen Liedes gefeiert wird. Dann ist halb Neapel auf den Beinen, um zu sehen, was den Profis »seiner« Musik an Neuem eingefallen ist. Und dann und wann ist auch wieder ein Ohrwurm darunter.

Catania

Melior de cinere surgo« – »Schöner erstehe ich aus der Asche«, so steht's unter der Uhr an der nun vom Verkehr hoffnungslos eingekreisten Porta Garibaldi. Der trotzige Spruch überm barocken Stadttor hat seine Berechtigung: Nicht weniger als neunmal ist Catania im Laufe seiner langen Geschichte zerstört worden, zuerst im Jahre 476 v. Chr. von den Söldnern des Hieron aus dem nahen Syrakus, zuletzt von den Bomben des Zweiten Weltkriegs. Mehr als zweieinhalb Jahrtausende hat sie auf dem Buckel, eine der frühesten Siedlungen des Griechentums auf Sizilien. Der Ausbruch des Ätna von 1669 und das Erdbeben von 1693 haben sie so gründlich umgepflügt, daß noch hundert Jahre später (1787) Goethe zwischen Lavamassen und Trümmern durch die nördlichen Viertel kutschierte. Damals hat die Innenstadt das einheitliche Bild im herrschenden Stile des 18. Jahrhunderts gewonnen, das mit Kirchen und Palais, breiten, geraden Straßen, Parks und Brunnen sie zur »modernsten« und zugleich schönsten des Königreichs beider Sizilien machte.

In jenen Jahrzehnten des Wiederaufbaus konnte von einem öffentlichen Musikleben überhaupt nicht die Rede sein. Die großen Kirchen pflegten ein wenig Chorgesang und Orgelspiel, einige reiche Adelshäuser hielten sich ein paar Musiker zum privaten Ver-

Catania. Der Elefantenspringbrunnen, Wahrzeichen der Stadt gnügen und zur standesgemäßen Ausstattung, wie man's vom Hof in Neapel kannte. Es gab kein Theater, kein Orchester, keine Musikschule. Und dann wurde, kaum daß das barocke Jahrhundert zu Ende war, der Mann geboren, der Catania zu einer Stadt der Opernnarren machte – sie ist es in gewisser Weise noch heute.

Der Domplatz, mit Kathedrale, Sant'Agata-Kirche und Elefantenbrunnen, auf dem Buckel des lavaschwarzen Tierchens der ägyptische Obelisk, ist noch immer ein Mittelpunkt, obwohl die Stadt längst nach Norden, die Küste entlang und auf den Ätna zu ausgelaufen ist. Wenige Gevierte auf der Via Vittorio Emanuele nach Westen, und man steht vor dem Standbild des heiligen Franziskus und seiner Kirche. Im Winkel neben dem Gotteshaus ein altersgrauer Palazzo, einst Sitz der Adelsfamilie Gravina Cruylas. Das Erdgeschoß ist original erhalten, der weitläufige Komplex reicht auf der Rückseite bis dicht an das zur Hälfte freigelegte, zur anderen von Wohnbauten zugedeckte griechische Theater. Hier unten wohnte um die Wende zum 19. Jahrhundert der Musiker Rosario Bellini mit Frau Agata, und in dem Alkoven zur Piazza San Francesco hin kam am 1. oder 2. November 1801 ihr erstes Kind zur Welt, getauft auf die Namen Vincenzo Salvatore Carmelo Francesco.

Die Familie stammte eigentlich aus den Abruzzen, aus Torricella Peligna hoch in den Bergen. Der Großvater Vincenzo Tobia war als musikbegabter Junge 1755 aufs Konservatorium Sant'Onofrio in Neapel geschickt worden, eine der weniger angesehenen Anstalten der Hauptstadt. Ein Dutzend Jahre später zog er nach Catania, heiratete, wurde Maestro beim Fürsten Paternò, Leiter der Kathedralmusik und schlug die Orgel im nahen Misterbianco. Auch sein Ältester, eben jener Rosario, wurde Musiker, doch ist über ihn und sein Wirken so gut wie nichts überliefert. Großvater Tobia war wohl die dominierende Persönlichkeit der Großfamilie, und ihm sind offenbar auch die ersten musikalischen Schritte des kleinen Vincenzo zu verdanken. Von richtigen Wunderkind-Taten ist da die Rede, vom Dreijährigen, der am Klavier eigene Tonfolgen zusammensucht, vom Fünfjährigen, der heimlich bei den Benediktinern die große Orgel spielt, von Kompositionen in einem Alter, da andere Kinder gerade in die Schule eintreten.

Vincenzo Bellini.
Stich von Girolamo Bozza nach einem Gemälde von Natale Schiavoni

Man muß derlei nicht unbedingt wörtlich nehmen. Nachträgliche Glorifizierungen eines großen Mannes sind nicht nur im temperamentvollen Süden an der Tagesordnung. Der anonyme Lebenslauf, den wahrscheinlich ein Verwandter nach Bellinis Tod zusammenschrieb, läßt »Nzudduzzu« – so der sizilianische Kosename des kleinen Vincenzo – auch beizeiten Latein, Griechisch, Englisch und Französisch lernen. Davon gibt es später keine Spur, auch sein Französisch war noch in der Pariser Zeit bescheiden, wie Heine und Hiller bestätigt haben, die ihn in den Salons der Lina Foggia und der Fürstin Belgioioso kennenlernten. Selbst mit der italienischen Rechtschreibung stand er zeitlebens auf Kriegsfuß. Nein, »gebildet« war Bellini nicht – doch was besagt das? Frühe Kompositionen gibt es tatsächlich, wenn auch nicht gerade aus dem Vorschulalter. Sie tragen die Handschrift seines Vorbilds, des »Nonno« Tobia, und das heißt: des 18. Jahrhunderts. Die neue Zeit war noch nicht bis Catania gedrungen.

Das Museo Belliniano, als welches heute die Wohnung der Familie fungiert, gibt über die Jugend des Komponisten nur wenig Auskunft. Man hat sorgsam zusammengetragen, was von diesem kurzen Leben übriggeblieben war, doch viel ist es nicht: etwa das Frühstücksgeschirr mit dem aufklappbaren Eierbecher und die Krawattennadeln, der Spazierstock und die Ehrenzeichen, darunter auch die Goldmedaille, die die Stadt im Jahre 1830, nach den ersten großen Erfolgen des jungen Genies mit der *Straniera* und den *Capuleti e Montecchi*, für ihn hatte schlagen lassen. Den Alkoven, in dem einst das Bett der Mamma stand, füllt jetzt ein prächtig geschweiftes Cembalo samt kuriosem Drehsessel, es gehörte freilich nur dem Vetter Pasquale. Aufschlußreicher sind da die Theaterzettel, die Porträts und Stiche an den Wänden. Der Herzog von San Martino, seinerzeit Provinzgouverneur, hatte dafür gesorgt, daß Bellini achtzehnjährig mit einem Stipendium des Stadtrats den Weg ins Konservatorium der Hauptstadt fand. Die Primadonnen Grisi, Pasta, Malibran waren die Crème der Sängerelite ihrer und seiner Zeit. Sie haben die großen Rollen in den *Capuleti*, der *Norma*, den *Puritanern* kreiert, deren Handschriften hier, neben dem Erstlingswerk *Adelson und Salvini* aus der neapolitanischen Studienzeit, unter Glas liegen.

Wie man damals Oper spielte, in welcher Umgebung jene hochgefeierten Vokal-Artisten sich auf der Szene bewegten, auch darüber gibt das Museum im Nebenraum Auskunft. Der Bühnenmaler Giordano hat in zwei Dutzend Modellen von Puppenstubengröße Bellini-Inszenierungen der Zeit nachgebaut, im Stil des romantischen Realismus, der die Dinge beim Wort nimmt, der das ganze 19. Jahrhundert durchzieht und gelegentlich noch heute auf italienischen Provinzbühnen zu sehen ist. Doch wer davorsteht und nachsichtig zu lächeln geneigt ist, soll sich nicht täuschen: Zwischen Leim und Pappe und falschem Gebüsch hatten Stimme und Ausdruck so überwältigenden Vorrang, daß das Dekor als pure Ortsangabe fast vergessen war. Nimmt man hinzu, daß gerade Bellinis Opern sich zumeist mit einem Orchester begnügen, das auf eine eigene Aussage verzichtet – was sein deutscher Kollege Ferdinand Hiller mit der rhetorischen Frage verteidigte: »Singt die Nachtigall mit Begleitung?« –, dann ahnt man etwas von der Magie seiner Melodien. Selbst Richard Wagner, in jeder Beziehung ein Antipode des Catanesen, ist ihr in jungen Jahren erlegen. »Was uns bei Bellini bezauberte, war die reine Melodie, der schlichte Adel und die Schönheit des Gesanges. Sicherlich kann es keine Sünde sein, dies festzustellen und zu glauben«, schrieb er 1837 in der Theaterzeitschrift *Der Zuschauer* in Riga, wo er selbst die *Norma* einstudierte. Nach Tische dann las man's, wie so oft bei ihm, anders.

Und schließlich ist da die Totenmaske, zweimal sogar, Original und Kopie. Wer sie genau mit dem Kupferstich von Schiavoni vergleicht, der die Partitur der *Capuleti* schmückt und auch zur Vorlage der Goldmedaille diente, erkennt nicht nur die Züge des Leidens. Natale Schiavoni war zu seiner Zeit ein gesuchter Porträtist und Miniaturist, er war Hofmaler des Kaisers Franz I. in Wien gewesen. Für diese Arbeit nun mußte er sich auf fremde Vorlagen stützen, die der Maestro aus Paris nach Hause schickte, und so hat er wohl einen idealisierenden Mittelweg gewählt. Auch das große Porträt im gleichen Raum ist »rekonstruiert« – Francesco Florimo, der lebenslange Vertraute, hat es viele Jahre nach dem Tode des Freundes anfertigen lassen. Gleichwohl wird Bellini von allen, die ihn kannten, als ein ungemein attraktiver junger Mann geschildert, blaue Augen, gerade Nase, gewelltes blondes Haar, die mittelgroße Gestalt fast zierlich. Heine nannte ihn einen »Seufzer in Tanzschuhen«. Der deutsche Spötter war es auch, der ihm im Scherz ein baldiges Ende voraussagte: »Sie sterben früh, wie alle Genies, wie Mozart und Raffael.« Bellini, als Südländer für derlei nicht unempfänglich, nannte ihn seinen *jettatore*, den Mann mit dem bösen Blick, und machte das Zeichen der gekreuzten Finger, das im Süden schnell bei der Hand ist, um Unheil abzuwehren.

Diesem Bild vom Götterliebling wird der Spurensucher in Catania immer wieder begegnen. Die Via Etnea, die schnurgerade auf den Feuerberg zielende Nord-Süd-Achse entlang, erreicht man die Piazza Stesicoro, benannt nach einem Chorliederdichter aus der griechischen Frühzeit Siziliens. Dort thront der Komponist hoch über den Autoschlangen auf marmornem Sessel, am Fuß der Stele eskortiert von seinen bekanntesten Operngestalten, während um das längliche Geviert schlanke Palmen wedeln. Wenige Schritte weiter nach Norden öffnet sich linker Hand der Villa Bellini geheißene Stadtgarten, ein kleiner, hügeliger Park, die Kieswege flankiert von Büsten berühmter und verdienter Catanesen, und unter

Professoren, Bürgermeistern, Politikern hat unser Vincenzo wiederum den Ehrenplatz. Als schimmernder Jüngling schließlich, ein lebensgroßer Olympier im Habit des Ancien régime, ziert er inmitten riesiger Spiegel, Säulen und klassizistischen Rankenwerks das obere Foyer des Opernhauses.

Dieses Opernhaus, das Teatro Massimo Bellini im Kern der Altstadt, ist selbst das wichtigste Denkmal. Erst 1821, für italienische Verhältnisse spät, war hier das erste Theater entstanden. Nach mancherlei Umbauten präsentiert es sich heute, als sei es eigens für Vincenzo geschaffen. Ein lichter Zuschauerraum mittlerer Größe in der klassischen Birnenform, vier tiefe Logenreihen mit dem Loggione, dem »Heuboden«, darüber, crème- und silberfarben die Stukkaturen, rot das Gestühl, das fast kreisrunde Deckengemälde in leuchtenden Farben, ein Hauch von Tiepolo im duftigen Gewölk, eingefaßt von einem Kranz kleinerer Bilder mit Szenen aus seinen Opern. Gigli hat es das schönste Opernhaus der Welt genannt, und der kannte sich wohl aus. Die hervorragende Akustik macht es auch für die Sänger besonders attraktiv, was man für manche Neubauten unserer Zeit nicht eben behaupten kann. Daß hier Bellinis Werke mit Vorrang gepflegt werden, und nicht erst seitdem im letzten Jahrzehnt ihre Vorzüge allerorten wiederentdeckt wurden, versteht sich fast von selbst.

Die sichtbare Verehrung, man muß es sagen, kam ein wenig spät. Als der Gefeierte auf der Höhe seines Ruhms noch nicht vierunddreißigjährig im Pariser Vorort Puteaux gestorben war, vermutlich an einer verschleppten Amöbenruhr und unter merkwürdigen Begleitumständen – sein Gastgeber hatte den Todkranken tagelang von allen Freunden abgeschirmt –, da war er auf dem Nobelfriedhof Père-Lachaise beerdigt worden, dort, wo Frankreichs Große ruhen, zwischen den Kollegen Grétry und Boieldieu. Erst vier Jahrzehnte später holte ihn die Heimatstadt zurück und ließ ihn im Dom beisetzen, mit allem Pomp, als wollte man nachholen, was 1834 versäumt worden war. Freund Florimo hatte die Überführung aus Paris begleitet, sämtliche sechs Geschwister Bellinis waren zugegen. Das Grabmal am zweiten Pfeiler rechts ist ganz Produkt

Catania. Innenraum des Teatro Massimo Bellini

seiner Zeit (1876), pathetisch und verspielt. Auf dem zierlichen Sarkophag eine Notenzeile mit dem Anfang der Schlafwandel-Arie der Amina aus der *Sonnambula,* der zärtlich-elegischen Idylle, zu den Worten »Ah, non credea mirarti sì presto estinto, o fiore« – »Ach, ich glaubte nicht dich so rasch erloschen zu sehen, o Blüte«.

Ein Liebling der Götter also, auch darin? Es ist nicht ganz leicht, unter dem Berg unkritischer Erinnerungen die Persönlichkeit Bellinis hervorzuholen. Während alle sein offenes, freundliches Naturell und seinen Charme rühmen, verrät das Konvolut der Briefe an Florimo auch andere Züge. Die rasche Freundschaft mit dem wenig älteren Donizetti, geschlossen in Neapel beim ersten Sieg des Debütanten, wich bald Empfindungen des Neides, der Mißgunst, der Konkurrenzangst, die zuweilen an Verfolgungswahn grenzte. »Das bestätigt meinen festen Glauben, den ich immer hatte, daß Freundschaft im gleichen Metier nicht existieren kann«, heißt es da. Weinstock, Bellinis vorurteilslosester Biograph, nennt ihn quecksilbrig, von rasch wechselnden Stimmungen beherrscht, äußerst unbeständig und extrem ichbezogen. Andererseits hat er aus

Paris über seinen Bankier Rothschild die Familie in Catania regelmäßig unterstützt. Daß er immer bis zur Verrücktheit verliebt war, wußte er selbst am besten, doch Verantwortungsgefühl gegenüber Menschen war offenbar seine Sache nicht. »Er lebt nur für seine Karriere«, schrieb Giuditta Turina, die Geliebte der Mailänder Zeit, nach der Trennung verbittert. Ein Mensch in seinem Widerspruch.

Dagegen nahm er es mit der Verantwortung gegenüber der Musik außerordentlich ernst. In einer Epoche, da ein unersättliches Publikum für jede Saison wenigstens ein neues Stück forderte und so die Komponisten zu flinker, auch bedenkenloser Produktion zwang, wollten sie »im Geschäft« bleiben, hat Bellini in seinen nur zehn Schaffensjahren neun Opern geschrieben, die »Schülerarbeit« aus der Konservatoriumszeit *Adelson und Salvini* nicht gerechnet. Das mutet uns heute durchaus nicht bescheiden an. Doch Rossini schuf damals in zwanzig Jahren 39 Bühnenwerke, Donizetti hinterließ siebzig aus 28 Jahren, der längst vergessene Giovanni Pacini, ein zu seiner Zeit viel gespielter Landsmann Vincenzos, gar an die hundert (einschließlich größerer Bearbeitungen, wie sie etwa nach einem Fiasko üblich waren). Derlei flotte Schreibe war dem Mann aus Catania verhaßt. Er feilte, darin Puccini nicht unähnlich, an seinen Melodien, bis sie jene zwingende Gestalt gefunden hatten, die Lyrismus und Dramatik in einer Linie zu vereinen weiß. Natürlich ist das nicht immer bis zum letzten gelungen. Auch Bellini hat seine »fucilate« erlebt, seine Abschüsse, wie Verdi es einmal formulierte. Nach der Premiere der *Zaira* in Parma (1829), die er am Cembalo leitete, schrieb eine Zeitung boshaft: »Wer die Inspiration des Herrn Bellini findet, möge sie im Theater abgeben.« In seinen besten Werken – *Nachtwandlerin*, *Norma*, *Puritaner* – sind Empfindung und Situation so in die Singstimme integriert, daß das Ergebnis auch nach anderthalb Jahrhunderten den Hörer packt, wie die glanzvollen Galas einer Callas, einer Sutherland und neuerdings die Wiederaufführungen durch ein junges Team von Belkantisten beweisen.

»Die Schlafwandlerin« von Bellini.
Links: Jenny Lind (um 1845), rechts: Maria Callas (Mailänder Scala, 1955)

Die Heimatstadt, die er achtzehnjährig verließ, hat Bellini wahrscheinlich nur noch einmal wiedergesehen. Ein kurzer Besuch nach der Studienzeit wird behauptet, ist aber nicht nachweisbar. Als er im März 1832 zurückkehrte, nach dem Riesenerfolg der *Norma* in Mailand, war es ein Triumphzug. Behörden und Adel feierten ihn, halb Catania geleitete ihn mit Fackeln in die (jetzige) Via Paternò zum Onkel Ferlito. Wer bringt heute noch einem Komponisten einen Fackelzug?

Palermo

Goethe hat die Stadt in höchsten Tönen gerühmt – vor zweihundert Jahren. Landsleute von ihm, die heute aus beruflichen Gründen in Palermo leben, neigen eher dazu, sie zu verfluchen. Zu sagen, die Wahrheit liege in der Mitte, wäre ein allzu billiger Ausweg. Palermo ist ein Kosmos, großartig und heruntergekommen, voll der Geschichte und der Autos, der Diebe und der Daseinsfreude, Ort der Begegnung dreier Kulturen und des größten Mafiaprozesses, den Italien sich je geleistet hat, Mosaik der Gegensätze, die sich, laut Nikolaus Cusanus, ja in Gott aufheben. Hier tun sie es, scheint's, schon auf Erden – für den, der die Nerven hat, sie zu ertragen.

Die Lagebeschreibung mag merkwürdig klingen in einem Buch, das zu den Stätten der Musik führen will. Doch wir sind in Sizilien, der Insel, die Sein und Schein, Wirklichkeit und Phantasie auf unnachahmliche Weise miteinander verwebt, wie uns der Sizilianer Luigi Pirandello in seinen Prosastücken vorgeführt hat. In Palermo steht das zweitgrößte Opernhaus Italiens, das Teatro Massimo Giuseppe Verdi, ein Prunkbau der Jahrhundertwende, der Mailänder Scala oder der Pariser Grand Opéra durchaus gleichzusetzen – doch seit mehr als einem Dutzend Jahren steht es leer. Die Gelder für die dringend notwendige Restaurierung wurden erst lange nach

Palermo. Kreuzgang von S. Giovanni degli Eremiti

der Schließung zögernd bewilligt, während der riesige Gerichtsbunker am Ucciardone-Gefängnis pünktlich für den Mafiaprozeß fertig war, »von heute auf morgen«, sagt der Generalintendant der Oper resigniert. Inzwischen ist das Geld da, die Arbeiten neigen sich – so heißt es wenigstens an zuständiger Stelle – dem Ende zu, und zugleich arbeitet das Institut auf vollen Touren, macht eine (fast) komplette Opernsaison im »Politeama Garibaldi«, das heute in der Regel für leichtere Kost, für Konzerte und für Schauspiel zuständig ist, gastiert in vielen Orten der Insel, gibt an die hundert Konzerte – während im kleinen alten Teatro Bellini, das unter vier verschiedenen Namen und entsprechenden Neu- wie Umbauten bis aufs Jahr 1726 zurückgeht, zwischen dem Rathaus und der Martorana-Kirche mit ihren feierlichen Goldgrund-Mosaiken gelegen, sich ein Feinschmeckerrestaurant eingenistet hat.

Will sagen: In dieser Stadt, in der, wie auf der Bühne, alles möglich erscheint, behauptet sich auch Musik auf ihre Weise, und nicht erst seit heute oder gestern. Den Grund gelegt hat, merkwürdig genug, ein deutscher Kaiser, der, obwohl hochgebildet, kaum des Deutschen mächtig war: Friedrich II. von Staufen, im ganzen Süden noch den Schulkindern als »il Suevo«, der Schwabe, bekannt. Damals, um die Wende zum 13. Jahrhundert, war Palermo die Hauptstadt seines Reiches, der im doppelten Sinne exzentrische Mittelpunkt, und die Dichterschule, die der junge Fürst, selbst ein tüchtiger Verseschmied und Musiker, an seinen Hof berief, hat nicht nur die italienische Hochsprache, das Idiom Dantes, entscheidend vorangetrieben. Hier sind auch dreihundert Jahre arabischer Musikkultur mit dem ritterlichen Erbe aus Provence und Lombardei zu einer höchst sensiblen, eleganten Hofmusik zusammengeflossen. Wovon mancher Nachhall, durch fahrende Spielleute verbreitet, noch im sizilianischen Volkslied aufzuspüren ist.

Doch das sind alte Geschichten. Palermos musikalische Neuzeit beginnt 1693, als in einer ehemaligen Kirche, Sitz der frischgegründeten Accademia di Musici (keine Musikhochschule, sondern ein vornehmer Verein von Amateuren), die inzwischen ein eigenes Haus bekommen hatte, das Teatro S. Cecilia, als erste Oper *Santa*

Palermo. Panorama mit Teatro Massimo, Normannenpalast und Dom

Rosalia von Iginio Pollice aufgeführt wird – zu einer Zeit, da in Venedig schon ein halbes Dutzend öffentlicher Opernbühnen glänzende Geschäfte machen. Von da an bildete die Opernpflege, neben der Kirchenmusik am Dom und in der Cappella Palatina, das zweite »Standbein« der Musik der Hauptstadt, wobei man sich fast ausschließlich auf palermitanische und sizilianische Komponisten beschränkte. Auch einige frühe Opern von Alessandro Scarlatti, dem größten Sohn Palermos, sind hier um die Wende zum 18. Jahrhundert gespielt worden. Doch scheint es mit dem Ruf der Bühne nicht weit hergewesen zu sein. Der Vater Pietro Scarlato (so der ursprüngliche Name) schickte seine Kinder zur Ausbildung beizeiten nach Rom und Neapel, und der früh erfolgreiche Älteste, eben Alessandro, zeigte auch später keine Neigung zurückzukehren. Er wie sein eigener, kaum weniger berühmte Sohn Domenico haben ihr Glück in Rom und Florenz, Neapel und Madrid gemacht.

Hundert Jahre danach sah das schon ganz anders aus. Wer die steile Treppe neben der Martorana-Kirche, dicht hinterm Rathaus, zum Bellini-Theater hinaufklettert, steht bereits vor einem Haus mit nationaler Ausstrahlung. Als »Real Teatro Carolino« hatte es nicht nur der alten »Cecilia« erfolgreich Konkurrenz gemacht, sondern durch Verpflichtung erster Sänger Palermos Ruhm in Italien verbreitet. Emilie Méric-Lalande und Caroline Unger, Domenico Donzelli, Giovanni Rubini und Antonio Tamburini waren im Ensemble – sozusagen die Callas' und Pavarottis der ersten Jahrzehnte nach 1800. Eine Saison lang (1825/26) stand Donizetti dem Orchester vor und brachte seine Oper *Alahor in Granada* heraus. Doch das Theater war, mit kaum 450 Plätzen, längst zu klein für die mächtig gewachsene und selbstbewußte Stadt und zudem in privater Hand. So wurde zunächst ein städtisches Opernhaus gebaut, eben jenes Politeama Garibaldi, und 1874 mit Bellinis Romeo-und-Julia-Oper (mit Happy-End!) eröffnet. Dann gab es einen internationalen Wettbewerb für ein großes, repräsentatives Theater – den Vorsitz der Jury hatte kein Geringerer als Gottfried Semper, der Erbauer der Dresdener Oper und des Wiener Hofburgtheaters –, und zwanzig Jahre später war der preisgekrönte Entwurf des Palermitaner Architekten Basile für das »Massimo« verwirklicht.

Die riesige Baustelle, die das Theater nun schon so lange ist, kann nicht ahnen lassen, daß hier, am südlichen Rande Europas, auch Operngeschichte geschrieben wurde. In der Eröffnungssaison begann, zum Beispiel, die Märchenkarriere Carusos als Enzo in Ponchiellis *La Gioconda*, fünfzig Jahre darauf debütierte hier der Dirigent Thomas Schippers. Hermann Scherchen und Herbert Graf brachten Bachs *Matthäuspassion* szenisch heraus, vergessene Opern der Belcanto-Zeit wie Bellinis *Beatrice di Tenda* begannen hier ihren zweiten Siegeslauf. Zeitgenossen unseres Jahrhunderts von Strawinsky (*Persephone*, *Pulcinella*) bis Berio (*Laborintus*, *Sinfonia*) wurden erstmals italienischen Ohren präsentiert. Die führenden italienischen Dirigenten haben im »Massimo« den Stab geschwungen, von Toscanini und Marinuzzi bis zu Se-

RAFIN und CHAILLY. Auch Wagner wird hinter dem klassizistischen Tempelvorbau gepflegt, hatte der doch hier seinen *Parsifal* beendet. Daß Bellini ihm noch immer (oder wieder) den Rang abläuft, hat auch nicht nur mit der Wiederentdeckung des Schöngesangs in der Oper zu tun – der Mann aus Catania war einer der Ihren, und regionaler Stolz ist im Süden besonders ausgeprägt.

BELLINI hat Palermo nur ein einziges Mal besucht, auf jener triumphalen Rundreise durch seine Heimat im April 1832, nach der Mailänder Uraufführung der *Norma*. In der Via Maqueda, der schnurgeraden, viel zu schmalen, von Lärm und Abgasen erfüllten einstigen Prunkstraße des historischen Zentrums, hängt am Haus Nr. 272 eine Tafel zum Gedenken an seinen Aufenthalt. Hier wohnte der Jugendfreund und getreue Vollstrecker delikater Aufträge, Filippo Santocanale, und hier sind wohl die Skizzen zu dem Porträt entstanden, das der Maler Giuseppe Patania, ein gesuchter Porträtist, anfertigte. Es gehört heute zur Gallo-Sammlung der Stadtbibliothek, und um es zu sehen, muß man sich in die krummen Gassen hinter der Alten Universität aufmachen. Die Besichtigung hat allerdings ihre Schwierigkeiten. Da hat ein reicher Mann alles zusammengekauft, was an Bildern bedeutender Sizilianer existierte – ein Pantheon in Farbe, Bischöfe und Mediziner, Maler und Literaten, Politiker, Philosophen und auch drei Musiker. Ein Scarlatti ist darunter, ja, doch nur Gaspare, ein Onkel aus der ursprünglich in Trapani im Westen der Insel beheimateten Sippe, dann der Opernkomponist Carmelo Platania, eine eher regionale Größe, und als Nr. 251 Bellini. Aber das Pantheon hat keinen Raum, aus Platzmangel hängen die Bilder zehn Meter hoch zu Häupten der Besucher in dem einem Kirchenschiff ähnlichen Lesesaal, man müßte ein Fernglas mitbringen. Zu erkennen immerhin, daß dieser hier nicht der strahlende Götterliebling ist, wie ihn das Medaillon und die Skulpturen in Catania vorstellen, sondern ein ernster, gespannter, auch schon gezeichneter Mann. Nur drei Jahre später wird er in Paris elend sterben.

Bellinis Besuch in Palermo hat noch eine weitere Spur hinterlassen. Im Osten der Altstadt, nicht weit vom Alten Hafen, am Rande jenes Viertels, das bei den Älteren immer noch das musulmanische heißt, liegt ein altersgrauer Palazzo, unansehnlich von außen, doch mit schönen Innenhöfen und pompösen Stiegen, die kein Ende nehmen wollen. Dort residiert das Konservatorium, ein renommiertes Institut. Unter den Direktoren war der Sizilianer Giuseppe Mulè aus Termini Imerese, Autor von Opern, in denen sizilische Volkslieder als Themen aufklingen, und der Kalabrese FrancescoCiléa aus Palmi an der Straße von Messina, dessen *Adriana Lecouvreur* von 1902 noch heute und nicht nur in Italien gespielt wird. 1617 als »Haus des guten Hirten« für Waisenkinder und Ausgesetzte gegründet, hatte es seit dem frühen 18. Jahrhundert die Musikerziehung ins Programm genommen und sich, ähnlich wie in Venedig, allmählich zur Musikschule gemausert. Wie's der Brauch war, hat der gefeierte Bellini ihm die Reverenz erwiesen, und bei dieser Gelegenheit entstand die Studie für die Marmorbüste von Giuseppe Poletti, die das Zimmer des Direktors ziert, auch sie fernab der puren Glorifizierung, wenngleich »entrückter« als Platanias Gemälde. Wer indes nach weiteren Erinnerungen sucht, an denen Neapel so reich ist, muß sich mit zwei bescheidenen, handschriftlichen Blättern begnügen. Ob Bellini damals auch seine Cataneser Jugendliebe Marietta gesehen hat, die in Palermo verheiratet war, wie einige frühe Quellen behaupten, läßt sich nicht nachweisen.

Musikfreunde aus nördlichen Breiten fahnden nach noch anderen Spuren. Schließlich weiß jeder Kenner, daß große Teile von Wagners *Parsifal* in Palermo entstanden sind. Nicht ohne Malice erinnert man sich dabei auch an das zwiespältige Verhältnis des Bayreuther Meisters zu dem Sizilianer, der heute beim Publikum eine späte Wiedergutmachung erfährt. Auf die Begeisterung des jungen Rigaer Kapellmeisters Wagner für Bellini, von dem er zwei Opern einstudierte, war kaum zehn Jahre darauf das strenge Verdikt aller italienischen Musik als oberflächlich gefolgt, das derselbe Wagner viele Jahre danach in Neapel, beim Besuch von Bellinis Busenfreund Florimo, mit ebensoviel Verve dementierte – Altersweisheit oder Höflichkeit? Inzwischen hatte er, wenn auch aus anderen

Richard Wagner. Ölgemälde von Auguste Renoir, Palermo, 15. Januar 1882

Gründen, den Süden schätzen gelernt. Während der gleichaltrige Verdi sich gegen den Vorwurf, »verwagnert« zu sein, mit dem ärgerlichen Ausruf verteidigte: »Glauben Sie denn, unter diesem Himmel hätte ich den ›Ring‹ schreiben können?!«, genoß der Antipode die Gegenwelt der Nibelungen-Nebel mit offensichtlichem Vergnügen. Ist es zuviel gewagt, zu sagen, daß im parsifalesken Karfreitagszauber auch etwas vom mittelmeerischen Licht funkelt?

An der Via Roma, einer der meistbefahrenen Straßen Palermos, dicht beim Archäologischen Nationalmuseum mit den Schätzen aus der Griechenzeit, steht der mächtige Klotz des »Grand Hotel et des Palmes«, die beiden namengebenden struppigen Palmen, wohl drei Geschosse hoch, vor der Auffahrt. Wer hier wohnt, braucht nicht zu rechnen. In der Saison quillt die mehr als hundertjährige Nobelherberge, inzwischen auch im Rufe eines Mafia-Treffpunktes, über von amerikanischen Touristen. In der weiten Eingangshalle, vor einer aparten Spiegelwand, die Bronzebüste

Wagners, und wer sich an der Rezeption als Fachmann oder Fan zu erkennen gibt, dem zeigt ein Page auch das Arbeitszimmer des Maestro im zweiten Stock. Zu sehen ist da freilich nicht viel, ein quadratischer Raum, mehr Saal als Zimmer, vollgestopft mit echten oder imitierten Louis-seize-Möbeln, kein Stück der Erinnerung an »damals«. Wie denn auch – war man doch fast im Zorn geschieden, nach drei glücklichen und arbeitsreichen Monaten jenes vorletzten Lebenswinters 1881/82.

Rubinstein (Joseph, der Bruder des berühmten Pianisten), der Getreue mit dem falschen Gebetbuch, hatte durch einen begeisterten Brief nach Bayreuth den Anstoß gegeben. Wagner war sofort angesteckt, Reisepläne wurden geschmiedet, sogar von einer Nilfahrt ist die Rede, und Anfang November langte die Familie mit den beiden Jüngsten – Siegfried war erst zwölf Jahre alt – im Haus mit den Palmen an. Herr Ragusa, der Besitzer, wußte, was er dem großen Mann schuldig war, und hielt ungebetene Besucher fern. Das war so einfach nicht. Denn Wagner, der sofort konzentriert zu arbeiten begann, erholte sich zwischendurch gern bei Späßen vor dem Affenhaus auf der rückwärtigen Terrasse, ging mit den Kindern in den Park der Villa Giulia, wo hundert Jahre zuvor Goethe über die Urpflanze meditiert hatte, bummelte mit Frau Cosima durch die elegante Via Maqueda, die engen Altstadtgassen, das Viertel am Alten Hafen. Er besuchte die Cappella Palatina, fasziniert von den Mosaiken, der Intarsiendecke und dem baumhohen alabasternen Osterleuchter (»die schönste Schloßkapelle der Welt«), sah die Araberschlösser Cuba und Zisa, den Dom von Monreale. Und kehrte immer wieder an seinen Schreibtisch in dem Zimmer mit den schweren Vorhängen zurück. Sich vorzustellen, daß Kundry hier zum erstenmal, wenn auch nur auf dem Notenpapier, ihren berühmten Zwei-Oktaven-Schrei tat!

Einmal kam eine andere Berühmtheit, Renoir, um ihn zu malen. Eine halbe Stunde hielt Wagner es aus, stillzusitzen; für das Ergebnis hatte er später nur gutmütigen Spott: »Ich sehe aus wie das Embryo eines Engels, als Auster von einem Epikuräer verschluckt.« Da waren die letzten *Parsifal*-Noten schon geschrieben, man war, nach Querelen mit dem Palmen-Hausherrn, in die Villa Gangi umgezogen, nahe der Straße nach Monreale. Die Gegend, seinerzeit am äußersten Rand der Stadt, galt als unsicher. Wenn die Kinder allein spazierengingen, folgte ihnen stets ein Wächter mit geladener Flinte – wer denkt da nicht an Verhältnisse der Gegenwart? Dennoch zog sich der Abschied in die Länge, das Paar war Gast bei Fürsten und Grafen, erst Ende März verließ man Palermo. Das Werk war beendet. Doch es vergingen noch Jahre, bis etwas davon für die Palermitaner Ohren erklang. 1892 brachte Toscanini im Politeama Garibaldi den *Fliegenden Holländer* heraus, die erste Wagner-Oper in Sizilien. 1914 leitete Gino Marinuzzi, selbst ein Sohn der Stadt und Schüler des Konservatoriums, im neuen Teatro Massimo den ersten Insel-*Parsifal*.

Biographische Hinweise

Franco Alfano

Geb. 8. 3. 1876 Neapel-Posillipo, gest. 6. 10. 1954 San Remo. Komponist. Schrieb 9 Opern, darunter *Auferstehung* (nach Tolstoi, UA Turin 1904), *Cyrano de Bergerac* (UA Rom 1936). Als Schüler Puccinis vollendete er dessen *Turandot.*

Vincenzo Bellini

Geb. 3. 11. 1801 Catania, gest. 23. 9. 1835 Puteaux bei Paris. Komponist. Schrieb in 10 Schaffensjahren 10 Opern: *Adelson e Salvini* (UA Neapel 1825), *Bianca e Fernando* (UA Neapel 1826), *Il pirata* (UA Mailand 1827), *La Straniera* (UA Mailand 1829), *Zaira* (UA Parma 1829), *I Capuleti e i Montecchi* (nach Shakespeares *Romeo und Julia*, UA Venedig 1830), *La sonnambula* (UA Mailand 1831), *Norma* (UA Mailand 1831), *Beatrice di Tenda* (UA Venedig 1833), *I Puritani* (UA Paris 1835), die rasch nachgespielt wurden, auch außerhalb Italiens. Seit den 50er Jahren dieses Jh.s viele Wiederaufführungen.

Carlo Bergonzi

Geb. 13. 7. 1924 Parma. Tenor. Seit 1953 Engagements an der Scala Mailand, Covent Garden London, Met New York. Führender Verdi-Tenor der 50er bis 70er Jahre.

Luciano Berio

Geb. 24. 10. 1925 Oneglia (Riviera). Komponist. Führender Vertreter der seriellen und elektronischen Musik, schrieb 5 Bühnenwerke: *Passaggio* (UA Mailand 1963), *Laborintus II* (UA Brüssel 1968), *Opera* (UA Santa Fé 1970), *La vera storia* (UA Mailand 1982), *Un re in ascolto* (UA Salzburg 1986), und viele experimentelle Konzertstücke. Umfangreiche Lehrtätigkeit in Europa und USA.

Luigi Boccherini

Geb. 19. 2. 1743 Lucca, gest. 28. 5. 1805 Madrid. Komponist und Cello-Virtuose. Schrieb an 600 Werke, fast ausschließlich Instrumentalmusik, vor allem für kammermusikalische Besetzung. Als Cellist höchst erfolgreich, Konzertreisen Mailand, Wien, Paris, Madrid, Berlin. Im 19. Jh. als Komponist weit unterschätzt, wird er heute in Konzert wie Hausmusik wiederentdeckt.

Arrigo Boito

Geb. 24. 2. 1842 Padua, gest. 10. 6. 1918 Mailand. Komponist und Schriftsteller. Poetisch-musikalische Doppelbegabung, schrieb die Opern *Mefistofele* (nach Goethes *Faust*, UA Mailand 1868) und *Nerone* (UA posthum Mailand 1924), außerdem Libretti für Catalani, Ponchielli, Faccio sowie für Verdis *Otello* und *Falstaff*.

Faustina Bordoni

Geb. um 1700 Venedig, gest. 4. 11. 1781 ebd. Mezzosopran. Primadonna in Venedig, München, Wien, London (in Händels Ensemble) und mit ihrem Mann, dem deutschen Komponisten Johann Adolf Hasse, 1731–51 in Dresden.

Ferruccio Busoni

Geb. 1. 4. 1866 Empoli, gest. 27. 7. 1924 Berlin. Komponist und Pianist. Umfangreiches Werk an der Grenze zur Moderne. Opern (darunter *Arlecchino* und *Doktor Faustus*, von Philipp Jarnach vollendet; beide UA Zürich 1917), brillante Klaviermusik, Chorwerke, Instrumentalmusik. Setzte sich für Neue Musik ein, lehrte an der Berliner Akademie der Künste.

Maria Callas (d. i. Maria Kalogeropoulos)

Geb. 2. 11. 1913 New York, gest. 16. 9. 1977 Paris. Amerikan. Sopran griech. Herkunft; eine der größten Opernsängerinnen der letzten 50 Jahre. Nach dem Debüt als Tosca in Athen (1941) und Engagements an mehreren ital. Bühnen sang sie 1950–58 und 1960–62 an der Mailänder Scala, an Covent Garden London und an der New Yorker Met, vorwiegend die großen Belcanto-Rollen des 19. Jh.s. Die Wiederentdeckung vergessener Werke von Cherubini, Spontini, Rossini, Donizetti ist ihr zu danken. Die dramatische Intensität ihrer Darstellung, die auch stimmliche Schwächen überspielte, gilt als einzigartig.

Enrico Caruso

Geb. 27. 2. 1873 Neapel, gest. 2. 8. 1921 ebd. Tenor; der bedeutendste Sänger seines Fachs im 20. Jh. Nach dem Debüt in Neapel 1894 zahlreiche Engagements in ganz Italien, Monte Carlo, Kairo, u. a. in den UA von Francesco Ciléas *Adriana Lecouvreur* und Umberto Giordanos *Fedora.* 1902–20 sang er an der New Yorker Met in 600 Aufführungen 36 Rollen und reiste fast jährlich zu Tourneen nach Europa. Auch als Darsteller eindrucksvoll, war er der erste Sänger, dessen Kunst (seit 1901) durch Schallplatten überliefert ist.

Alfredo Casella

Geb. 25. 7. 1883 Turin, gest. 5. 3. 1947 Rom. Komponist und Pianist. Suchte wie sein Freund Gian Francesco Malipiero gegen französische und deutsche Einflüsse eine national-italienische Musiksprache auf der Tradition des 17./18. Jh.s zu begründen. Lehrte 1915–23 und ab 1933 am Liceo Musicale di Santa Cecilia in Rom. Schrieb die Opern *La Donna Serpente* (UA Rom 1932) und *La Favola d'Orfeo* (UA Venedig 1932), Ballette, Orchester- und Klavierwerke.

Alfredo Catalani

Geb. 19. 6. 1854 Lucca, gest. 7. 8. 1893 Mailand. Komponist. Schrieb neben Sinfonien, Klavierwerken und Liedern 5 Opern, darunter *La Wally* (nach der Novelle *Die Geier-Wally* von Wilhelmine von Hillern, UA Mailand 1892), die sich durch einen für Italien ungewöhnlichen feinen Romantizismus und ein »sprechendes« Orchester auszeichnen, jedoch an schlechten Libretti kranken.

Luigi Cherubini

Geb. 8. 9. 1760 Florenz, gest. 15. 3. 1842 Paris, wo er seit 1782 lebte, von 1821 an Direktor des dortigen Konservatoriums. Komponist; schrieb zuerst Kirchenmusik, dann 37 Bühnenwerke, darunter *Lodoiska* (1791), *Medea* (1797), *Les deux journées* (*Der Wasserträger*, 1800; alle UA Paris). Letztere beeinflußte Beethovens *Fidelio* stark.

Francesco Ciléa

Geb. 26. 7. 1866 Palmi, gest. 20. 11. 1950 Varazze. Komponist. Schrieb 5 Opern, darunter *L'Arlesiana* (UA Mailand 1897) und *Adriana Lecouvreur* (UA Mailand 1902) in gemäßigt veristischem Stil. Lehrte in Florenz und Neapel.

Domenico Cimarosa

Geb. 17. 12. 1749 Aversa, gest. 11. 1. 1801 Venedig. Komponist. Nach Anfangserfolgen in Neapel nacheinander Kapellmeister Katharinas II. in St. Petersburg und Kaiser Leopolds II. in Wien. Schrieb 64 Opern. Die erfolgreichste *Il matrimonio segreto* (*Die heimliche Ehe*, UA Wien 1792) wurde zum viel kopierten Muster der neapolitanischen Opera buffa.

Muzio Clementi

Geb. 24. 1. 1752 Rom, gest. 10. 3. 1832 Evesham (England). Pianist, Komponist und Klavierpädagoge. Schrieb zahlreiche Sonaten und andere Klavierwerke, Kammermusik, Sinfonien, Lehrwerke für Klavier (*Gradus ad Parnassum*). Entwickelte eine pianistische Technik, die Haydn und Beethoven beeinflußte und bis an die Schwelle des 20. Jh.s weiterwirkte.

Arcangelo Corelli

Geb. 17. 2. 1653 Fusignano, gest. 8. 1. 1713 Rom. Komponist und Geiger; einer der größten Meister des ital. Barock vor Vivaldi. Schrieb, ausschließlich für Streichinstrumente, Solo- und Triosonaten, Concerti grossi, Kirchen- und Kammermusik von strenger Form und gebändigter Phantasie. War in Rom Maestro di musica bei mehreren Kardinälen, vor allem Ottoboni, dem Leiter der Instrumentalisten der Accademia di S. Cecilia, begründete eine weltberühmte Violinschule. Wirkte stark auf J. S. Bach und Händel.

Bartolomeo Cristofori

Geb. 4. 5. 1655 Padua, gest. 27. 1. 1731 Florenz. Cembalo- und Lautenbauer. Wurde 1697 von Ferdinando dei Medici zum Betreuer seiner Sammlung von Musikinstrumenten in Florenz bestellt. Entwickelte dort die Hammermechanik für Tasteninstrumente, die (im Gegensatz zur Kielmechanik des Cembalos) den Ton durch Tastendruck zu variieren erlaubt. Der erste Hammerflügel entstand 1709, doch setzte sich die epochemachende Erfindung erst spät durch.

Luigi Dallapiccola

Geb. 3. 2. 1904 Pisino, gest. 19. 2. 1975 Florenz. Komponist und Pianist; wichtigster Vertreter der Zwölftonmusik in Italien. Schrieb mehrere Chorwerke, Lieder und Canzonen mit Orchester, Klaviermusik, ein Ballett und 4 Bühnenwerke: *Volo di notte* (*Nachtflug*, UA Florenz 1940), *Il prigioniero* (*Der Gefangene*, UA Turin 1950), *Iob* (*Hiob*, UA Florenz 1958), *Ulisse* (UA Berlin 1968).

Toti Dal Monte (d. i. Antonietta Meneghelli)

Geb. 27. 6. 1893 Mogliano Veneto, gest. 25. 1. 1975 Treviso. Sopran. Seit 1921 im Ensemble der Mailänder Scala, besonders in großen Koloratur-Rollen, später in Paris, USA und Südamerika. Als Lehrerin geschätzt.

Lorenzo Da Ponte (d. i. Emanuele Conegliano)

Geb. 10. 3. 1749 Ceneda, gest. 17. 8. 1838 New York. Dichter und Librettist. Wurde nach Verbannung aus Venedig Hofdichter bei Kaiser Leopold II. in Wien für die ital. Oper. Schrieb dort 36 Libretti für verschiedene Komponisten, darunter für Mozart den Text zu *Die Hochzeit des Figaro*, *Don Giovanni* und *Così fan tutte*. Ging nach Leopolds Tod erst nach England, 1805 nach New York, wo er am Columbia-College einen Lehrstuhl für Italienisch erhielt. Organisierte die ersten Opernaufführungen in Amerika.

Mario Del Monaco

Geb. 27. 7. 1915 Florenz, gest. 16. 10. 1982 Mestre. Tenor. Debütierte nach Selbst- und Schallplattenstudium 1939 in Pesaro, sang in Verona, Neapel, Mailand, London und Wien, seit 1950 in Buenos Aires, San Francisco und New York. Galt vielen als bedeutendster dramatischer Sänger Italiens nach dem Zweiten Weltkrieg. – Sein Sohn Giancarlo, geb. 27. 12. 1943 Treviso, Opernregisseur und Intendant an verschiedenen deutschen Bühnen.

Gaetano Donizetti

Geb. 29. 11. 1797 Bergamo, gest. 8. 4. 1848 ebd. Komponist; mit Bellini der führende ital. Opernmeister vor Verdi. Schrieb mehrere Messen, Oratorien, Kammermusik, Lieder sowie 71 Bühnenwerke, zunächst in der Nachfolge Rossinis, seit *Anna Bolena* (UA Neapel 1830) mit persönlicher dramatischer Handschrift. Seit 1829 Musikdirektor in Neapel, auf Empfehlung Rossinis ab 1838 am Théâtre Italien in Paris. Meisterwerke: *Der Liebestrank* (UA Neapel 1832), *Lucrezia Borgia* (UA Neapel 1833), *Lucia di Lammermoor* (UA Neapel 1835), *Die Regimentstochter* (UA Paris 1840), *Don Pasquale* (UA Paris 1841). Seit Mitte des 20. Jh.s »Donizetti-Renaissance« mit zahlreichen Wiederaufführungen.

Francesco Durante

Geb. 31. 3. 1684 Frattamaggiore, gest. 13. 8. 1755 Neapel. Komponist. Seit 1710 Kompositionslehrer an mehreren neapolitanischen Konservatorien. Schrieb vor allem Kirchenmusik, ferner Werke für Streichinstrumente und Cembalo. Stand als Lehrer in höchstem Ansehen. Seine Schüler waren u. a. Pergolesi, Paisiello, Jommelli, Piccinni.

Farinelli (d. i. Carlo Broschi)

Geb. 24. 1. 1705 Andria, gest. 15. 7. 1782 Bologna. Sopran-Kastrat. Sang erstmals 1720 in Neapel, trat seit 1724 in allen wichtigen Musikzentren Europas auf. 1737–62 im Dienst der spanischen Könige Philipp V. und Ferdinand VI. Berühmt für seine Kunst der improvisierten Verzierungen.

Andrea Gabrieli

Geb. um 1515 Venedig, gest. 1586 ebd. Komponist und Orgelmeister; Organist an San Marco. Er und sein Neffe und Nachfolger Giovanni, geb. um 1555 Venedig, gest. 12. 8. 1612 ebd., schrieben Messen, Psalmen und andere kirchliche Chorwerke, Concerti, Madrigale, entwickelten die Kunst der getrennten Chöre mit Echo- und Klangfarbenwirkungen. Starker Einfluß auf deutsche, holländische, dänische Musik der Zeit, u. a. auf Heinrich Schütz.

Baldassare Galuppi

Geb. 18. 10. 1706 Burano, gest. 3. 1. 1785 Venedig. Komponist. Schrieb über 100 Bühnenwerke, von denen besonders die Buffa-Opern auf Libretti von Carlo Goldoni *Il mondo della luna* (UA Venedig 1750) und *Il filosofo di campagna* (UA Venedig 1754) in ganz Europa nachgespielt wurden.

Beniamino Gigli

Geb. 20. 3. 1890 Recanati, gest. 30. 11. 1957 Rom. Tenor; nach Caruso der bedeutendste Opernsänger seines Fachs. Debütierte 1918 unter Toscanini an der Mailänder Scala, sang 1920–32 an der New Yorker Met 28 Rollen, dann auf Gastspielen an allen großen Bühnen Europas und Südamerikas. Wirkte in 15 meist in Deutschland gedrehten Filmen mit. Als Darsteller etwas unbeholfen und zu Sentimentalitäten neigend, überzeugte er noch mit 60 Jahren durch betörendes Timbre und makellose Stimmtechnik.

Umberto Giordano

Geb. 27. 8. 1867 Foggia, gest. 12. 11. 1948 Mailand. Komponist. Schrieb 10 Opern im Stil des ital. Verismo Leoncavallos, von denen *Andrea Chenier* (UA Mailand 1896) und *Fedora* (UA Mailand 1898) auch heute noch gespielt werden.

Giulia Grisi

Geb. 28. 7. 1811 Mailand, gest. 29. 11. 1869 Berlin. Sopran. Debütierte in Belcanto-Rollen Rossinis. Bellini schrieb für sie die Adalgisa in *Norma* (UA Mailand 1831) und die Elvira in *I Puritani* (UA Paris 1835), Donizetti die Norina in *Don Pasquale* (UA Paris 1843). – Ihre Schwester Giuditta (Mezzosopran, 1805–40) sang in Bellinis *I Capuleti e i Montecchi* den für sie geschriebenen Romeo (UA Venedig 1830).

Giovanni Gualberto (d. i. Giovanni Magli)

Geburts- und Todesdaten unbekannt. Mezzosopran-Kastrat. Schüler von Giulio Caccini im Kreise der Florentiner Camerata, sang die Titelpartie von Monteverdis *Favola d'Orfeo* (UA Mantua 1607). War 1616 am Hof des Kurfürsten Johann Sigismund von Brandenburg.

Johann Adolf Hasse

Geb. 25. 3. 1699 Bergedorf, gest. 16. 12. 1783 Venedig. Komponist; einer der bedeutendsten Vertreter der ital. (!) Opera seria. Schrieb 56 Bühnenwerke, sämtlich auf Texte von Metastasio, mit dem er befreundet war. 1730–63 Kapellmeister am sächsischen Hof in Dresden. Verheiratet mit der Sopranistin Faustina Bordoni, für die er mehrere Opern schrieb.

Niccolò Jommelli

Geb. 10. 9. 1714 Aversa, gest. 25. 8. 1774 Neapel. Komponist. Nach Erfolgen in Neapel und Venedig 1753–69 Opernchef am herzoglichen Hof in Stuttgart. Schrieb etwa 85 Opern (53 erhalten), in denen er eine Verbindung deutscher und italienischer Stilelemente anstrebte.

Leonardo Leo

Geb. 5. 8. 1694 San Vito dei Schiavi, gest. 31. 10. 1744 Neapel. Führender Kirchen- und Theaterkomponist der neapolitanischen Schule, Lehrer von Pergolesi, Jommelli und Piccinni. Schrieb Messen, Kantaten, Oratorien, Instrumentalkonzerte, Kammermusik und über 70 Opern, erstmals mit Chor.

Ruggero Leoncavallo

Geb. 23. 4. 1857 Neapel, gest. 9. 8. 1919 Montecatini. Komponist. Wurde mit einem Schlage berühmt durch *I Pagliacci* (*Der Bajazzo*, UA 1892 Mailand unter Toscanini). Von weiteren 9 Opern – u. a. *La Bohème*, gleichzeitig mit Puccini, und *Der Roland von Berlin*, auf Empfehlung des deutschen Kaisers – sowie mehreren Operetten hatte keine nachhaltigen Erfolge.

Jean-Baptiste Lully (d. i. Giovanni Battista Lulli)

Geb. 28. 11. 1632 Florenz, gest. 22. 3. 1687 Paris. Franz. Komponist italienischer Herkunft. Kam als Diener nach Frankreich, stieg 1653 zum Hofkomponisten und 1661 zum Chef der gesamten Musik am Hofe Ludwigs XIV. auf. Schrieb, mit Molière als Textautor, 14 Comédie-Ballets und mit Corneille 14 Opern, die noch im 18. Jh. gespielt wurden.

Bruno Maderna

Geb. 21. 4. 1920 Venedig, gest. 13. 11. 1973 Darmstadt. Komponist und Dirigent. Wirkte als Lehrer und Orchesterleiter in Italien, Deutschland und den USA für zeitgenössische Musik, zuletzt (mit Berio) am Elektronischen Studio der RAI und als Chef des Mailänder Rundfunkorchesters. Schrieb Orchesterwerke, Kammer- und elektronische Musik sowie 3 Opern, darunter *Satyricon* nach Petronius, in einem lyrisch getönten Zwölfton-Stil.

Maria Malibran (d. i. Maria García)

Geb. 24. 3. 1808 Paris, gest. 23. 9. 1836 Manchester. Span. Mezzosopran. Vom Vater, dem Tenor Manuel García, ausgebildet, brillierte sie jung in London, Paris und New York, vorab in Rollen Rossinis, aber auch Mozarts und Beethovens, dann in Italien mit Werken von Bellini und Donizetti. Gastierte in Venedig zugunsten des Teatro S. Giovanni Crisostomo, das ihren Namen erhielt. Starb nach einem Reitunfall. Richard R. Bennett schrieb eine Oper über sie (1935).

Gian Francesco Malipiero

Geb. 18. 3. 1882 Venedig, gest. 1. 8. 1973 Treviso. Komponist. Seit 1921 Kompositionslehrer in Parma, seit 1932 in Venedig, 1940 dort Direktor des Konservatoriums. Gab die Gesamtausgaben der Werke Monteverdis, Frescobaldis und Vivaldis heraus. Schrieb zahlreiche Orchester- und Chorwerke, vokale und instrumentale Kammermusik sowie 35 Opern, deren UA vielfach außerhalb Italiens stattfanden. Obwohl nichts davon ins Repertoire einging, zählt M. in der Zusammenschau von Tradition (Gregorianik, Barock) und Moderne (Expressionismus) zu den wichtigsten ital. Anregern seiner Zeit.

Benedetto Marcello

Geb. 1. 8. 1686 Venedig, gest. 24. 7. 1739 Brescia. Komponist. Jurist im Dienst Venedigs, schrieb er zahlreiche Psalmen-Vertonungen, Messen, Oratorien, Kantaten, Madrigale, die ihn rasch berühmt machten, sowie das Buch *Il teatro alla moda*, das die Opernszene seiner Zeit karikiert.

Angelo Mariani

Geb. 11. 10. 1821 Ravenna, gest. 13. 6. 1873 Genua. Dirigent. Wirkte in Messina, Kopenhagen, Konstantinopel, 1852–73 Chef des Teatro Carlo Felice in Genua, hervorragender Orchestererzieher. Brachte in Bologna erstmals für Italien Wagners *Lohengrin* (1871) und *Tannhäuser* (1872) heraus.

Gino Marinuzzi

Geb. 24. 3. 1882 Palermo, gest. 17. 8. 1945 Mailand. Dirigent. Dirigierte in Buenos Aires, Monte Carlo, war Opernchef in Chicago, Rom (1928–34) und der Mailänder Scala (1934–44). Wurde von Partisanen umgebracht.

Giovanni Battista Martini

Geb. 24. 4. 1706 Bologna, gest. 3. 8. 1784 ebd. Komponist und Pädagoge. Franziskaner, seit 1725 Kapellmeister an S. Francesco in Bologna, als Theoretiker oberste Instanz in musikal. Fragen, von ganz Europa anerkannt.

Schrieb Kirchen- und weltliche Kammermusik, Oratorien, Lehrwerke für Komposition und Orgel, stand im Briefwechsel mit den meisten musikalischen Größen seiner Zeit. Zu seinen Schülern zählten Johann Christian Bach, Grétry, Jommelli und – kurzzeitig – Mozart.

Pietro Mascagni

Geb. 17. 12. 1863 Livorno, gest. 2. 8. 1945 Rom. Komponist. Begann als Dirigent reisender Operntruppen und Stadtkapellmeister in Cerignola, schrieb außer 2 Operetten 14 Opern, von denen *Cavalleria rusticana* (UA Rom 17. 5. 1890), Sieger im Mailänder Opernwettbewerb des Verlegers Sonzogno, ein Welterfolg und vielfach nachgeahmtes Stilbeispiel des Verismo wurde. Von den übrigen hatte nur *Iris* (UA Rom 1898) wenigstens in Italien nachhaltigen Erfolg. M., seit 1895 Direktor des Konservatoriums in Pesaro, seit 1929 der Mailänder Scala, war ein bedeutender Operndirigent. Gelegenheitswerke für politische Anlässe führten zuletzt zur völligen Isolation.

Simon(e) Mayr

Geb. 14. 6. 1763 Mendorf (Bayern), gest. 2. 12. 1845 Bergamo. Komponist deutscher Herkunft. Schrieb seit 1794 über 70 Bühnenwerke, die an allen ital. Opernhäusern, aber auch in Paris, Wien, Berlin, München aufgeführt wurden. Vertiefte und erweiterte die Orchestersprache, die Ensemble- und Chorszenen im Sinne Glucks. Seit 1802 bis zum Tode Kapellmeister an S. Maria Maggiore in Bergamo, gründete 1805 die Musikschule, das spätere Konservatorium. Unter den ersten Schülern war Donizetti.

Saverio Mercadante

Geb. 17. 9. 1795 Altamura, gest. 17. 12. 1870 Neapel. Komponist; der erfolgreichste Opernschöpfer Italiens nach Rossini. Seit 1840 Direktor des Konservatoriums Neapel. Schrieb außer Messen und anderer Kirchenmusik 60 Opern, von denen *Il giuramento* (*Der Schwur*, UA Mailand 1837) als sein bestes Werk gilt und wiederaufgeführt wird.

Pietro Metastasio (d. i. Pietro Trapassi)

Geb. 3. 1. 1698 Rom, gest. 12. 4. 1782 Wien. Dichter und Librettist. Begann mit eleganten Gelegenheitsdichtungen, nahm dann bei Porpora Gesangs- und Kompositionsunterricht, schrieb neben einer großen Zahl festspielartiger Texte und Oratorien 27 Opernlibretti, von denen jedes mehrfach (bis zu 10mal) vertont wurde, u. a. von Porpora, Galuppi, Hasse, Jommelli, Mozart, Paisiello, Mercadante. Wurde 1730 als Nachfolger von Apostolo Zeno Hofdichter in Wien. Seine Texte haben durch festgefügte Form, dramatische Zuspitzung und dichterischen Wohllaut die Oper des 18. Jh.s entscheidend beeinflußt.

Claudio Monteverdi

Geb. 15. 5. 1567 Cremona, gest. 29. 11. 1643 Venedig. Komponist. Seit 1590 Violist, Sänger und Kapellmeister am Hof der Gonzaga in Mantua, seit 1613 Erster Kapellmeister an der Markuskirche Venedig. Sein umfangreiches kirchenmusikalisches Werk wurzelt ebenso wie die Madrigalbücher noch in der Renaissance, die Opern sind ein erster Höhepunkt des Barock. Mindestens 12 von diesen sind bei der Plünderung Mantuas (1630) verlorengegangen. Erhalten und in den letzten Jahrzehnten wiederentdeckt: *L'Orfeo* (UA Mantua 1607), die Ballettopern *Ballo delle ingrate* (UA Mantua 1608) und *Il Combattimento di Tancredi e Clorinda* (UA Venedig 1624) sowie die bedeutenden Spätwerke *Il ritorno d'Ulisse in patria* (UA Venedig 1640) und *L'Incoronazione di Poppea* (UA Venedig 1642), die der Entwicklung der Oper weit vorauseilen.

Luigi Nono

Geb. 29. 1. 1924 Venedig, gest. 10. 5. 1990 ebd. Komponist. Schrieb in der Nachfolge Weberns neben Orchesterstücken große Chorwerke, das bedeutendste *Il canto sospeso* (UA Köln 1956), elektronische Musik sowie die Opern *Intolleranza* (UA Venedig 1961), *Al gran sole carico d'amore* (UA Mailand 1975) und *Prometeo* (UA Venedig 1984). Gemeinsam ist seinen Werken ein leidenschaftliches Engagement gegen Krieg, Diktatur und Terror.

Giovanni Pacini

Geb. 17. 2. 1796 Catania, gest. 6. 12. 1867 Pescia. Komponist. Schrieb Oratorien, Messen, Kantaten und über 90 Opern auf meist romantische Libretti, zuerst in der Art Rossinis, die an allen großen ital. Bühnen dank ihrem melodischen Einfallsreichtum noch zu Verdis Zeiten raschen Erfolg hatten.

Ferdinando Paër

Geb. 1. 7. 1771 Parma, gest. 3. 5. 1839 Paris. Komponist. War seit 1792 Hofkapellmeister in Parma, 1804–07 am Hoftheater Dresden, 1812 als Nachfolger Spontinis Hofkapellmeister in Paris. Schrieb über 60 Opern, deren erfoigreichste *Der Kapellmeister* (UA Paris 1821) war, sowie Oratorien, Kirchenmusik und Gesangswerke.

Niccolò Paganini

Geb. 27. 10. 1782 Genua, gest. 27. 5. 1840 Nizza. Violinvirtuose und Komponist. Spielte, im wesentlichen Autodidakt, als Jugendlicher auf Kirchenfesten, seit 1801 Erster Geiger im Hoforchester in Lucca, seit 1809 reisender Virtuose in Nord- und Süditalien, nach 1828 mit sensationellem Erfolg in Österreich, Deutschland, Frankreich, Belgien, England. Nie wieder erreichte Virtuosität und exzentrisches Privatleben schürten das Gerücht, er sei mit dem Teufel im Bunde. Schrieb 5 Violinkonzerte, Capricci und zahlreiche Bravourstücke, die Stil und Technik des Geigenspiels wesentlich beeinflußten.

PALESTRINA (d. i. Giovanni Pierluigi)

Geb. um 1525 Palestrina, gest. 2. 2. 1594 Rom. Komponist. Seit 1544 Organist der Kathedrale seiner Heimatstadt, 1551 Kapellmeister der röm. Cappella Giulia, dann in gleicher Eigenschaft an der Laterankirche und an S. Maria Maggiore, seit 1571 an St. Peter in Rom. Sein kaum überschaubares Gesamtwerk stand ganz im Dienst der Kirchenmusik, die er im Sinne der Reformen des Konzils von Trient zum Höhepunkt der geistlichen Renaissancemusik führte.

GIUDITTA PASTA (d. i. Giuditta Negri)

Geb. 9. 4. 1798 Saronno, gest. 1. 4. 1865 Blevio. Sopran. Debütierte 1815 in Mailand, sang dann in Paris, London, Italien, Wien und St. Petersburg dank Intensität der Darstellung und dramatischer Begabung mit legendärem Erfolg, besonders in Rollen von Rossini, Bellini, Donizetti. Kreierte die UA von *Norma*, *Liebestrank*, *Anna Bolena*, *Beatrice di Tenda*.

GIOVANNI BATTISTA PERGOLESI

Geb. 4. 1. 1710 Jesi, gest. 16. 3. 1736 Pozzuoli. Komponist. Schrieb in wenigen Jahren 2 Oratorien, Messen, Kantaten, Arien sowie 8 Bühnenwerke, unter denen die komischen Opern und Intermezzi (heitere Zwischenaktstücke) stilbildend für die Opera buffa wurden. Die erfolgreichsten: *Lo frate 'nnamorato* (UA 1732), *Livietta e Tracollo* (UA 1734) und vor allem das Intermezzo *La serva padrona* (UA 1733; alle Neapel) wurden jüngst wiederaufgeführt.

JACOPO PERI

Geb. 20. 8. 1561 Rom, gest. 12. 8. 1633 Florenz. Komponist und Sänger. Schrieb Musik zu geistlichen und weltlichen Festspielen sowie 4 der ersten Opern, darunter auf Texte von Rinuccini *Dafne* (UA 1598) und *Euridice* (UA 1600; beide Florenz).

LORENZO PEROSI

Geb. 20. 12. 1872 Tortona, gest. 12. 10. 1956 Rom. Komponist und Kapellmeister. Wurde 1894 Kapellmeister der Markuskirche Venedig und 1898 bis zu seinem Tode Leiter der Cappella Sistina Rom. Schrieb 15 Oratorien, ferner Kantaten, Messen und Kammermusik in entschiedener Abwendung von Stilmerkmalen der Oper.

Nicola Piccinni

Geb. 16. 1. 1728 Bari, gest. 17. 5. 1800 Passy bei Paris. Komponist. Schrieb mehr als 100 Opern und Intermezzi, z. T. eigene Neufassungen, auch mit anderen Komponisten, darunter sein Meisterwerk, die Buffa *La cecchina* (UA Rom 1760). Wurde in Paris als eleganter Melodiker gegen Christoph Willibald Gluck und seine Opernreform ausgespielt.

Ildebrando Pizzetti

Geb. 20. 9. 1880 Parma, gest. 13. 2. 1968 Rom. Komponist. Lehrte in Parma, Mailand und an der Accademia di S. Cecilia Rom, trat öffentlich für eine Rückkehr zur Tradition ein. Schrieb Orchesterwerke, Kammermusik, Chorwerke, Bühnenmusiken und 13 Opern, darunter *La figlia di Iorio* nach d'Annunzio (UA Neapel 1954) sowie *Assassinio nella Cattedrale* nach T. S. Eliot (UA Mailand 1958).

Amilcare Ponchielli

Geb. 31. 8. 1834 Paderno, gest. 16. 1. 1886 Mailand. Komponist. Lehrte seit 1880 Komposition in Mailand, Schüler waren u. a. Puccini und Mascagni. Schrieb neben Kantaten, Märschen, Liedern 2 Ballette und 9 Opern, von denen nur *La Gioconda* (UA Mailand 1876) noch heute in Italien gespielt wird.

Nicola Porpora

Geb. 17. 8. 1686 Neapel, gest. 3. 3. 1768 ebd. Komponist. Lehrer von Farinelli und Hasse. Wirkte in Neapel, London, Dresden und Wien. Schrieb neben Messen, Kantaten, Serenaden über 50 Opern, deren meist schlichte Melodik durch überreiche Verzierungskunst dem Zeitgeschmack entgegenkam.

Giacomo Puccini

Geb. 22. 12. 1858 Lucca, gest. 29. 11. 1924 Brüssel. Nach Verdi der populärste Opernkomponist Italiens. Schrieb außer wenigen Chor- und Orchesterwerken 12 Opern: *Le Villi* (UA Mailand 1884), *Edgar* (UA Mailand 1889), *Manon Lescaut* (UA Turin 1893), *La Bohème* (UA Turin 1896), *Tosca* (UA Rom 1900), *Madame Butterfly* (UA Mailand 1904), *La fanciulla del West* (UA New York 1910), *La rondine* (UA Monte Carlo 1917), die unter der Bezeichnung *Trittico* (*Triptychon*) zusammengefaßten Einakter *Il tabarro*, *Suor Angelica* und *Gianni Schicchi* (UA New York 1918) sowie die als Torso hinterlassene *Turandot* (UA Mailand 1926), die von P.s Schüler Alfano beendet wurde.

Ottorino Respighi

Geb. 9. 7. 1879 Bologna, gest. 18. 4. 1936 Rom. Komponist. War Bratscher in St. Petersburg, seit 1913 Professor an der Accademia di S. Cecilia Rom. Schrieb 8 Opern, Kammermusik, Lieder und große Orchesterwerke, von denen die Sinfonischen Dichtungen *Fontane di Roma* (1917) und *Pini di Roma* (1924) noch heute zum Repertoire gehören.

Ricordi

Verlegerfamilie, die von dem Notenstecher und Verlagsgründer Giovanni (1785–1853) an in 4 Generationen ein Verlagsimperium auf- und ausbaute, das zeitweilig den ital. Musikmarkt völlig beherrschte. Wichtigste Autoren: Rossini, Bellini, Donizetti, Verdi, Puccini. Seit 1956 Aktiengesellschaft mit Filialen in vielen Ländern, auch mit Handel von Instrumenten und Tonträgern befaßt.

Gioacchino Rossini

Geb. 29. 2. 1792 Pesaro, gest. 13. 11. 1868 Passy bei Paris. Bedeutendster Komponist Italiens in der ersten Hälfte des 19. Jh.s. Erhielt sehr jung zahlreiche Opernaufträge in Venedig, Mailand, Neapel, Rom. Wurde 1824 Leiter des Théâtre Italien in Paris und königl. Hofkomponist, ging nach der Juli-Revolution 1830 nach Bologna, 1852 zurück nach Paris. Schrieb außer Messen, Kantaten, Chor- und Kammermusikwerken 38 Opern, zuerst vorwiegend Komödien, darunter *L'Italiana in Algeri* (UA Venedig 1813), den Welterfolg *Il barbiere di Siviglia* (UA Rom 1816), *La gazza ladra* (UA Venedig 1817) und die »halbernste« *Cenerentola* (UA Rom 1817). Unter den lange unterschätzten ernsten Werken ragen *Moisè in Egitto* (UA Neapel 1818, Neufass. Paris 1827), *Maometto II* (UA Neapel 1820, Neufass. Paris 1826), *La donna del lago* (UA Neapel 1819) und *Guillaume Tell* (UA Paris 1829) durch dramatische Eindringlichkeit hervor. Mit letzterem Werk beendete R. 37jährig seine Opernkarriere.

Giovanni Battista Rubini

Geb. 7. 4. 1795 Romano, gest. 2. 3. 1854 ebd. Tenor. Zunächst Geiger und Chorist in Bergamo, dann in ersten Rollen in Neapel, seit 1825 in Paris, London und St. Petersburg, dort für sensationelles Honorar. Die Tenorpartien von *Il pirata*, *La sonnambula*, *I puritani* und *Anna Bolena* mit ihren extremen Höhen wurden für ihn geschrieben.

Giovanni Battista Sammartini

Geb. um 1700, gest. 15. 1. 1775 Mailand. Komponist. War Kapellmeister an verschiedenen Mailänder Kirchen, schrieb 78 Sinfonien, 15 Konzerte,

Kammermusik, mindestens 3 Opern und mehrere Ballette (vieles verschollen). Vorläufer der Klassik, zeitweilig Lehrer von Christoph Willibald Gluck, Förderer der Instrumentalmusik in Italien.

Alessandro Scarlatti

Geb. 2. 5. 1668 Palermo, gest. 22. 10. 1725 Neapel. Komponist. Der größte Meister des ital. Hochbarock, Musikchef der schwedischen Exkönigin Christine in Rom, dann zweimal Hofkapellmeister in Neapel, Lehrer von Johann Adolf Hasse. Schrieb 115 Opern (85 erhalten), zahllose Serenaden, Kammerkantaten, Oratorien, Messen, Cembalo- und Orgelwerke. Führte die Da-capo-Arie und die dreiteilige »italienische« Ouvertüre in der Oper ein. – Sein Sohn Domenico (1685–1757) schrieb nach Opern, Oratorien und Kantaten eine kaum überschaubare Zahl von Cembalo-Sonaten, die sich durch harmonischen Reichtum und technische Brillanz auszeichneten und seinen Ruhm begründeten.

Tullio Serafin

Geb. 1. 9. 1878 Rottanuova, gest. 2. 2. 1968 Rom. Dirigent. Seit 1909 Chefdirigent der Scala, ab 1924 der Met, nach 1934 Chef der Oper Rom. Betreute zahlreiche Ur- und Erstaufführungen, arbeitete mit Tito Gobbi, Maria Callas und Joan Sutherland. Autorität in Fragen des Operngesangs.

Giovanni Sgambati

Geb. 28. 5. 1841 Rom, gest. 14. 12. 1914 ebd. Pianist und Komponist. Wurde Schüler von Franz Liszt in Rom, konzertierte in England, Paris, Köln, Rußland. Schrieb Klavier- und Kammermusik, Sinfonien, geistliche Chorwerke, trat für vergessene ital. Instrumentalmusik ein.

Gaspare Spontini

Geb. 14. 11. 1774 Majolati, gest. 24. 1. 1851 ebd. Komponist. Nach Opernerfolgen in Neapel und Palermo seit 1802 in Paris, wo er mit *La Vestale* (UA 1807), *Fernand Cortez* (UA 1809) und *Olimpia* (UA 1819; alle Paris) den Typ der effektvollen Großen Oper vorbereitete. War 1820–30 Chef der Berliner Hofoper.

Antonio Stradivari

Geb. um 1644 Cremona, gest. 18. 12. 1737 ebd. Instrumentenbauer. Als Schüler des Nicola Amati handwerklich hervorragend ausgebildet, vereinte er damit formale Eleganz und ungewöhnliches Wissen um die akustischen Eigenschaften der Hölzer. Nachweisbar von seiner Hand sind etwa 600 Violinen, 12 Bratschen, 50 Celli und einzelne andere Instrumente. Der Ruf insbes. seiner Violinen, für die seit dem 19. Jh. märchenhafte Preise gezahlt wurden, hat zu vielen Fälschungen geführt. Die Geigenvirtuosen Giovanni Battista Viotti (1755–1824) und Niccolò Paganini (1782–1840) waren die ersten, die Instrumente von Str. öffentlich spielten.

Francesco Tamagno

Geb. 28. 12. 1850 Turin, gest. 23. 8. 1905 Varese. Tenor. Seit 1877 an der Scala, erster Otello (Verdi, 1887), später in Chicago und an der Met New York. Galt als größter »Kraft-Tenor« seiner Zeit.

Renata Tebaldi

Geb. 1. 2. 1922 Pesaro. Sopran. Sang unter Toscanini bei der Wiedereröffnung der Scala, dann dort bis 1954, ab 1953 auch an der Met und in Chicago. Eine der schönsten Stimmen der Jahrhundertmitte, mehr lyrisch als dramatisch timbriert, Glanzrollen: Aida, Desdemona, Tosca, Mimi.

Arturo Toscanini

Geb. 25. 3. 1867 Parma, gest. 16. 1. 1957 New York. Dirigent. Ursprünglich Cellist, sprang in Rio de Janeiro 1886 bei *Aida* als Dirigent ein, leitete die UA von *I Pagliacci* (1892) und *La Bohème* (1896). Wurde 1895 Chefdirigent der Scala, 1908–15 der Met, bis 1929 wieder der Scala. Entschiedener Gegner des Faschismus, mied er während und nach der nationalsozialistischen Herrschaft trotz Einladungen Bayreuth und Salzburg. Leitete 1937–54 das NBC-Orchester New York. Überaus genauer und strenger Orchestererzieher, gefürchtet auch bei Sängern wegen minutiöser Probenarbeit und szenischer Detailtreue. Überragender Verdi- und Puccini-Dirigent, setzte sich in Italien und den USA auch für das deutsche Repertoire ein.

Giuseppe Verdi

Geb. 10. 10. 1813 Le Roncole (Busseto), gest. 27. 1. 1901 Mailand. Italiens größter Opernkomponist und einer der bedeutendsten Meister des 19. Jh.s. Nach dem Opern-Erstling *Oberto, Conte di S. Bonifacio* (UA Mailand 1839) und dem Sensationserfolg des *Nabucco* (UA 1842 ebd.) lebte er, mit Aufträgen überhäuft, zeitweilig in Paris, meist auf seinem Gut Sant'Agata bei Busseto. Schrieb insgesamt 26 Opern (nicht gerechnet 3 weitgehende Neufassungen), davon mehrere Frühwerke mit betont patriotischem Akzent. Viele Opern der mittleren und späten Schaffenszeit gingen sofort ins Weltrepertoire ein, von *Rigoletto* (UA Venedig 1851), *Il trovatore* (UA Rom 1853) und *La Traviata* (UA Venedig 1853) über *Un ballo in maschera* (UA Rom 1859) bis zu *Aida* (UA Kairo 1871), *Otello* (UA Mailand 1887) und *Falstaff* (UA Mailand 1893). Andere wurden im Zuge der von

Deutschland ausgehenden Verdi-Renaissance nach 1920 wiederentdeckt: *Simone Boccanegra* (UA Venedig 1857), *Macbeth* (UA Florenz 1847), *La forza del destino* (UA St. Petersburg 1862), *Don Carlos* (UA Paris 1867). V. nahm in steigendem Maße Einfluß auf Libretto, musikalische Aufführungspraxis und szenische Darstellung im Sinne des Musikdramas, hierin Wagner verwandt. Außer für die Bühne schrieb er neben Liedern und Romanzen der Frühzeit mehrere Chorwerke, ein Streichquartett, 4 geistliche Stücke und die bedeutende *Messa da Requiem* auf den Tod des Dichters Alessandro Manzoni. 1861–65 war er Abgeordneter im ersten ital. Parlament in Turin.

Antonio Vivaldi

Geb. 4. 3. 1678 Venedig, gest. im Juli 1741 Wien. Komponist. Wurde 1703 Priester, im gleichen Jahr Violinlehrer, dann bis 1739 Musikchef am Ospedale della Pietà in Venedig. Längere Aufenthalte in Wien, Prag, Dresden, Amsterdam als Impresario und Geigenvirtuose. Gesamtwerk nur lückenhaft bekannt, schrieb eine große Zahl von Kammersonaten und Konzerten, meist für Streichinstrumente, darunter op. 8 *Le quattro stagioni*, mehr als 50 Opern, dazu Oratorien und Kantaten. Entwickelte das Instrumentalkonzert zur wichtigsten Spielform des Hochbarock.

Ermanno Wolf-Ferrari

Geb. 12. 1. 1876 Venedig, gest. 21. 1. 1948 ebd. Deutsch-ital. Komponist. War nach Ausbildung in München 1903–09 Direktor des Konservatoriums Venedig, 1939–47 Professor in Salzburg. Schrieb Orchester-, Kammermusik- und Chorwerke sowie 5 ernste und 8 heitere Opern, die letzteren meist nach Goldoni im Geist Mozarts und Rossinis. Die erfolgreichsten: *Die neugierigen Frauen* (UA München 1903), *Die vier Grobiane* (UA München 1906), *Susannes Geheimnis* (UA München 1909), *Die schalkhafte Witwe* (UA Rom 1931), *Il Campiello* (UA Mailand 1936). Von seinen ernsten Bühnenwerken hat sich *Sly* (UA Mailand 1927) durchgesetzt.

Riccardo Zandonai

Geb. 30. 5. 1883 Rovereto, gest. 5. 6. 1944 Pesaro. Komponist. Schrieb Bühnen- und Filmmusiken, Chor- und Orchesterwerke sowie 10 Opern in gemäßigt moderner Mascagni-Nachfolge, von denen *Francesca da Rimini* (UA Turin 1914) und *I cavalieri di Ekebù* nach Selma Lagerlöf (UA Mailand 1925) am bekanntesten wurden.

Musikfestspiele in Italien

Eine Auswahl

Agrigent	**Panatenee Pompeiane** Konzerte, Opern, Ballett **August – September** Auskunft: Ufficio Festival Via San Pantaleo 66 00186 Roma Tel. (06) 6864126
Asiago	**Festival Internazionale di Organo** Orgelkonzerte **Juli – August** Auskunft: Comune di Asiago Piazza Reggenza 6 36012 Asiago (VZ) Tel. (0424) 462040
Asolo	**Festival Internazionale di Musica da Camera** Solisten- und Kammerkonzerte, Opern **Juli – September** Auskunft: Asolo Musica Via Robert Browning 141 31011 Asolo (TV) Tel. (0423) 950151
Barga	**Festival Lirico Internationale** Opern, Konzerte **Juli** Auskunft: Comune di Barga Via di Mezzo 45 55051 Barga (LU) Tel. (0583) 723352

Bergamo	**Donizetti e il suo Tempo** Opern, Konzerte **September – Oktober** Auskunft: Teatro G. Donizetti Piazza Cavour 15 24100 Bergamo Tel. (035) 249631
Bozen	**Festival di Musica Contemporanea** Konzerte zeitgenössischer Musik **November** Auskunft: Festival-Büro Dominikanerplatz 19 39100 Bozen / Bolzano Tel. (0471) 973579
Brescia / Bergamo	**Festival Pianistico Internazionale** Solisten- und Orchesterkonzerte für Klavier **Mai – Juni** Auskunft Brescia: Teatro Grande Via Paganora 19 A 25121 Brescia Tel. (030) 293022 Auskunft Bergamo: Ufficio Manifestazioni Via Pascoli 7 24100 Bergamo Tel. (035) 240140
Cagliari	**Festival Internazionale Nuova Danza** Ballett **September – Oktober** Auskunft: Ufficio Manifestazioni Via Tristani 14 C 09127 Cagliari Tel. (070) 44070
Catania	**Festival Belliniano** Opern, Konzerte, Workshops **September** Auskunft: Teatro Massimo Bellini Via Perotta 12 95030 Catania Tel. (095) 312020

Città di Castello	**Festival delle Nazioni di Musica da Camera** Konzerte, Ballett, Film **August – September** Auskunft: Associazione Festival Piazza Andrea Costa 1 06012 Città di Castello (PG) Tel. (075) 8554817
Como	**Autunno Musicale Internazionale** Opern, Sinfoniekonzerte, Kammermusik **September – Dezember** Auskunft: Ufficio Manifestazioni Villa Olmo Via Cantoni 1 22100 Como Tel. (031) 571150
Erice	**Settimana Internazionale di Musica Medievale** Konzerte, Ballett **Juli – August** Auskunft: Azienda Provinciale Turismo Via Sorba 15 91100 Trapani Tel. (091) 584665
Fiesole	**Estate Fiesolano** Opern, Sinfonie-, Kammerkonzerte, Ballett, Schauspiel **Juni – September** Auskunft: Assessorato Cultura Via delle Fontanelle 24 50016 San Domenico di Fiesole (FI) Tel. (055) 598659
Florenz	**Festival dei Popoli** Volksmusik aus vielen Ländern **Juni – Juli** Auskunft: Assessorato Cultura Piazza Signoria 1 50123 Firenze Tel. (055) 4220300
Florenz	**Maggio Musicale Fiorentino** Opern, Sinfonie- und Solistenkonzerte, Ballett **Mai – Juni**

Auskunft: Ente Autonomo Teatro Comunale
Corso Italia
50123 Firenze
Tel. (055) 27791

Genua

Rassegna di Danza
Ballett, Workshops
Mai–Juni
Auskunft: Assessorato Cultura
Palazzo Tursi
Via Garibaldi 6
16124 Genova
Tel. (010) 280508

L'Aquila

Abruzzo Musica Festival
Opern, Konzerte, Jazz, Workshops
Juli–August
Auskunft: Ufficio Festival
Via Filippo Corridoni 11
67100 L'Aquila
Tel. (0862) 420369

La Spezia

Festival Internazionale del Jazz
Jazzkonzerte, Workshops
Juli
Auskunft: Ufficio Festival
Viale Italia 320
19126 La Spezia
Tel. (0187) 28115

Lecce

Festival Internazionale di Musica Barocca
Konzerte, Tagungen über Barockmusik
September–Oktober
Auskunft: Ente Provinciale Turismo
Via Monte San Michele 20
73100 Lecce
Tel. (0832) 54117

Macerata

Arena Sferisterio
Opern, Konzerte
Juli–August
Auskunft: Assessorato Cultura
Via S. Maria della Porta 65
62100 Macerata
Tel. (0733) 230735

Mailand	**Stagione Lirica Sperimentale** Opern **September – Oktober** Auskunft: Ente Autonomo della Scala Piazza Scala 20100 Milano Tel. (02) 76007324
Martina Franca	**Festival della Valle d'Itria** Opern (auch konzertant), Orchester-, Kammerkonzerte **Juli – August** Auskunft: Assessorato Cultura Palazzo Ducale Piazza Roma 74015 Martina Franca (TA) Tel. (080) 705100
Montepulciano	**Cantiere Internazionale d'Arte** Opern, Konzerte, Ballett, Schauspiel **Juli – August** Auskunft: Cantiere d'Arte Via del Teatro 4 53045 Montepulciano (SI) Tel. (0578) 757089
Neapel	**Settimane Musicali Internazionali** Opern, Kammermusik, Solistenkonzerte **September – Oktober** Auskunft: Settimane Musicali Riviera di Chiaia 200 80121 Napoli Tel. (081) 7612857
Nervi	**Festival Internazionale di Danza** Ballett **Juli** Auskunft: Ufficio Attività Spettacolo Comune di Genova Via Garibaldi 6 16124 Genova Tel. (010) 284091
Palermo	**Festival dell'Opera Gioiosa** Opern **Juli – August**

Auskunft: Ufficio Festival
Via Wagner 2
90139 Palermo
Tel. (091) 6053111

Parma **Rassegna Europea di Musica Contemporanea**
Konzerte zeitgenössischer Musik
Juni
Auskunft: Ufficio Festival
Piazzale Cesare Battisti 15
43100 Parma
Tel. (0521) 271033

Parma **Verdi Festival**
Opern
September
Auskunft: Teatro Comunale
Via Garibaldi 16
43100 Parma
Tel. (0521) 218685

Perugia **Sagra Musicale Umbra**
Opern, Sinfoniekonzerte, Ballett
September – Oktober
Auskunft: Assessorato Cultura
Palazzo della Penna
Via Podioni 11
06121 Perugia
Tel. (075) 21374

Pesaro **Rossini Opera Festival**
Opern von Rossini, Konzerte, Tagungen
Juli – August
Auskunft: Ufficio Festival
Via Rossini 37
61100 Pesaro
Tel. (0721) 697360

Pompeji **Panatenee Pompeiane**
Opern, Konzerte, Ballett
August – September
Auskunft: Ufficio Festival
Via San Pantaleo 66
00186 Roma
Tel. (06) 6864126

Ravenna	**Ravenna Festival** Opern, Konzerte **Juni–Juli** Auskunft: Ravenna Manifestazioni Via Gordini 27 48100 Ravenna Tel. (0544) 482494
Rimini	**Sagra Musicale Malatestiana** Sinfonie- und Solistenkonzerte **Juli–September** Auskunft: Assessorato Cultura Via Gambalunga 27 47037 Rimini (FO) Tel. (0541) 704307
Roccella Ionica	**Festival Internazionale del Jazz** Jazzkonzerte, Workshops **August** Auskunft: Assessorato Cultura Via Roma 1 89047 Roccella Ionica (RC) Tel. (06) 3244380
Rom	**Festival Romaeuropa** Opern, Konzerte, Ballett, Film **Juni–Juli** Auskunft: Ufficio Festival Via Sistina 48 00187 Roma Tel. (06) 6841308
Sabbioneta	**Festival di Musica e Danza** Konzerte, Musiktheater, Ballett **Juli–September** Auskunft: Associazione Pro Loco 46018 Sabbioneta (MN) Tel. (0375) 52043
Siena	**Settimana Musicale Senese** Konzerte, Opern **Juli** Auskunft: Accademia Chigiana Via di Città 89 53100 Siena Tel. (0577) 46152

Spoleto	**Festival dei Due Mondi** Opern, Konzerte, Ballett, Schauspiel **Juni–Juli** Auskunft: Assessorato Cultura Via Duomo 7 06049 Spoleto (PG) Tel. (0743) 40700
Stresa	**Settimane Musicali di Stresa** Orchester- und Solistenkonzerte, Kammermusik **August–September** Auskunft: Assessorato Cultura Via R. Bonghi 4 28049 Stresa (NO) Tel. (0323) 31095
Taormina	**Taormina Arte** Opern, Konzerte, Schauspiel, Film **Juli–September** Auskunft: Assessorato Cultura Via Pirandello 31 98039 Taormina (ME) Tel. (0942) 21142
Torre del Lago	**Festival Pucciniano** Opern von Puccini, Konzerte **Juli–August** Auskunft: Manifestazioni Pucciniane Piazza Belvedere 4 55048 Torre del Lago Puccini (LU) Tel. (0584) 340235
Turin	**Festival Internazionale Torinodanza** Ballett **Juni–Juli** Auskunft: Assessorato Cultura Piazza San Carlo 161 10121 Torino Tel. (011) 57653715
Triest	**Festival Internazionale dell'Operetta** Operetten, Ballett **Juni–August**

	Auskunft: Ente Autonomo Teatro Verdi Riva 3 Novembre 1 34100 Trieste Tel. (040) 366636
Urbino	**Festival di Musica Antica** Konzerte mit Renaissance- und Barockmusik **Juli** Auskunft: Assessorato Cultura Municipio 61029 Urbino (PS) Tel. (06) 3214206
Venedig	**Festival di Musica Contemporanea** Zeitgenössische Opern, Orchester- und Kammermusik **September – Oktober** Auskunft: Biennale di Venezia Ca' Giustinian San Marco 30100 Venezia Tel. (041) 5200311
Verona	**Arena di Verona** Opern, Ballett **Juli – August** Auskunft: Arena di Verona Piazza Braschi 37100 Verona Tel. (045) 590109
Viterbo	**Festival dei Festival** Oper, Konzert, Ballett **Juli – August** Auskunft: Assessorato Cultura Comune di Viterbo 01100 Viterbo Tel. (06) 6786783

Diese Zusammenstellung fußt auf Angaben der Dachorganisation FEDERFESTIVAL / AGIS.

Abbildungsnachweis

Foto Alinari: S.32, 220
D. Anderson: S. 215
G. Engler: S. 175, 188, 231
Ente Nazionale Italiano per il turismo, Rom: 120
Istituto di Studi Verdiani, Parma: 89, 91, 92, 93
M. Jeiter: S. 52, 124
W. Neumeister: S. 24, 27, 34, 58, 72, 94, 102, 150, 244, 247
N. Nono-Schönberg: S. 50
Ricordi-Verlagsarchiv: S. 68, 82
W. Stuhler: S. 12, 20, 39, 156, 158, 162, 169, 190, 193, 206, 227, 234
Schott-Archiv / Andersen: S. 165
Alle übrigen Abbildungen: Reclam-Archiv

Personenregister